国家出版基金项目
NATIONAL PUBLICATION FOUNDATION

DRC

国务院发展研究中心研究丛书2022

陆 昊 主编

# 基本实现社会主义现代化

Basically Realizing Socialist Modernization

## 机遇挑战和战略路径

Opportunities, Challenges and Strategic Paths

国务院发展研究中心课题组 著

中国发展出版社
CHINA DEVELOPMENT PRESS

**图书在版编目（CIP）数据**

基本实现社会主义现代化：机遇挑战和战略路径 / 国务院发展研究中心课题组著. — 北京：中国发展出版社，2023.7（2023.9重印）

ISBN 978-7-5177-1340-1

Ⅰ.①基… Ⅱ.①国… Ⅲ.①社会主义建设—现代化建设—研究—中国 Ⅳ.①D61

中国版本图书馆CIP数据核字（2022）第231895号

书　　名：基本实现社会主义现代化：机遇挑战和战略路径
著作责任者：国务院发展研究中心课题组
责 任 编 辑：郭心蕊
出 版 发 行：中国发展出版社
联 系 地 址：北京经济技术开发区荣华中路22号亦城财富中心1号楼8层（100176）
标 准 书 号：ISBN 978-7-5177-1340-1
经　销　者：各地新华书店
印　刷　者：北京盛通印刷股份有限公司
开　　本：710mm×1000mm　1/16
印　　张：16.5
字　　数：210千字
版　　次：2023年7月第1版
印　　次：2023年9月第2次印刷
定　　价：69.00元

联 系 电 话：（010）68990535　68360970
购 书 热 线：（010）68990682　68990686
网 络 订 购：http://zgfzcbs.tmall.com
网 购 电 话：（010）88333349　68990639
本 社 网 址：http://www.develpress.com
电 子 邮 件：174912863@qq.com

---

DRC

2022

# 国务院发展研究中心研究丛书

# “基本实现社会主义现代化：机遇挑战和战略路径”
## 课题组

**课题总负责人**

马建堂　全国政协经济委员会副主任、国务院发展研究中心原党组书记

**课题执行负责人**

张军扩　国务院发展研究中心原副主任

余　斌　国务院发展研究中心副主任、党组成员

**课题协调人**

侯永志　国务院发展研究中心发展战略和区域经济研究部部长、研究员

何建武　国务院发展研究中心发展战略和区域经济研究部副部长、研究员

贾　珅　国务院发展研究中心发展战略和区域经济研究部研究室主任、研究员

王　詠　国务院发展研究中心发展战略和区域经济研究部一级主任科员、助理研究员

**课题组主要成员**

张　琦　国务院发展研究中心对外经济研究部部长、研究员

李建伟　国务院发展研究中心社会和文化发展研究部部长、研究员

王　微　国务院发展研究中心市场经济研究所所长、研究员

吴振宇　国务院发展研究中心金融研究所所长、研究员

田杰棠　国务院发展研究中心创新发展研究部副部长、一级巡视员、研究员

卓　贤　国务院发展研究中心发展战略和区域经济研究部副部长、研究员

戴建军　国务院发展研究中心创新发展研究部副部长、研究员

罗雨泽　国务院发展研究中心对外经济研究部副部长、研究员

吕　刚　国务院发展研究中心对外经济研究部副部长、研究员
刘　涛　国务院发展研究中心市场经济研究所副所长、研究员
刘　勇　国务院发展研究中心发展战略和区域经济研究部研究员
宣晓伟　国务院发展研究中心发展战略和区域经济研究部二级巡视员、研究员
刘云中　国务院发展研究中心发展战略和区域经济研究部研究员
孙志燕　国务院发展研究中心发展战略和区域经济研究部一级调研员、研究员
杨　超　国务院发展研究中心创新发展研究部研究室主任、副研究员
许宏强　国务院发展研究中心对外经济研究部研究室主任、研究员
赵福军　国务院发展研究中心对外经济研究部研究室主任、研究员
高庆鹏　国务院发展研究中心对外经济研究部研究室主任、副研究员
喻　东　国务院发展研究中心社会和文化发展研究部研究室主任、研究员
朱鸿鸣　国务院发展研究中心金融研究所研究室主任、研究员
施戍杰　国务院发展研究中心发展战略和区域经济研究部研究室副主任、副研究员
钟　震　国务院发展研究中心发展战略和区域经济研究部三级调研员、副研究员
李恒森　国务院发展研究中心办公厅（人事局）正科级秘书、助理研究员
朱　妮　国务院发展研究中心发展战略和区域经济研究部二级主任科员、助理研究员
贺　洋　国务院发展研究中心金融研究所副研究员
邵雷鹏　国务院发展研究中心发展战略和区域经济研究部挂职干部、副研究员

# 总　序

党的二十大报告明确指出，从现在起，中国共产党的中心任务就是团结带领全国各族人民全面建成社会主义现代化强国、实现第二个百年奋斗目标，以中国式现代化全面推进中华民族伟大复兴。中国的现代化是人类历史上规模最大的现代化，也是难度最大的现代化，必须在深刻理解和准确把握中国式现代化的理论内涵和实践要求的基础上，通过深入研究，科学回答现代化新征程中的一系列理论和实践问题。

## （一）

习近平总书记指出，“一个国家走向现代化，既要遵循现代化一般规律，更要符合本国实际，具有本国特色”。英国工业革命开启了世界现代化进程。尽管各国现代化的具体路径不同，但都遵循着人类文明进步的一般规律，也有一些共同特征。从一般规律看，成功推进现代化，必须建立符合人类进步方向、适应本国国情的社会制度；必须以科技进步为主要推动力，大力发展社会生产力；必须随着经济结构和社会结构的变化，创新国家治理和社会治理。从共同特征看，各国现代化都经历了以工业化为主要内容的经济结构转变，和以城市化为主要内容的社会结构变迁。中国式现代化既遵循了现代化的一般规律，也反映出各国现代化的共同特征。

中国式现代化更有基于自己国情的鲜明特色。习近平总书记指出，“中国式现代化是人口规模巨大、全体人民共同富裕、物质文明和精神文明相协调、人与自然和谐共生、走和平发展道路的现代化”。要把中国式现代化五个方面的中国特色变为成功实践，把鲜明特色变成独特优势，需要付出艰巨努力。

第一，我国人口规模超过现有发达国家的人口总和，中国式现代化是人类历史上前所未有的、最为波澜壮阔的现代化，也是难度最大的现代化。人口规模巨大，意味着市场潜在空间大、分工效应高，有助于形成规模经济优势和比较完整的产业体系；意味着中国的现代化将面临更强的资源环境约束，必须走资源节约、环境友好的发展道路；意味着中国的现代化将改写现代化的世界版图，深刻影响世界政治经济格局，处理好内外关系更具挑战性；意味着任何一个小问题都可能演变成为一个大问题，实现社会良好治理难度大。谋划和推进中国式现代化的各项工作，都需要把巨大的人口基数作为重要前提。

第二，全体人民共同富裕是中国式现代化的本质特征，也是区别于西方现代化的显著标志。党的十八大以来，我们在促进共同富裕方面取得了显著成效。同时要看到，城乡区域发展差距和收入差距依然较大，与人民群众对共同富裕的期盼有距离，要自觉主动地解决城乡差距、地区差距和收入差距的问题。要在继续做好做大“蛋糕”的同时，进一步分好“蛋糕”，初次分配、再分配、第三次分配协同发力，努力提高居民收入在国民收入分配中的比重，努力提高劳动报酬在初次分配中的比重，着力解决好民生问题，让现代化建设成果更多更公平惠及全体人民。同时，要充分认识到，我国仍然处于并将长期处于社会主义初级阶段，实现全体人民共同富裕是一个长期过程，必须有足够的历史耐心；要按照经济社会发展规律循序渐进，不断地、逐渐地解决好共同富裕问题。

第三，既要物质富足、也要精神富有，是中国式现代化的崇高追求。西方国家的现代化往往伴随着信仰缺失、精神贫乏、物欲横流等问题，我国要坚决避免出现类似问题。还要看到，迈上现代化新征程，人民精神文化需求将持续增长，也会呈现越来越多元化的局面。推进中国式现代化，要推动物质文明和精神文明相互协调、相互促进，加强理想信念教育，培育和弘扬社会主义核心价值观，建设全体人民共同享有的精神家园，让全体人民始终拥有团结奋斗的思想基础、开拓进取的主动精神、健康向上的价值追求。

第四，尊重自然、顺应自然、保护自然，促进人与自然和谐共生，是中国式现代化的鲜明特点。西方国家的现代化大都经历了对自然资源肆意掠夺和生态环境恶性破坏的阶段，在创造巨大物质财富的同时，往往造成环境污染、资源枯竭等严重问题。我国人均资源禀赋严重不足，现代化所处的时代背景、历史阶段与西方国家快速推进现代化时显著不同，推进现代化面临更强烈、更严格的能源资源和环境约束，不可能走西方国家的老路，必须走出一条永续发展的新路，必须加快形成绿色低碳的产业结构、生产方式、生活方式，在守住底线、节约集约、多目标平衡下促进高质量发展。

第五，在坚定维护世界和平与发展中谋求自身发展，又以自身发展更好维护世界和平与发展，是中国式现代化的突出特征。中国是社会主义国家，决不可能走一些国家通过战争、殖民、掠夺等方式实现现代化的老路。当今世界，恃强凌弱、巧取豪夺、零和博弈等霸权行径危害深重，世界又一次站在历史的十字路口。还要看到，作为人口大国，中国的现代化将深刻影响世界政治经济格局，会受到一些国家的打压、遏制。我们要坚定站在历史正确的一边，高举和平、发展、合作、共赢旗帜，以中国新发展为世界提供新机遇，推动全球治理朝着更加公正合理的方向发展，促进各国共同走和平发展道路。

## （二）

新征程上推进中国式现代化已经具备显著优势。新时代十年，在以习近平同志为核心的党中央坚强领导下，我们推动中国式现代化又向前迈进了一大步，在全球竞争中创造了竞争新优势：规模经济优势突出，能够为不同技术创新路线、商业创新模式提供足够赛道和空间；制造业系统性优势突出，能大规模标准化生产，又能快速响应个性化需求；科技创新能力不断增强，人才基础、创新主体、新兴产业、新型举国体制等优势正在聚合释放；经济深度融入世界经济体系，“世界工厂”的地位日益巩固，“世界市场”的重要性不断提升；人力资本质量红利显现，资本丰裕度明显改善，要素禀赋优势实现动态升级；新型城镇化和消费结构升级持续推进，总需求较快释放和升级。利用好、巩固好、发展好这些新优势，既是经济基本面长期向好的重要支撑，也是解决当前经济问题的重要基础，更是实现现代化目标的重要保障。

习近平总书记指出，“推进中国式现代化，是一项前无古人的开创性事业，必然会遇到各种可以预料和难以预料的风险挑战、艰难险阻甚至惊涛骇浪”。要清醒地认识到，当今世界百年未有之大变局加速演进，逆全球化思潮抬头，局部冲突和动荡频发，世界进入新的动荡变革期。我国改革发展稳定面临不少深层次矛盾躲不开、绕不过，来自外部的打压遏制随时可能升级。我国发展进入战略机遇和风险挑战并存、不确定难预料因素增多的时期，各种“黑天鹅”“灰犀牛”事件随时可能发生。

应对这些风险挑战，必须全面落实习近平总书记在2023年2月7日学习贯彻党的二十大精神研讨班开班式上的重要讲话精神，正确处理好顶层设计与实践探索、战略与策略、守正与创新、效率与公平、活力与秩序、自立自强与对外开放等重大关系。处理这六对关系，角度不完全一样，需要把握的重点、难点也不完全一样。处理前三对关系，主要靠我们自己的积累和把握；处理后三对关系，要注重学习借鉴国外现代化的经验教训，不断深化对现代化规律的认识，不断提高应对各种风险挑战的能力。

处理顶层设计与实践探索的关系，要根据现代化总体安排和分阶段、分领域的发展目标，设计好总体战略和各项分战略；要根据时和势的变化，勇于探索未知领域，提出新思路新办法，创造新鲜经验。

处理战略与策略的关系，要着眼于解决事关党和国家事业兴衰成败、牵一发而动全身的重大问题，谋划战略目标、制定战略举措，为中国式现代化提供强大的战略支撑；要适应新情况、新变化，把战略的原则性和策略的灵活性结合起来，因地制宜、因势而动、顺势而为。

处理守正与创新的关系，要毫不动摇坚持中国式现代化的中国特色、本质要求和重大原则，确保中国式现代化的正确方向；要顺应时代发展要求，积极识变应变求变，大力推进各方面创新，不断开辟发展新领域。

处理效率与公平的关系，要更好实现效率与公平相兼顾、相促进、相统一。既要提高效率又要实现公平，是一大世界性难题。处理得不好，要么损失效率，要么带来严重社会问题。在创造更高效率的同时，更好地维护社会公平，要坚持“两个毫不动摇”，把社会主义制度和市场经济更好有机结合起来，既要发挥市场经济的长处，又要发挥社会主义制度的优越性；要防止社会阶层固化，畅通向上流动通道，扎实推进共同富裕取得更为明显的实质性进展。

处理活力与秩序的关系，要实现活而不乱、活而有序的动态平衡。要深化各方面体制机制改革，充分释放全社会创新创造潜能；要适应人民群众在民主、法治、公平、正义等方面日益增长的需求，发展全过程人民民主，完善社会治理体系；要统筹发展和安全，贯彻总体国家安全观，健全国家安全体系。

处理自立自强与对外开放的关系，要加快构建以国内大循环为主体、国内国际双循环相互促进的新发展格局。在经济全球化背景下，任何一个国家的发展都离不开外部资源和外部市场，必须利用好国际循环。但是，大国和小国对国际市场的依赖程度不一样，小国发展可以依赖国际市场；大国发展必须立足自身，历来都以内循环为主体，而且随着经济规模的扩大，内循环越来越重要。2022年，新加坡进出口总额相当于国内生产总值的330.0%，而美国仅为27.4%。我国是人口大国，目前已是世界第二大经济体，未来发展要在扩大高水平对外开放、更好利用国际循环的同时，必须更多依靠国内大循环、增强内循环的内生动力和可靠性，必须提高产业链供应链韧性和安全水平，必须提高科技自立自强水平，把国家和民族发展放在自己力量的基点上。

应对这些风险挑战，还必须坚持系统观念和底线思维，充分发挥高端智库作用，加强理论研究和实践探索，做好政策和方案储备，及时破解前进道路上的各种难题，化解前进道路上的各种风险挑战。

## （三）

近年来，国务院发展研究中心坚持运用习近平新时代中国特色社会主义思想的立场、观点和方法，围绕推进中国式现代化，开展了相关研究，形成了系列成果，可为探索现代化具体路径和破解现代化建设难题提供有价值的参考。

推进中国式现代化，必须把宏伟蓝图变成可执行的时间表、路线图。党的十九大和二十大擘画了建设社会主义现代化国家的宏伟蓝图，指明了现代化建设的方向。现代化的内涵随着技术的进步而不断拓展，现代化的路径因时代背景和发展所处阶段的不同而不同。我国现代化新征程恰逢新一轮科技革命和产业变革方兴未艾，又面临世界进入新的动荡变革期，现代化具有难得机遇，但也不会一马平川。把党中央的决策部署落到实处，需要通过深入研究，进一步明晰现代化的内涵，细化现代化的目标、任务和路径。《基本实现社会主义现代化：机遇挑战和战略路径》提出现代化是人类进入工业社会以来在科学技术推动的引领下，一个国家的经济、社会、文化、国家治理等领域由低级形态向高级形态演变的过程；认为新一轮科技革命和产业变革是新阶段现代化的最大机遇，超大规模经济及与之相适应的治理体系是新阶段现代化最重要的基础；明确发展知识技术密集型产业是新阶段经济结构升级的重大任务，在此基础上细化了基本实现现代化的目标任务，提出了基本实现现代化的战略路径和相关对策建议。

推进中国式现代化，必须加快农业农村现代化。农业现代化与农村现代化有其各自的规律，但两者之间又有相互依存、相互促进的逻辑关联。农业和农村在地理空间上交叉分布，在发展所需的基础设施上可高度共享，在发展所需的投入要素上有共同需求，在生态环境上会相互带来正外部效应或负外部效应。推进农业农村现代化，一方面应遵循农业现代化与农村现代化各自的规律采取针对性举措；另一方面也应从农业现代化与农村现代化既各有其规律又相互关联的情况出发，坚持一体设计、一并推进。《迈向农业强国：农业农村现代化一体设计、一并推进》着重分析了农业现代化和农村现代化的耦合性，提出要围绕空间、基础设施、生态环境、产业、人口等耦合点做好统筹谋划、系统布局、协同推进，为两者协调发展创造共同的基础条件、做好并行保障，建立健全两者相互促进的有效机制。

推进中国式现代化，必须提升产业链供应链的稳定性和竞争力。产业链供应链的稳定性和竞争力是国民经济循环稳定畅通和国家安全发展的重要基础，对建设现代化经济体系、构建新发展格局具有重要意义。在新一轮科技革命和产业变革深入发展、保护主义明显抬头、大国博弈愈演愈烈等因素影响下，国际产业链供应链加速调整、分化和重组，我国产业链供应链必须加快提升。《新发展格局与产业链提升战略》围绕畅通国民经济循环、构建新发展格局的需要，提出要实施产业基础再造和产业链提升工程，加快推进“强基础”“补短板”“锻长板”“提水平”“促升级”，着力提高关键领域自主可控能力、优势领域全球引领能力和战略性新兴领域产业链综合能力，打造安全可控、开放包容、韧性高效的产业链体系。

推进中国式现代化，必须实现高水平科技自立自强。科技是第一生产力，是全面建设社会主义现代化国家的基础性、战略性支撑，是国家强盛之基、安全之要。在美西方对我进行全方位围堵的背景下，实现科技自立自强显得尤为紧迫和重要。当前，我国科技自立自强水平的提高还面临不少体制机制障碍，不能适应市场经济条件下科技创新的新要求，各方科技力量缺乏有效协同，对人才和企业等关键创新要素的不合理束缚仍然较多，成果应用转化的支撑体系尚不健全。《科技自立自强：体制与政策》提出构建定位清晰、协同合作的科研组织体系，完善满足国家使命和产业发展需要的政策机制，建立符合科研规律和充分调动各方力量的支持新机制等，形成符合科研规律、有效满足国家需求、开放和有活力的科技创新体制。

推进中国式现代化，必须做大做强国内市场，特别是扩大国内消费需求。进入新发展阶段，以消费为主导的内需应逐渐成为我国经济最根本的发展动力，这是构建安全可控、富有韧性的经济体系的重要基础。当前，有效扩大内需和更好满足内需依然存在难点堵点和体制机制障碍，需要建立供求适配和互动互促的体制机制，以形成供需更高水平的动态平衡。《转向消费驱动》提出要加快构建以“全领域覆盖、全周期管理、全环节贯通、全要素支撑”为主要特征的完整内需体系，推动形成“高效匹配、强力激发、加速创新、有序转型”的内需发展新机制，深化供给侧结构性改革，强化消费促进政策和制度改革创新，做到供需双侧发力，进一步夯实有效扩大和更好满足内需的制度基础，为推动高质量发展提供强大内生动力。

推进中国式现代化，必须大力发展平台经济。经济平台化是数字时代最突出的商业变革之一。美国前国务卿基辛格等学者研究指出，人工智能技术驱动的平台经济已成为大国博弈的前线。大型数字平台企业一边吸引商户入驻平台，另一边吸引用户入驻平台，具有技术创新快、网络效应强、规模经济突出、动态竞争激烈等突出特点，很容易形成“赢者通吃”“一家独大”的市场格局，除了挑战既有的市场准入、反垄断、消费者保护等制度外，还带来了数字治理、网络安全和数据安全等领域的难题。《数字平台的发展与治理》针对社会上广泛关注的平台经济发展放缓、创新能力不足、国际竞争力下降等担忧，以及平台垄断、滥用市场支配地位、从业主体权益保护乏力等议题，提出了有效防范负外部性、促进数字平台良性发展、实现数字平台良好治理的思路和建议。

推进中国式现代化，必须有序推进人民币国际化。国际金融危机以来，人民币的国际货币职能逐步拓展深化，目前已成为全球第三大贸易融资货币，可以顺势而为积极稳妥提高人民币国际化水平。需要看到，人民币国际化有利有弊。货币国际化达到一定程度后，财政货币政策空间都能得到扩展，应对金融风险的能力会提升，但也可能带来银行、资产泡沫和汇率波动等风险。《国际货币体系演进与人民币国际化》在深入分析国际货币体系演进规律的基础上，围绕人民币国际化及其基础设施的现状、人民币国际环流和离岸市场发展等展开了深入研究，提出推进人民币国际化，要加快推进相关改革和政策，重点完善支撑人民币国际化的基础设施，引导和构建人民币环流机制，强化区域金融合作，完善人民币国际化的制度性保障，防范人民币国际化中的金融风险。

推进中国式现代化，必须加快实现绿色转型。力争2030年前实现碳达峰、2060年前实现碳中和，是推动高质量发展的内在要求。我国是世界上最大的发展中国家，在全面建设社会主义现代化国家新征程中实现碳达峰碳中和，关键是要处理好发展与减排的关系。实现“双碳”目标是一项系统工程，涉及生产方式、生活方式和空间格局等的转变，必须运用系统思维从根本上推动发展方式绿色转型。《绿色低碳转型》从“处理好发展与减排的关系”视角出发，遵循提高资源利用效率和抢占绿色产业新赛道并举的战略思路，重点研究了面向碳达峰碳中和的总体路径和关键举措，强调要加快完善激励约束机制，用好政府和市场“两只手”尽快建立健全碳排放核算核查制度、法律法规、标准规范及政府监管等基础性制度，补齐治理能力短板。

推进中国式现代化，必须建设健康中国。人民健康是民族昌盛和国家强盛的重要标志，也是中国式现代化的重要目标。由于全生命周期中不同年龄阶段的人面临不同的健康问题，针对不同年龄阶段的健康政策也应有所不同。同时，随着工业化、信息化、城镇化、全球化的推进，以及生产和生活方式的变化，影响人们身心健康的因素越来越多。建设健康中国，一方面要关注不同年龄阶段人群的健康需要，另一方面必须把健康融入所有公共政策。《健康中国：全生命周期视角》从人的生育、托幼、教育、就业、养老、临终关怀等全过程健康管理的需要出发，提出了通过全人群融入、全生命周期融入、全方位融入、全政策链条融入，将健康融入经济社会环境等各方面公共政策的具体建议。

推进中国式现代化是一项系统工程、长期任务，尚有不少深层次问题需要深化研究，在推进现代化的进程中还会出现新的问题和矛盾需要研究破解。国务院发展研究中心是直接服务于党中央、国务院的高端智库。我们将以习近平新时代中国特色社会主义思想为指导，深刻领悟“两个确立”的决定性意义，坚决做到“两个维护”，按照习近平总书记关于建设中国特色新型智库的重要指示精神，探索和创新适应新时代新征程需要的决策咨询机构组织形式和管理方式，不断增强综合研判和战略谋划能力，不断提升为中央决策咨询服务水平。同时，在充分全面准确领悟党中央精神的基础上，不断夯实基本理论训练和真实情况掌握这两项基本功，加快建设合作开放研究平台，深入开展现代化进程中的高质量发展的质量动力效率变革、站在高收入国家门槛上的中国、构建新发展格局、扎实推进共同富裕、促进人口高质量发展、深化社会主义市场经济体制改革等重大课题研究，不断推出高水平决策咨询成果，为推进中国式现代化作出应有贡献。

**国务院发展研究中心主任、党组书记**

# 目　录

## 专题六



## 专题七



## 专题八



## 专题九

## 专题十三



## 专题十四



## 专题十五

总报告

# 基本实现社会主义现代化的目标任务、机遇挑战和应对思路

党的十九大提出，到2035年基本实现社会主义现代化。未来十余年，世界百年未有之大变局将加速演进，新一轮科技革命将深入展开，我国经济社会结构将深刻调整。新征程上的现代化机遇前所未有、前景光明，挑战世所罕见、坡陡坎深，必须以更明确的思路、更清晰的导向、更有效的政策、更有力的举措，推动经济社会发展迈上一个又一个新台阶。

## 一、主要目标和战略任务

现代化是人类进入工业社会以来，在科学技术推动和引领下，一个国家的经济、社会、文化、国家治理等领域由低级形态向高级形态演变的过程。在这个过程中，经济结构和社会结构日趋复杂，人们的物质生活和精神生活不断丰富，国家的治理能力不断提升。对于发展中国家来说，现代化一方面意味着要在经济、社会等方面追赶现代化先发国家，另一方面意味着要赶上时代发展潮流。中国共产党一经成立便致力于探索国家现代化的道路，在新中国成立后不同的历史时期，党都提出了相应的实现现代化的目标和任务。党的十九大对到2035年和到2050年这两个阶段的现代化目标和战略任务作出了轮廓性描绘。更好推进新征程上的现代化，必须以

习近平总书记关于中国式现代化相关论述为指引，在全面认识现代化内涵的基础上，进一步细化发展目标，进一步具体化战略任务。

### （一）主要目标

基本实现社会主义现代化是为建成社会主义现代化强国创造条件、奠定基础的重要阶段，其目标应体现建成社会主义现代化强国的要求。设计基本实现社会主义现代化的目标，首先必须明确社会主义现代化强国的建设目标。

习近平总书记明确指出：中国式现代化是人口规模巨大的现代化，是全体人民共同富裕的现代化，是物质文明和精神文明相协调的现代化，是人与自然和谐共生的现代化，是走和平发展道路的现代化。[①] 这是设计2050年现代化强国目标的根本遵循。现代化是从传统社会向现代社会全方位变迁的过程，涉及经济、政治、文化、社会、生态等领域的变革和重塑，这是设计2050年现代化强国目标的基本逻辑。我国的现代化是“五位一体”的现代化，这是设计2050年现代化强国目标的基本框架。

基于以上认识，我们认为，到2050年所建成的社会主义现代化强国，应当是具有“强盛的国力，较高水平的共同富裕，引领时代前进的文化，优美的生态环境，驾驭能力强大的国家治理体系”，在人类发展进步阶梯上处于高位的国家。

作为经济建设的标志性成果，强盛的国力是指经济总量不仅排在全球第一位，而且要稳超排在全球第二位的经济体；不仅经济、科技实力雄厚，而且发展模式先进、发展质量优越。

作为社会建设的标志性成果，较高水平的共同富裕是指收入和财富分配的公平程度排在世界前列，人们普遍享受高水平的公共服务；不仅物质

① 习近平：《新发展阶段贯彻新发展理念必然要求构建新发展格局》，《求是》2022年第17期。

生活实现共同富裕，而且精神生活也要实现共同富裕。

作为文化建设的标志性成果，引领时代前进的文化是指马克思主义与中华民族优秀传统文化相结合所形成的富有新时代精神的文化形态，其核心价值得到普遍认同，体现人类文明进步的根本要求。

作为生态文明建设的标志性成果，优美的生态环境是指人与自然形成和谐的“生命共同体”，人们自由地生活在天蓝、地绿、水净、山青的环境中，美丽中国成为世界各国人民心向往之的宜游宜业宜居之地。

作为政治建设的标志性成果，驾驭能力强大的国家治理体系是指这一体系能够有效应对各种风险挑战，能够有力推动经济社会持续健康稳定发展，能够为人民创造幸福安宁的生活环境，能够有力影响全球发展。

对照前述2050年建成现代化强国的目标，根据党的十九届五中全会和“十四五”规划纲要所勾勒的2035年基本实现现代化的蓝图，在分析测算的基础上，我们把基本实现社会主义现代化的标志性目标细化如下。

一是国力大幅度提升。国内生产总值在2020年的基础上翻一番，明显超过排名第二位经济体的水平，人均国民收入达到3.5万美元左右，在高收入国家门槛线的两倍以上。关键领域、核心环节的技术和装备受制于人的局面得到有效缓解，每万人高质量发明专利拥有量、国际技术转让净收入占国内生产总值的比重达到经济合作与发展组织国家平均水平。每百万人口科学、技术、工程和数学等专业的博士毕业生数量接近美国水平。

二是共同富裕水平明显提高。居民人均可支配收入比2020年翻一番。基尼系数降至0.4以下，中等收入群体规模达到8亿人，占总人口的比重接近60%，形成比较平衡的收入和财富分配格局。社会各阶层在就业、教育等领域享有大致同等的机会，在医疗、养老等方面享受大致相同水平的服务。

三是引领时代前进的文化建设取得显著进展。奉献、合作、节俭、创新、向上的精神成为全社会主流意识。富含进步元素的文化产业规模显著扩大，成为全球文化产品和文化服务主要出口国，国家文化软实力跃居全球前列。

四是优美的生态环境基本建成。生产方式和生活方式实现绿色低碳转型，基本建成人与自然和谐的“生命共同体”。天蓝、地绿、水净、山青成为普遍状态。各类主要资源利用效率、主要污染物排放强度、碳排放强度达到发达国家平均水平，碳排放总量在达峰后明显下降。

五是国家治理体系驾驭能力明显提升。实现党中央集中统一领导的各项制度更加健全，实施“五位一体”战略布局的各项制度更加有效，应对各种风险挑战的体制机制更加有力，影响全球发展的能力进一步增强，治国理政的人才队伍更加卓越。

### （二）战略任务

作为全方位长历史时段的社会变迁过程，现代化的任务涉及发展的各个领域、各个方面和各个环节，在不同的历史时期有不同的战略任务。从国际经验看，要顺利达到现代化的彼岸，在宏观层次上，最关键的是，必须解决经济持续增长、收入公平分配、生态环境得到有效保护、国家安全发展得到有力保障四大问题。基本实现社会主义现代化，纵贯“十四五”“十五五”“十六五”三个五年规划，必须把如下九大战略任务贯穿始终。

一是打造推动经济持续增长的新动力系统。推动经济持续增长是继续做大经济总规模的需要，也是做强解决现代化进程中一切其他问题的物质基础的需要，是推进新征程现代化的基础性任务。经济增长是多元因素在相互作用中共同推动的过程，打造经济持续增长的新动力系统，要推动技术的不断进步，提高资源要素的利用和配置效率，优化生产力空间布局，特别是要培育、发展和壮大新兴产业。

二是显著提高科技自立自强的能力。这不仅是为经济增长提供源源不断动力的需要，也是防止因国际战略博弈对手断供技术而中断现代化进程的需要。提高科技自立自强能力，是大专院校、科研院所、各类企业特别是创新型企业的职责所在，也是一项巨大的社会工程，一系列经济和社会政策都会影响科技自立自强能力的提升，关键是要健全保障创新的体制机制，优化支持创新的政策体系，提升创新生态系统汇聚创新要素、激发创新活力、转化创新成果的能级。

三是夯实和做强人口可持续发展的基础。人口可持续发展是应对日益严峻的老龄化的需要，是经济持续增长的需要，也是在激烈的国际竞争中保持经济竞争优势的需要，是在国际政治格局深刻变动的背景下事关中华民族生存和发展的大问题。一定的生育模式是一定的经济结构和社会结构下的产物，所以人口的可持续发展绝不仅仅是一家一户的事，而是与经济发展方式、社会发展方式有关的全局性问题。推动人口可持续发展，关键是要从降低生育养育教育成本、重塑生育和家庭伦理、确保劳动者休息权、完善社会福利制度等方面着力，构建有利于人口再生产的生态系统。

四是进一步做大中等收入群体规模。这是扭转收入分配差距扩大趋势的必然选择，是实现共同富裕的重要途径，也是保持经济较快增长、保障社会长治久安的必然要求。做大中等收入群体规模，需要完善收入分配政策，更需要以保持经济较快增长、不断提升产业结构为依托，创造越来越多的高质量就业岗位；以提高全民受教育水平、不断优化学科设置为依托，培育越来越多的适应高质量就业岗位要求的劳动者。

五是着力提升全民受教育水平。这是实现创新驱动发展和高水平自立自强的必然要求，也是实现物质生活和精神生活“双富裕”的必然要求。提升全民受教育水平，要以提供更多更高水平的普惠教育为基本途径，充分动员社会各方面力量，创造日益丰富的教育产品供给，同时也要着力构建崇尚人才的社会氛围，激发全社会学习热情。

六是着力提升全民精神生活品质。这是走物质文明和精神文明相统一的中国式现代化道路的必然要求，不仅关系到社会文明程度的提高，而且关系到社会主流世界观、人生观和价值观的塑造，关系到我国基本经济制度和社会制度的文化根基的稳固。提升全民精神生活品质，重在以进步的世界观、人生观和价值观为指导，围绕提高全社会精神文明程度，大力发展文化事业，着力丰富文化产品。

七是打造符合“双碳”目标要求的产业体系。打造低碳化的产业体系是形成优美生态环境的基础，也是在围绕应对全球气候变化而展开的大国博弈中赢得战略主动的必然要求，应是现代化新征程中优化经济结构的一条鲜明主线。打造这一体系，要把绿色低碳转型的要求贯穿到产业发展的各个领域、各个方面和各个环节，推动生产方式的全方位转型。

八是构建高质量的对外开放格局。形成这样的格局，是实现高水平自立自强发展的必然要求，是适应全球治理体系深刻重塑、国际格局加速演变的必然选择，是在中美全方位的战略博弈中走稳、走好和平发展现代化道路的战略抉择。构建高质量的对外开放格局，要统筹协调国内发展和对外开放，整体安排对外开放布局，系统设计对外开放政策。

九是全面建设与网络化开放社会相适应的现代治理体系。建设这样的体系，是应对信息传播多样化和瞬时化、人际交往空间虚拟化和社会组织扁平化带来的新挑战的需要，是在网络化开放社会条件下实现经济持续发展、社会安宁祥和、政治安全稳定的需要。建设这一体系，重在从提高驾驭现代化全过程的能力出发，健全经济运行调节机制，健全社会矛盾化解机制，健全内外发展联动机制，健全突发风险快速响应机制。

## 二、有利条件和难得机遇

当前，新一轮科技革命和产业变革正在全方位展开，这是现代化新征程最大的背景。2020年我国国内生产总值已超过100万亿元，这是现代化新征程最重要的基础。日益强大的国力及其与新一轮科技革命和产业变革的相互作用，将为基本实现现代化创造一系列有利条件，孕育一系列良好机会。

### （一）业已形成的完备且雄厚的制造业体系不仅使我国经济具有高强度的韧性，而且有助于以较快速度将新一轮科技革命的成果转化为现实生产力

经过70多年的大规模建设，我国已从一个几乎没有现代工业的国家，变成当今世界第一制造业大国。制造业增加值于2010年超过美国，到2020年已连续11年位居世界首位，占全球的比重从2012年的22.5%迅速提升至2020年的接近30%。我国制造业不仅规模大，而且体系相对完整。我国制造业的竞争力也已显著增强，2020年有220多种工业产品产量居世界第一位，新能源汽车、光伏、智能手机等重点产业跻身世界前列。这一体系构成了我国经济高强度韧性的基础。从世界历史看，对具有一定人口规模的大国而言，在现代化初期可以依靠参与国际分工和贸易取得一时较快发展，但如果不能建立完整的制造业体系，最终都难以实现现代化。我国完备且雄厚的制造业体系，将有助于我们应对前进道路上的各种风险挑战，有助于现代化航船行稳致远。这一体系还有助于提升我国在全球产业链与供应链体系中的地位，有助于孕育更多的创新成果，有助于实现新一轮科技革命向现实生产力的转化。

**（二）丰富而多元的人力资源将使我国成为最富创新性的国家之一，有助于我们在新一轮科技革命和产业变革中走在世界前列**

我国已经实现从人口大国到人力资源大国的历史性转变。一方面，人口数量红利依然存在。根据第七次全国人口普查，我国劳动年龄人口总规模仍有 8.8 亿人，20 ~ 59 岁乡村人口还有 2.7 亿人。随着农业现代化水平提高，农村可转移的劳动力总量还相当可观。另一方面，我国的人口素质也已达到较高的水平而且还在不断提高，人口质量红利已经显现而且还在继续扩大。根据第七次全国人口普查，2020 年我国拥有大学（指大专以上）文化程度的人口为 2.18 亿人，15 岁及以上人口平均受教育年限为 9.91 年。根据《中国统计年鉴 2021》，2020 年我国在校普通本专科大学生约 3300 万人，在校硕士研究生约 270 万人，在校博士研究生约 47 万人，已成为世界上屈指可数的高端人才培养基地。同时，还将有大量留学生和海外高层次人才回国发展。丰富而多元的人力资源，将孕育出源源不断的创新成果，也将迸发出把创新成果转化为社会生产力的强大力量。

**（三）快速成长的超大规模市场将以其巨大的分工效应、规模效应和范围经济效应，为新技术新产业新业态新模式的快速发展创造广阔空间，同时将在现代化新征程中发挥巨大的稳定器作用**

2020 年，我国社会消费品零售总额达 39 万亿元，按平均汇率计算接近 5.7 万亿美元，超过同年日本国内生产总值。据预测，“十五五”末，我国将成为全球第一大经济体[①]，在经济体量进一步增大的同时，市场总需求也将进一步扩大。不仅如此，市场需求结构也会优化和升级。目前

① 据本课题组预测。

我国已拥有全球最大规模的中等收入群体，随着居民收入持续提升与分配格局不断改善，预计未来15年我国中等收入群体规模将实现翻番。超大且结构不断升级的市场需求意味着分工的细化，资源要素配置效率的提升，经济持续增长有着更扎实的效率基础支撑；意味着新技术新产业新业态新模式的应用场景多元而广阔，新动能不断壮大，经济持续增长有着更强劲的产业基础支撑；意味着更易形成庞大而牢固的经济网络，经济韧性不断增强，经济持续增长有着更坚强的国内大循环基础支撑。另外还要看到，超大且结构不断升级的市场需求有助于运用进出口等开放政策的优化组合，在全球经济竞争中获得更多的主动权。

### （四）发展动员力和组织力强的治理体系有助于形成运用新一轮科技革命成果推动经济社会发展的强大合力，是战胜现代化新征程中各种风险挑战的有力制度保障

新一轮科技革命和产业变革需要投入大量的物质资本和人力资本，需要广阔应用场景，因而需要组织动员各类发展要素参与其中，也需要配合以合理的需求政策，一体化推进技术进步、产业变革、市场扩大和需求升级。现代化新征程是新科技革命成果不断应用于生产实践的过程，是经济结构不断变化的过程，也是社会结构不断变化的过程，风险和挑战不容低估。这需要国家治理体系具有强大的发展动员力和组织力。

经过多年的探索，特别是党的十八大以来的建设，我国已形成强有力的治理体系。党中央总揽全局、协调各方，能够统筹短期和长期、沿海和内陆、城市和乡村、开放和安全、效率和公平等各方面关系，高效动员各方面发展力量，有效应对来自自然界、来自内外部的一系列重大风险挑战。以公有制为主体、多种所有制经济共同发展等基本经济制度，能够激发各类市场主体的创造性，形成推动科技革命和产业变革的强大合力。有

效市场和有为政府的有机结合，能够通过发挥新型举国体制的优势，集中力量攻克技术难关、实现重大技术突破。

**（五）不断提升的强大创新能力与新一轮科技革命的时空高度交集，不仅会使我国成为新科技革命成果的有效转化者，而且会使我国成为新科技革命的引领者之一**

从国际经验看，对于后发国家来说，要抓住科技革命带来的机遇，自身必须具有相应的创新能力。从历史上看，由于缺乏足够的创新能力，我国曾多次错失科技革命的良机。今天的情形与过去已大不相同。在新一轮科技革命如火如荼之时，我国已有强大的创新能力，而且还在不断增强。我国研发人员总量在2013年超过美国，已连续8年稳居世界第一位；研发经费投入强度2014年首次突破2%，2020年提升至2.4%，接近经济合作与发展组织（OECD）国家平均水平。在探空、探海、量子通信和计算等领域，我国已经进入全球“第一梯队”。这有助于我国运用新一轮科技革命成果直接进入新产业空间、新发展赛道，也有助于我国成为科技创新的策源地、新产业新业态新模式的萌发地。

**（六）国际地位的快速提升有助于我国避开“修昔底德陷阱”，引导国际政治经济格局朝着有利于全球共同发展的方向演变，有助于放大新一轮科技革命对我国发展的正面效应**

2021年我国国内生产总值达到美国的77.1%，是日本的3.6倍。2013年我国成为第一大货物贸易国，2020年货物贸易进出口占全球的份额达到13.1%，比排名第二位的美国高2.3个百分点。在贸易规模不断扩大的同时，资本流入、流出的规模也在不断扩大，我国实际利用外资和对外投资规模稳居世界前列。我国国际地位的提升不仅体现在这些“硬实力”方面，而且还体现在“软实力”方面。创造“两大奇迹”，消除绝对贫困，成功应对一系列重大风险挑战，特别是成功应对新冠疫情全球性大流行并向世界提供大量物资、技术和人才援助，充分彰显了我国的制度优势和文化优势。

“硬实力”和“软实力”的提高明显地增强了我国对世界发展格局演变的影响力、对全球秩序变革的塑造力、对国际政治经济关系的平衡力，有助于壮大世界和平的力量，有助于遏制美国对我国打压走向极端。同时，也明显地增强了我国全球资源要素配置能力和全球市场开拓能力，有助于汇聚全球高端要素推动新一轮科技革命和产业变革。

## 三、战略导向和政策重点

未来十余年是国家现代化建设爬坡过坎的“攻坚期”、大有作为的“窗口期”，国内外各种矛盾交织交汇，同时不断增强的国力、迅速变革的全球政治经济格局、深入展开的新一轮科技革命和产业革命之间的交互作用将创造无限新机遇，开辟广阔新空间。要围绕现代化建设的战略任务，明确战略导向和政策重点，以更有效的路径和更可行的政策，有力推动现代化抓住“窗口期”、顺利跨过“攻坚期”，迈进更高发展阶段。

未来十余年的现代化是社会主要矛盾不同于以往的社会主义初级阶段的现代化，要坚持以人民为中心，以更高质量的发展满足人们日益增长的美好生活需要。这个时期的现代化是在世界百年未有之大变局下充满不确定性的现代化，要坚持底线思维，以全面推进改革、开放和创新积极主动应变。这个时期的现代化是为实现第二个百年奋斗目标作好各方面准备、夯实各领域基础的现代化，要坚持系统思维，以一体化布局全方位构建新发展格局。要统筹效率和公平，实现财富增长与分配格局优化良性互动，在高质量发展中促进共同富裕。要统筹物质文明建设和精神文明建设，实现物质产品生产和文化产品生产相互促进，推动实现人民群众物质生活、精神生活“双富裕”。要统筹生产、生活、生态三大空间布局，推动经济绿色低碳转型，打造人与自然和谐相处的生命共同体。要统筹发展与安全，把安全发展要求贯穿国家发展各领域和全过程，筑牢国家安全发展的基石。要统筹中华民族伟大复兴与世界和平发展，在加快国家现代化进程的同时，推动人类社会共同繁荣进步。

### （一）以聚力发展知识和技术密集型产业为重点，打造推动经济持续增长的新动力系统

经济增长新动力的源泉，在社会生产层面最终来自新兴产业的萌生、发展和壮大。与新一轮科技革命相适应，知识和技术密集型产业将成为新兴产业发展的主体，打造推动经济持续增长的新动力系统，必须以发展知识和技术密集型产业为重点。

发展知识和技术密集型产业，一要把发展知识和技术密集型制造业作为重中之重。制造业既是高质量发展的基本载体，也是高水平科技创新的主要来源地。要根据新一轮科技革命背景下产业结构演进的大趋势，进一步明确产业发展的重点方向，细化产业发展的重点领域。要优化财税、金融、开放等领域的政策设计，引导全社会资本向知识和技术密集型制造业集中。要发挥市场经济条件下新型举国体制的优势，集中力量发展具有全局性和基础性影响的知识和技术密集型制造业。二要加强人力资本建设。充裕的人力资本供给是知识和技术密集型产业发展的必要条件。这需要深化教育体制改革，在扩大教育总规模的同时，提高教育质量。三要优化创新政策。要针对不同类别的知识和技术密集型产业研究制定差异化的支持政策，加大政策含金量，提高政策效能。四要构建

良好的竞争环境，防范垄断和资本无序扩张。知识和技术密集型产业相比传统产业更容易形成“赢者通吃”的垄断局面，要从维护市场公平竞争秩序、维护消费者正当权益出发，完善反垄断规制，加强反垄断监管，同时要实现科学监管、高效监管，引导企业将经营重心转移到创新产品和提高服务质量上来。

### （二）以高效率的创新生态系统为支撑，提升科技自立自强的能力

高效率的创新生态系统是孕育面向世界科技前沿、面向经济主战场、面向国家重大需求、面向人民生命健康四大领域的重大科技成果的摇篮，是在各国竞逐新一轮科技革命战略制高点大背景下实现科技自立自强的基石。

打造高效率的创新生态系统，一要深化科技体制改革，优化科技资源配置，加强各类科技计划的协调和衔接，改进科技项目组织管理方式，提高公共资源的利用效率。二要打造公平竞争、鼓励创新的市场和法治环境，实行严格的知识产权保护制度，打破制约创新的行业垄断、市场分割，消除歧视性待遇，完善创新要素配置机制，扩大普惠性政策范围，构建一批“顶天立地”的大型、超大型创新主体和“铺天盖地”的“专精特新”主体共同发展的格局。三要改进监管模式，建立激励创新、审慎包容的市场监管体系，进一步完善标准、检验检测和认证体系。四要增强创新政策与国际规则的协调性及其对国际规则的适应性，从被动履行国际规则向主动促进国际规则转变，提高创新政策的开放性和包容性。五要加强科研诚信体系建设，倡导负责任的研究与创新，营造风清气正的学术环境。六要培育创新文化，建立试错容错机制，营造宽容失败的氛围，改进各种考核与评价体系，鼓励科技人员潜心研究、扎实探索。

### （三）以提高全社会成员的生活质量为基石，巩固和做强人口可持续发展的基础

整个社会的生育水平取决于收入、就业、各种生活成本、闲暇时间、未来预期等一系列因素，一句话，取决于人们在不同年龄阶段的生活质量，提高全社会成员的生活质量是人口可持续发展最重要的基础。

提高全社会成员的生活质量，一要建立健全工资集体协商制度，健全工资增长机制，既注重基层、一线劳动者收入的增长，又注重对知识、技术、管理等领域创新创造人才的激励。二要切实保障劳动者的休息权等基本权利，严格纠正“996”“007”超时加班等行为。三要继续推进普惠型幼儿园建设，加快托育设施建设，切实降低家庭养育成本；加大对基础教育薄弱地区的扶持力度，普遍提高义务教育阶段的教育质量。四要优化城乡医疗资源布局，提高医保对重大疾病的保障水平，提升医疗资源的可及性和获得服务的便利程度，降低群众医疗负担。五要坚持“房住不炒”定位，加大保障房建设力度，优化综合配套，着力解决新市民、青年等群体的住房困难。六要构建新型家庭伦理和生育伦理，倡导孝亲敬老传统文化，强化家庭养老功能，完善支持家庭养老能力建设的财税政策，落实家庭成员赡养老人的法律责任和义务，不仅要确保老有所养，更重要的是要确保老年幸福。

### （四）以大规模创造高质量就业岗位为前提，扩大中等收入群体规模

从我国目前的情况来看，中等收入群体大多是工薪阶层，未来工薪阶层依然会是中等收入群体扩大的主要来源。要扩大中等收入群体规模，必须创造越来越多的高质量、薪酬水平较高的就业岗位，让越来越多的工薪阶层进入中等收入群体。

创造高质量就业岗位，一要推动制造业大规模迈向全球价值链中高端，尽快改变我国大部分制造环节仍处于全球价值链中低端的局面，加快“中国制造”向“中国智造”转变，以中高端制造获取更多的附加值，为提高我国制造业领域从业者的薪酬创造条件。二要做大做优做强现代服务业，以更大规模的高质量现代服务业创造更多薪酬较高的就业岗位。要围绕中高端制造业发展的需要，大力发展研发设计、工业设计、软件开发等产业；围绕增强供应链安全自主可控的需要，大力发展现代物流、采购分销、生产分销、运营管理、售后服务等产业；围绕提升我国在全球资源要素配置能力的需要，大力发展国际金融、法律服务、商务咨询等产业。三要推动农业生产经营的规模化和机械化，显著提高农业劳动生产率，为提高农民收入创造前提。当然，做大中等收入群体规模也要从整体上提高国民经济各行业的生产效率，提升对全体劳动者权益的保障力度，为提高工薪阶层收入水平创造基础性条件。

### （五）以提供更多普惠教育为基本途径，着力提升全民受教育水平

提供更多普惠教育是提高全民受教育水平最直接、最有效的途径，更重要的是，它也是促进社会公平的关键手段。

提供更多普惠教育，一要普及有质量的学前教育体系和科学保教体系，推进中等职业教育和普通高中教育协调发展，健全高中阶段教育经费投入机制。二要从整体上提高义务教育质量，在区域间、城乡间、城市内部各社区间推进教育资源均等化。要构建优质的基本公共教育服务体系，推动从学前到高中阶段教育质量整体提升，推进基本公共教育均等化，促进教育资源空间均衡。三要进一步推进高等教育的普及化、普惠化。要构建更为多元的资金投入体系，鼓励社会资本参与高等教育事业发展。扩大

国家奖学金助学金资金总规模，提高奖学金助学金覆盖率，切实减轻个人接受高等教育的经济负担。四要完善终身教育体系，提升终身教育的品质。要多渠道扩大终身教育资源，更好满足不同群体多元化学习需求。要畅通学习和就业转换的通道，为更多人在工作中学习创造更便利的条件。要构建更多的适老型学习平台，推动老年人知识更新，使老年人为现代化贡献更多的经验、知识和智慧。

### （六）以做强文化产品生产体系为抓手，着力提升全民精神生活品质

提升全民精神生活品质，要以更丰富的文化产品满足人们日益多元化、多样化的精神文化需要，也要在文化市场日益开放的大背景下，以更富当代中国价值内涵的高质量的文化产品，引导全民形成求真精神、探索精神、创新精神、合作精神、奉献精神、乐观向上精神。这就需要构建强大的、有国际竞争力的文化产品生产体系。

构建这样的体系，一要激发文化产品生产体系的发展活力，遵循文化产品创新创作的规律，将文艺创作与时代发展和公共文化服务要求充分结合起来，推动文化与教育、旅游、体育、科技等跨界融合，不断推出富有正能量、极具感染力的文艺精品。二要提升文化产品生产体系的传播效能，高度重视传媒平台建设和传播手段创新，推进传统媒体和新媒体深度融合，做强新型主流媒体，占领传播主阵地。三要推进城乡公共文化服务体系一体化建设，发挥图书馆、博物馆、文化馆、纪念馆等公共文化服务阵地作用，在保护的前提下开发好历史文物、非遗项目、传统村落的文化载体功能。四要适应文化建设的长期性、浸润性特征，科学制定文化发展的中长期规划，增强政策的系统性协调性，从管理体制、运营机制、税收、财政、金融、土地、人才、技术等多方面予以配套支持。充分利用现

代科技手段，提升文化集成创新能力，丰富文化产品形态和产业业态。

## （七）以绿色低碳转型为导向，打造符合“双碳”目标要求的产业体系

实现碳达峰碳中和，从根本上说需要全社会生产和生活方式实现绿色低碳转型。从生产方式上看，最关键的是建立能源节约型的产业结构体系，以能源的大规模节约大幅度降低碳排放。

打造这样的产业体系，一要优化能源生产供应体系，提升清洁能源利用比例。大力发展风能、太阳能、生物质能、海洋能、地热能、核能等，通过不断改进提升现代发电技术，降低热电生产过程中能源资源消耗。要运用现代输变电技术和智能电网技术，减少电力传输和配置过程中的能源消耗。二要打造低碳节能的制造业体系。要降低能源密集型制造业的比重，在石化、钢铁、有色、建材产业布局优化和结构调整中，广泛应用能源节约技术。要更多发展单位能耗附加值高的制造业，统筹好高端制造业产业链布局，重点发展集成电路、船舶与海洋工程装备、机器人、工程机械、高端数控机床、医疗设备等产业的低能耗环节。三要打造低碳节能的服务业体系。要推进传统服务业低碳化发展，积极调整运输结构，推广低碳运输工具；广泛运用新技术，创新生活性服务业的业态和组织方式，降低住宿、餐饮、文娱、旅游等行业的能源消耗水平。要更多发展单位能耗附加值高的现代服务业，大力发展金融保险业、信息传输和计算机软件业、科研技术和咨询服务业等行业。四要以消费方式转型引导形成低碳节能的产业体系。要在全社会倡导节俭文化，增强城乡居民在消费过程中节能降耗的自觉性。要充分运用税收优惠、准公共物品的阶梯定价、金融支持等政策，引导城乡居民节能降耗。要完善相应法律法规，增强相关条款的约束力。

### （八）以实现发展与安全更好统筹为目标，构建与国际政治经济格局演变趋势相适应的对外开放格局

在国际格局迅速而深刻变化的背景下，处理好安全与发展的关系，比以往任何时期都更为重要。它将是未来十余年一项极为重大的课题，必须根据全球政治经济格局演变的态势，优化对外开放格局。

要构建这样的格局，一要以实现高水平自立自强为根本导向，全方位研判对外开放可能带来的政治、经济、文化等方面的影响，要在借鉴国际经验特别是吸取一些国家对外开放教训的基础上，统筹安排对外开放，系统设计高水平对外开放政策。二要优化出口支持政策，更好平衡贸易部门和非贸易部门的利益，为形成以国内大循环为主体、国内国际双循环相互促进的新发展格局创造更有利的条件。三要综合运用各种战略工具，最大限度地保证海外资源安全供给。要推进油气、矿石、粮食等海外来源地的多元化，提升大宗货物跨国运输安全保障能力。四要更好发挥国内市场强大优势，发展更多高端技术和产业，以推动解决关键技术对外过度依赖问题。要优化外资利用政策，协调各地区、各部门利用外资的措施，在招商引资的过程中，把超大规模国内市场这一优势转化为实实在在的推动我国技术进步和产业升级的有利因素，鼓励外资在实现自我发展的过程中，释放更多的技术外溢效应。

### （九）以建立健全高效应对突发事件的体制机制为重点任务，全面建设与网络化开放社会相适应的现代治理体系

网络化开放社会的风险既会来自国内，也会来自国际；既会来自经济领域，也会来自社会领域；既会来自既有矛盾，也会来自新矛盾的产生和演化。在网络化开放社会，局部的风险容易诱发全局性风险。在现代化新征程中，要全面落实党中央作出的部署，全面推进国家治理体系和治理能

力现代化，尽快提高驾驭经济全球化背景下市场经济发展的能力，尽快提高化解社会结构变化衍生的各类矛盾的能力。

从保持现代化进程的平稳性来看，要把建立健全高效应对突发事件的体制机制作为重点任务。一要建立突发事件的超前研判和预警机制。要加强对事物发展规律性的研究，紧密跟踪各领域矛盾演化的态势，运用大数据分析技术等，尽早对可能发生的影响面大的事件提出预警。二要建立健全应对突发事件的预案科学编制和动态调整机制。要建立覆盖全领域的预案体系，宁可备而不用，也不能出现用而不备的情形。要开门制定预案，汲取社会各方面的智慧提升预案的质量。三要建立健全突发事件的响应和处置机制。要运用信息化技术提高应急响应机制的效率。要增强应急指挥协调、队伍救援、物资保障等方面能力，提高处置机制的效能。要把功夫下在平时，突出应急能力建设在经济社会发展规划中的地位，开辟多元化筹资渠道，加大资金投入力度。

执笔人：侯永志　何建武　贾珅　施戍杰
钟震　王訸　朱妮　等

专题一

# 基本实现社会主义现代化的目标和指标、重点和难点

本专题按照党的十九大提出的基本实现社会主义现代化的“轮廓性”目标要求和2035年远景目标纲要，结合习近平总书记关于中国式现代化的重要论述，深入研究基本实现社会主义现代化的标志性目标和具体指标，并对照各领域的主要目标分析不同领域建设的重点和难点（见附表1-1）。

## 一、现代化的基本内涵

关于“什么是现代化”，大致可以从广义和狭义两个视角回答。广义而言，现代化是指人类社会自工业革命以来所发生的急剧变革，这场变革发端于工业革命，以工业化为前期主要动力，并伴随着科技革命向经济、政治、文化、思想等各个领域渗透，最终推动农业社会向现代化社会的全球性大变革。狭义而言，现代化是后发国家通过学习世界先进，推动广泛的社会变革，并迅速赶上先发国家、适应现代世界环境和科技革命趋势的发展过程。

现代化涉及的领域随着时代的发展而不断拓展。早期的现代化主要表现为工业化，其带来的最为显著的变化莫过于经济领域的变革。随着现代化的推进和社会变革的深入，现代化开始涉及更多的领域，不仅表现为

经济、社会、文化等领域的现代化，也表现为人的现代化，还表现为治理体系和治理能力的现代化。早在 20 世纪 60 年代，斯坦福大学的阿里克斯・英克尔斯（Alex Inkeles）就指出“现代化的关键是人的现代化”。人的现代化既体现为通过掌握现代科学知识全面提升认识和改造世界的能力，也体现为通过丰富文化产品构筑美好的精神家园。“现代性孕育着稳定，而现代化过程却滋生动乱。”[①] 在现代化的过程中，只有制度变革与其他领域的变革相适应，社会才不会陷入无序状态，现代化进程才能顺利推进。因而，国家治理体系和治理能力的现代化既是一国现代化的重要方面，也是现代化持续平稳推进的重要保障。

## 二、基本实现社会主义现代化的标志性目标和具体指标

从现代化的一般内涵出发，按照现代化建设“五位一体”总体布局、党的十九大提出的现代化的“轮廓性”目标要求和 2035 年远景目标纲要，结合全球现代化发展的趋势和习近平总书记关于中国式现代化的重要论述，课题组认为基本实现社会主义现代化的标志性目标和具体指标大致可以设定如下。

### （一）国力大幅度提升

国内生产总值在 2020 年的基础上翻一番，显著超过排名第二位的经济体；人均国内生产总值超过 3 万美元，达到中等发达国家水平。成为全球重要的原始创新策源国和科技人才强国，关键领域、核心环节的技术和装备受制于人的局面得到根本缓解；每万人高质量发明专利拥有量、国际技术转让净收入占国内生产总值的比重达到经合组织国家平均水平；

① 塞缪尔・亨廷顿：《变革社会中的政治秩序》，上海人民出版社2008年版。

每百万人口科学、技术、工程和数学专业博士数量接近发达国家平均水平。

### （二）共同富裕水平大幅提高

人的全面发展水平显著提升，居民人均可支配收入比2020年翻一番，就业、收入、健康、营养、教育、文体、公共服务、安全保障等方面民生福祉达到中等发达国家水平。全体人民共同富裕取得更为明显的实质性进展。基尼系数降至0.4以下，中等收入群体达到8亿人，占总人口的比重接近60%，形成相对平衡的财富和收入分配格局。社会保持较高的流动性、开放性和包容性。社会各阶层在就业、教育等领域享有大致同等的机会，在医疗、养老等方面享受大致相同的公共服务。

### （三）引领时代前进的文化建设取得显著进展

国民科学文化素质、健康素质等显著提升，社会文明程度显著提高，人均受教育年限达到中等发达国家水平。奉献、合作、节俭、创新、向上的精神成为全社会主流意识。富含进步元素的文化产业规模显著扩大，成为全球文化产品和文化服务主要出口国，国家文化软实力跃居全球前列。

### （四）优美的生态环境基本建成

生产方式和生活方式更加绿色化、低碳化，天更蓝、地更绿、水更净、山更青。各类主要资源利用效率、主要污染物排放强度、碳排放强度接近发达国家平均水平。

### （五）国家治理体系驾驭能力大幅提升

实现党中央集中统一领导的各项制度更加坚强有力。国家根本制度、基本制度、重要制度更加完善和健全。国家驾驭经济运行的能力进一步提高，发展主动权更有保障，影响全球发展的能力更加强大，成为引导国际治理体系和全球治理格局发展方向的重要力量。

## 三、对照目标要求，基本实现现代化的重点和难点

这里主要通过对标前面确定的标志性目标和具体指标，分析发展的现状，找出各领域建设的重点和难点。

### （一）经济建设方面重点是持续做大经济规模，难点是提高自主创新能力

经济方面的核心目标是人均国内生产总值达到中等发达国家水平。然而世界经济发展史表明，“二战”以来能够顺利从低收入和中等收入国家发展成长为稳定的高收入国家的案例很少，发展成为中等发达国家的就更少了。多数国家和地区要么没能实现经济起飞而陷入“低收入陷阱”，要么没能维持经济持续增长而落入“中等收入陷阱”（见图 1-1）。对于后者而言，导致其跌入陷阱的根本原因在于缺乏持续增长的动力。这一典型事实说明，要发展成为中等发达国家，重点任务是保持经济持续增长，不断做大经济规模。在新的发展阶段，保持经济持续增长的关键在于提升自主创新能力。随着技术水平的提升，我们距离技术前沿越来越近，越来越需要从“追赶式”创新转向更多依赖“拓展技术前沿”的自主创新。然而在这一过程中，中国将与以美国为首的西方发达国家展开直接竞争，也将面临更多来自这些国家的围堵和打压，同时也需要

加快创新机制体制的改革。这些都意味着提升自主创新能力将是一项非常艰难的任务。

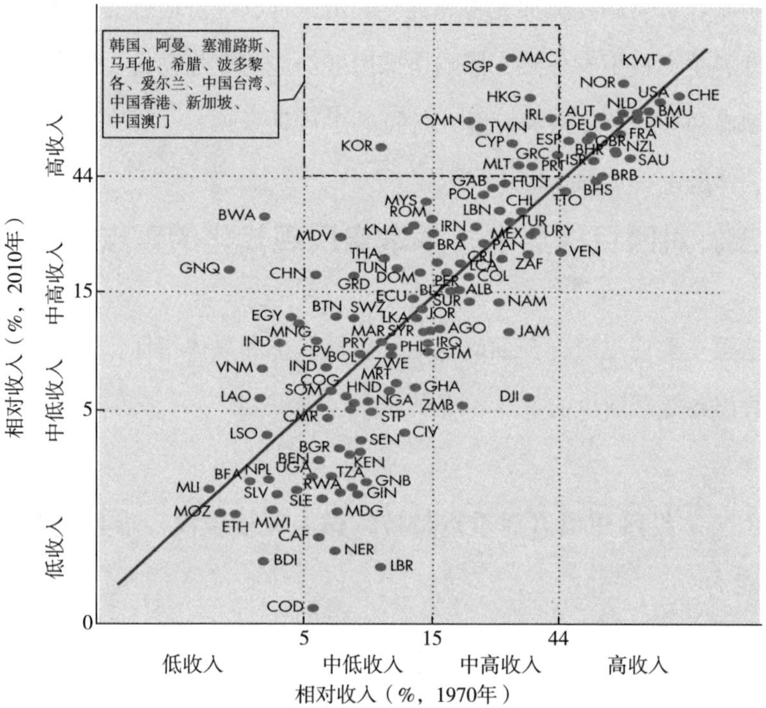


**图1-1　1970—2010年不同国家和地区发展水平的变化**

资料来源：转引自*World Development Report 2017*。

### （二）社会建设方面重点是推进社会公平，难点是调整利益分配格局

坚持以人民为中心的发展理念，实现“全体人民共同富裕的现代化”要求我们在现代化的建设过程中必须让发展机会更加均等，让发展水平更加平衡，让发展成果人人共享，必须提升发展的公平性和公正性。然而，从国际经验来看，随着发展水平的提升，公平问题并不会自然得到解决，不少国家现代化进程出现动荡甚至中断的重要根源在于社会不公平、不公正。目标要求和前车之鉴都决定着社会建设方面的重点是推进社会的公平

正义。同时，需要看到的是，受发展阶段的限制与非均衡的发展战略和政策的影响，我国的收入差距长期处于相对较大的水平。2020 年我国的基尼系数为 0.468，不仅显著高于发达国家和地区（大多数为 0.3 左右），与发展水平相当的国家相比也较高（见图 1–2）。今后“帕累托改进”式的改革空间已经很小，既有发展模式的惯性也会越来越大，解决公平问题必须调整利益分配格局、触及既得利益群体，必然面临越来越大的阻力，也容易引起社会的不稳定，因而也将成为社会建设方面的难点。

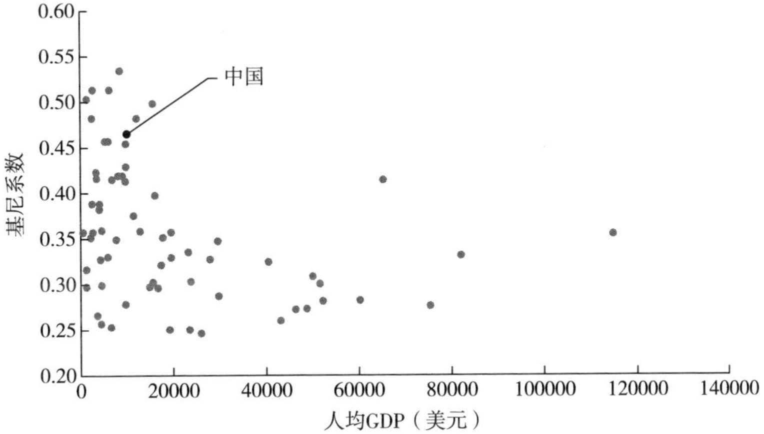


**图1-2　2020年不同国家和地区的发展水平和基尼系数**

资料来源：世界发展指数（WDI），Wind数据库。

### （三）文化建设方面重点是提升全体国民的受教育水平，难点是提升低收入人群和较高年龄人群的文化水平

对照前面设定的文化建设方面的目标不难发现，全体国民的素质和国家整体的文化软实力的提升都与受教育水平密切相关。促进文化的繁荣发展、丰富人们的精神生活、构筑美好的精神家园、扩大文化国际影响力的最根本途径在于教育。因此，文化建设方面的重点就是要提升全体国民的受教育水平。从现实来看，人群之间、地区之间受教育水平还存在较大差

异，重点体现在两个方面。一是低收入群体受教育水平往往较低。这一人群受家庭条件和当地教育质量的限制，往往倾向于更早参加工作。2020 年，义务教育阶段生均教育财政支出最高的省份与最低的省份之比仍高达 5 倍。二是较高年龄人群受教育水平往往较低。大量的较高年龄人群受历史上教育水平不高、供给不足和其他条件的限制未能在其年轻时接受更好的教育。国际比较充分反映了这一事实：我国体现当前教育水平的“预期受教育年限”指标高于全球平均水平，体现教育历史综合水平的“平均受教育年限”指标却低于全球平均水平（见图 1-3）。与其他人群相比，提升这两大群体的文化水平难度更大，相应地也成为文化建设方面的一大难点。

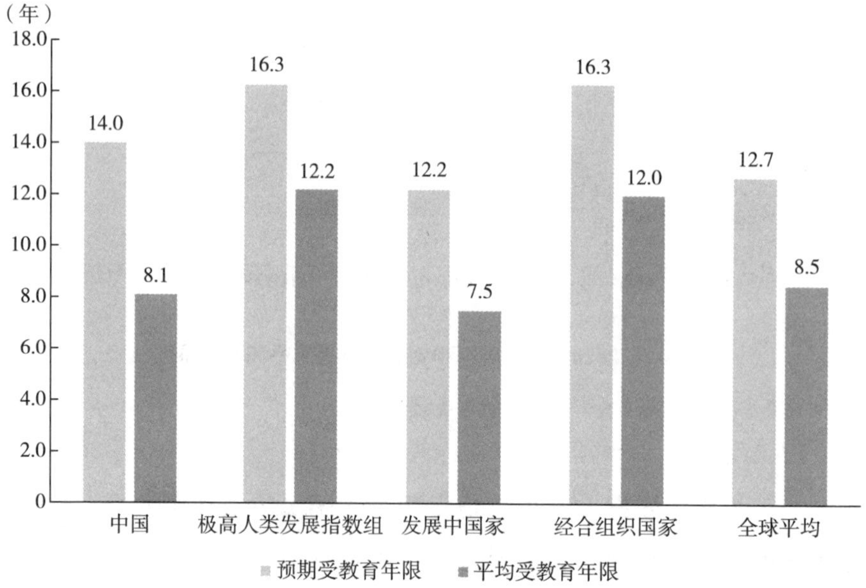


**图1-3　受教育年限的国际比较**

资料来源：人类发展指数（HDI），http：//hdr.undp.org/en/content/download-data。

### （四）生态文明建设方面重点是推进碳达峰，难点在于调整能源结构

生态文明建设主要目标就是减少污染排放和应对好气候变化。研究

表明，主要污染物与二氧化碳排放呈现显著的同根同源性。因此，减少碳排放具有源头防控的作用，可以发挥协同效应，即不仅可以兑现应对全球气候变化作出的承诺，还可以控制污染物的排放和推动建设美好的生态环境。这一作用和效应决定着实现碳达峰成为未来十余年这一领域的重点任务。与其他国家相比，我国碳排放强度高，实现碳减排的难度也相对较大。世界银行数据显示，中国的碳排放强度分别是欧盟和世界平均水平的 3.8 倍和 1.7 倍。较高的碳排放强度的根源在于我国以高碳能源（煤炭）为主的能源消费结构。我国煤电占全部电力的比重仍然接近 70%，远高于经合组织国家（22%）和全球平均水平（36%）。与此同时，我国煤炭资源相对其他能源更加丰富，因而消费也更加容易得到保障。根据英国石油公司（BP）的数据，我国煤炭探明储量占全球的比重为 13.2%，远高于石油（1.5%）和天然气（4.2%）。煤炭消费比重过高和相对丰富的煤炭资源意味着调整现有的能源结构成为实现碳达峰的一大难点。

### （五）政治建设方面重点是提高治理能力，难点是构建与网络化开放社会相适应的现代治理体系

世界发展史显示，现代化的过程是一个充满风险的过程。在这一过程中，经济结构、社会结构的复杂化和大调整必然会增加“风险源”，往往容易积累社会矛盾，进而引发政治风险。同时作为全球最大的发展中国家，中国的现代化过程必然伴随着全球经济政治格局的大变革，全球发展的不稳定性也会增强，政治安全面临威胁。“走和平发展道路的现代化”决定着政治建设方面的重点就是要增强驾驭国内经济社会结构大调整和国际经济政治格局大变革的治理能力。当今社会已成为一个全球化与网络化深度融合的开放社会。在这一社会中信息传播的多样化、瞬时化和社会组

织的虚拟化、扁平化等，使经济社会运行的模式有别于以往，各种风险和矛盾源头更加隐蔽、激化更加容易、扩散更加迅猛、影响更加巨大，治理的难度也非同寻常。因而构建与网络化开放社会相适应的现代治理体系成为新时代国家治理体系和治理能力现代化的一大难点。

执笔人：何建武　侯永志

附表1-1 **基本实现社会主义现代化的主要目标**

| 领域 | 党的十九大报告 | 2035年远景目标纲要 | 本专题提出的标志性目标和具体指标 | |
|---|---|---|---|---|
| 经济建设 | 我国经济实力、科技实力将大幅跃升，跻身创新型国家前列 | 经济实力、科技实力、综合国力将大幅跃升。经济总量和城乡居民人均收入将再迈上新的大台阶，人均国内生产总值达到中等发达国家水平。关键核心技术实现重大突破，进入创新型国家前列 | 国力大幅度提升 | 国内生产总值在2020年的基础上翻一番，显著超过排名第二位的经济体；人均国内生产总值超过3万美元，达到中等发达国家水平。成为全球重要的原始创新策源国和科技人才强国，关键领域、核心环节的技术和装备受制于人的局面得到根本缓解；每万人高质量发明专利拥有量、国际技术转让净收入占国内生产总值的比重达到经合组织国家平均水平；每百万人口科学、技术、工程和数学专业博士数量接近发达国家平均水平 |
| 社会建设 | 人民生活更为宽裕，中等收入群体比例明显提高，城乡区域发展差距和居民生活水平差距显著缩小，基本公共服务均等化基本实现，全体人民共同富裕迈出坚实步伐；现代社会治理格局基本形成，社会充满活力又和谐有序 | 中等收入群体显著扩大，基本公共服务实现均等化，城乡区域发展差距和居民生活水平差距显著缩小。人民生活更加美好，人的全面发展、全体人民共同富裕取得更为明显的实质性进展 | 共同富裕水平大幅提高 | 人的全面发展水平显著提升，居民人均可支配收入比2020年翻一番，就业、收入、健康、营养、教育、文体、公共服务、安全保障等方面民生福祉达到中等发达国家水平。全体人民共同富裕取得更为明显的实质性进展。基尼系数降至0.4以下，中等收入群体达到8亿人，占总人口的比重接近60%，形成相对平衡的财富和收入分配格局。社会保持较高的流动性、开放性和包容性。社会各阶层在就业、教育等领域享有大致同等的机会，在医疗、养老等方面享受大致相同的公共服务 |

续表

| 领域 | 党的十九大报告 | 2035年远景目标纲要 | 本专题提出的标志性目标和具体指标 | |
|---|---|---|---|---|
| 文化建设 | 社会文明程度达到新的高度，国家文化软实力显著增强，中华文化影响更加广泛深入 | 建成文化强国、教育强国、人才强国、体育强国、健康中国，国民素质和社会文明程度达到新高度，国家文化软实力显著增强 | 引领时代前进的文化建设取得显著进展 | 国民科学文化素质、健康素质等显著提升，社会文明程度显著提高，人均受教育年限达到中等发达国家水平。奉献、合作、节俭、创新、向上的精神成为全社会主流意识。富含进步元素的文化产业规模显著扩大，成为全球文化产品和文化服务主要出口国，国家文化软实力跃居全球前列 |
| 生态文明建设 | 生态环境根本好转，美丽中国目标基本实现 | 广泛形成绿色生产生活方式，碳排放达峰后稳中有降，生态环境根本好转，美丽中国建设目标基本实现 | 优美的生态环境基本建成 | 生产方式和生活方式更加绿色化、低碳化，天更蓝、地更绿、水更净、山更青。各类主要资源利用效率、主要污染物排放强度、碳排放强度接近发达国家平均水平 |
| 政治建设 | 人民平等参与、平等发展权利得到充分保障，法治国家、法治政府、法治社会基本建成，各方面制度更加完善，国家治理体系和治理能力现代化基本实现 | 基本实现国家治理体系和治理能力现代化，人民平等参与、平等发展权利得到充分保障，基本建成法治国家、法治政府、法治社会 | 国家治理体系驾驭能力大幅提升 | 实现党中央集中统一领导的各项制度更加坚强有力。国家根本制度、基本制度、重要制度更加完善和健全。国家驾驭经济运行的能力进一步提高，发展主动权更有保障，影响全球发展的能力更加强大，成为引导国际治理体系和全球治理格局发展方向的重要力量 |

专题二

# 新发展阶段现代化的难得机遇和有利条件

当前新一轮科技革命和产业变革正在全方位展开，这是新发展阶段现代化最大的背景。2020 年我国国内生产总值已超过 100 万亿元，这是新发展阶段现代化最重要的基础。日益显现的超大规模优势及其与新一轮科技革命和产业变革的相互作用，为我国在新发展阶段基本实现现代化孕育了难得的机遇，创造了一系列有利条件。

## 一、新一轮科技革命和产业变革是新发展阶段现代化的重大机遇

一国的现代化在不同发展阶段和时代背景下面临的外部机遇并不相同。改革开放后，我国抓住国际产业大转移机遇，创造经济快速发展奇迹。当前，新一轮科技革命和产业变革正全方位展开，构成了我国在新阶段持续推进现代化的重大机遇。

### （一）新一轮科技革命和产业变革是新阶段我国转换发展动能、构筑现代化持久推动力的重要机遇

一国要实现现代化，核心是推动经济持久增长，但随着发展阶段的演进，增长的主动力必须适时转换。在发展初期，物质资本稀缺，农村剩余

劳动力多，与发达国家技术差距大。物质资本积累不仅带来资本要素的投入，也通过吸引农村剩余劳动力进入高效率城市部门、引进国外先进设备促进全要素生产率的提升，构成经济增长的主动力。需要指出的是，物质资本的创造和积累并不容易，很多国家陷入了“贫困陷阱”，只有以东亚、拉美为代表的部分经济体成功实现对物质资本的大规模创造，进入中等收入阶段。而到了这一阶段，物质资本积累回报率随着人均资本水平的提升开始下降，农村劳动力再配置效应随着剩余劳动力数量减少而降低，引进前沿技术的难度随着与先发国家技术差距缩小而加大，发展的主动力需要相应地转化为创新驱动。这一过程并非能够自发完成。“二战”结束以来，除日本、韩国、新加坡等极少数经济体，很多经济体由于未能完成增长动力的转换，经济逐渐陷入停滞，落入“中等收入陷阱”。

新中国成立以来，物质资本积累一直是我国经济发展的主动力。新中国成立初期，我国属于世界上最贫穷的国家之一，人均收入和储蓄率都处于较低水平。正是通过建立促进物质资本积累的体制机制，我国固定资本形成占国内生产总值的比重不断提高，有力支撑了经济持续快速增长。当前，我国已进入发展新阶段，物质资本积累的回报率已经明显下降，迫切要求推动发展方式转变，转向技术创新。而新一轮科技革命和产业变革正推动全球生产方式发生巨大变革，以数字生产、智能生产、绿色生产为主要特征的新生产方式正在形成和扩展。这为我国创造了广阔的新发展空间，是促进发展动能转换的重要机遇。

### （二）新一轮科技革命和产业变革是新阶段我国攀升全球价值链、构建新发展格局的重要机遇

一国推进现代化必须融入全球分工体系，但这一体系并不是平等的。从全球范围来看，先发国家控制了核心技术、关键设备与零部件、品牌价

值、销售渠道和制度标准，处于产业链价值链高端，占有了全球生产剩余的绝大部分。而广大发展中国家主要为先发国家产业提供原材料等初级产品，或者依靠廉价劳动力成为先发国家产业的“组装车间”，处于产业链价值链低端，不仅获得的生产剩余少，而且难以突破先发国家的技术壁垒、竞争优势以及主导制定的不平等的国际规则，容易被“低端锁定”（凌永辉等，2021；朱明珠等，2020）。

改革开放后，我国凭借成本低、质量高的劳动力资源大规模吸引外资，积极融入国际大循环，取得了经济快速增长。但在这一过程中，我国主要承担的是劳动密集型、附加值低的制造环节，处于产业链价值链的中低端。在新发展阶段，我国劳动力供求关系发生转折性变化，传统比较优势正加速消失，传统发展格局已不可持续。新一轮科技革命和产业变革将重塑全球分工体系，为我国进入全球价值链高端、实现科技自立自强，进而构建新发展格局创造重要机遇。通过与数字技术、人工智能技术、绿色低碳技术有机结合，我国主要承担的制造环节的附加值可以得到大幅提升；新产品新服务新业态大量涌现，为我国产业突破先发国家的技术壁垒创造途径；通过采取与新技术相匹配的企业组织形态，本土数字平台企业有能力同先发国家企业巨头竞争；生产方式与交换方式的重大变革要求规则标准的重新谈判，为保障后发国家的发展权利创造机遇。

### （三）新一轮科技革命和产业变革是新阶段我国迈入世界科技前沿、实现弯道超车的重要机遇

从世界历史看，每一轮科技革命和产业变革都是在个别国家率先发展，然后逐步拓展到世界其他国家，由此形成“中心—外围”的全球经济格局。一方面，技术进步具有累积性，中心国家具有强大的先发优势，导致后发国家难以实现赶超。例如，“二战”后日本虽然通过技术引进在初

期实现较快追赶，但在20世纪八九十年代进入前沿领域后，未能赢得与美国的技术竞争，最终赶超失败。另一方面，技术进步具有突变性，每一轮科技革命和产业变革都会带来技术范式的转换。在这一变局下，先发国家在传统范式中累积的优势会被削弱，并面临既有利益格局束缚，从而为后发国家实现技术赶超创造机会（张国胜，2013；贾利军等，2021）。例如，即使在第二次工业革命中英国仍然长期保持纺织等传统产业的效率优势，但在电力、化学等新兴产业中被美国和德国超越，最终丧失技术领先地位（邓久根等，2015）。

新中国成立后，面对西方国家围堵，我们通过自力更生实现了包括“两弹一星”在内的一系列重大技术突破，奠定了雄厚的技术基础。改革开放后，我们抓住有利的国际环境，积极引进西方先进技术，并注重消化吸收再创新。当前，我国与先发国家的技术差距已大幅缩小，技术追赶正面临西方越来越大的遏制压力。新一轮科技革命和产业变革将带来全球科技体系的重大变革，一系列重大科技突破与产业深度融合产生颠覆性创新，将打破原有技术进步的路径和惯性，是我国迈入世界科技前沿的重要机遇。

## 二、日益显现的超大规模优势及与之相适应的治理体系为新阶段现代化创造了有利条件

### （一）业已形成的完备且雄厚的制造业体系不仅使我国经济具有高强度的韧性，而且有助于以较快速度将新一轮科技革命的成果转化为现实生产力

经过70多年的大规模建设，我国已从一个几乎没有现代工业的国家，变成当今世界第一制造业大国。制造业增加值于2010年超过美国，到

2020年已连续11年位居世界首位，占全球的比重从2012年的22.5%迅速提升至2020年的接近30%。我国制造业不仅规模大，而且体系相对完整。我国制造业的竞争力也已显著增强，2020年有220多种工业产品产量居世界第一位，新能源汽车、光伏、智能手机等重点产业跻身世界前列。这一体系构成了我国经济高强度韧性的基础。从世界历史看，对具有一定人口规模的大国而言，在现代化初期可以依靠参与国际分工和贸易取得一时较快发展，但如果不能建立完整的制造业体系，最终都难以实现现代化。我国完备且雄厚的制造业体系，将有助于我们应对前进道路上的各种风险挑战，有助于现代化航船行稳致远。这一体系还有助于提升我国在全球产业链与供应链体系中的地位，有助于孕育更多的创新成果，有助于实现新一轮科技革命向现实生产力的转化。

### （二）丰富而多元的人力资源将使我国成为最富创新性的国家之一，有助于我们在新一轮科技革命和产业变革中走在世界前列

我国已经实现从人口大国到人力资源大国的历史性转变。一方面，人口数量红利依然存在。根据第七次全国人口普查，我国劳动年龄人口总规模仍有8.8亿人，20～59岁乡村人口还有2.7亿人。随着农业现代化水平提高，农村可转移的劳动力总量还相当可观。另一方面，我国的人口素质也已达到较高的水平而且还在不断提高，人口质量红利已经显现而且还在继续扩大。根据第七次全国人口普查，2020年我国拥有大学（指大专以上）文化程度的人口为2.18亿人，15岁及以上人口平均受教育年限为9.91年。根据《中国统计年鉴2021》，2020年我国在校普通本专科大学生约3300万人，在校硕士研究生约270万人，在校博士研究生约47万人，已成为世界上屈指可数的高端人才培养基地。同时，还将有大量留学生和海外高层次人才回国发展。丰富而多元的人力资源，将孕

育出源源不断的创新成果，也将迸发出把创新成果转化为社会生产力的强大力量。

**（三）快速成长的超大规模市场将以其巨大的分工效应、规模效应和范围经济效应，为新技术新产业新业态新模式的快速发展创造广阔空间，同时将在现代化新征程中发挥巨大的稳定器作用**

2020年，我国社会消费品零售总额达39万亿元，按平均汇率计算接近5.7万亿美元，超过同年日本国内生产总值。据预测，“十五五”末，我国将成为全球第一大经济体①，在经济体量进一步增大的同时，市场总需求也将进一步扩大。不仅如此，市场需求结构也会优化和升级。目前我国已拥有全球最大规模的中等收入群体，随着居民收入持续提升与分配格局不断改善，预计未来15年我国中等收入群体规模将实现翻番。超大且结构不断升级的市场需求意味着分工的细化，资源要素配置效率的提升，经济持续增长有着更扎实的效率基础支撑；意味着新技术新产业新业态新模式的应用场景多元而广阔，新动能不断壮大，经济持续增长有着更强劲的产业基础支撑；意味着更易形成庞大而牢固的经济网络，经济韧性不断增强，经济持续增长有着更坚强的国内大循环基础支撑。另外还要看到，超大且结构不断升级的市场需求有助于运用进出口等开放政策的优化组合，在全球经济竞争中获得更多的主动权。

**（四）发展动员力和组织力强的治理体系有助于形成运用新一轮科技革命成果推动经济社会发展的强大合力，是战胜现代化新征程中各种风险挑战的有力制度保障**

新一轮科技革命和产业变革需要投入大量的物质资本和人力资本，

① 据本课题组预测。

需要广阔应用场景，因而需要组织动员各类发展要素参与其中，也需要配合以合理的需求政策，一体化推进技术进步、产业变革、市场扩大和需求升级。现代化新征程是新科技革命成果不断应用于生产实践的过程，是经济结构不断变化的过程，也是社会结构不断变化的过程，风险和挑战不容低估。这需要国家治理体系具有强大的发展动员力和组织力。

经过多年的探索，特别是党的十八大以来的建设，我国已形成强有力的治理体系。党中央总揽全局、协调各方，能够统筹短期和长期、沿海和内陆、城市和乡村、开放和安全、效率和公平等各方面关系，高效动员各方面发展力量，有效应对来自自然界、来自内外部的一系列重大风险挑战。以公有制为主体、多种所有制经济共同发展等基本经济制度，能够激发各类市场主体的创造性，形成推动科技革命和产业变革的强大合力。有效市场和有为政府的有机结合，能够通过发挥新型举国体制的优势，集中力量攻克技术难关、实现重大技术突破。

### （五）不断提升的强大创新能力与新一轮科技革命的时空高度交集，不仅会使我国成为新科技革命成果的有效转化者，而且会使我国成为新科技革命的引领者之一

从国际经验看，对于后发国家来说，要抓住科技革命带来的机遇，自身必须具有相应的创新能力。从历史上看，由于缺乏足够的创新能力，我国曾多次错失科技革命的良机。今天的情形与过去已大不相同。在新一轮科技革命如火如荼之时，我国已有强大的创新能力，而且还在不断增强。我国研发人员总量在 2013 年超过美国，已连续 8 年稳居世界第一位；研发经费投入强度 2014 年首次突破 2%，2020 年提升至 2.4%，接近经济合作与发展组织（OECD）国家平均水平。在探空、探海、量子通信和计算等领域，我国已经进入全球“第一梯队”。这有助于我国运用新一轮科技

革命成果直接进入新产业空间、新发展赛道，也有助于我国成为科技创新的策源地、新产业新业态新模式的萌发地。

**（六）国际地位的快速提升有助于我国避开“修昔底德陷阱”，引导国际政治经济格局朝着有利于全球共同发展的方向演变，有助于放大新一轮科技革命对我国发展的正面效应**

2021年我国国内生产总值达到美国的77.1%，是日本的3.6倍。2013年我国成为第一大货物贸易国，2020年货物贸易进出口占全球的份额达到13.1%，比排名第二位的美国高2.3个百分点。在贸易规模不断扩大的同时，资本流入、流出的规模也在不断扩大，我国实际利用外资和对外投资规模稳居世界前列。我国国际地位的提升不仅体现在这些“硬实力”方面，而且还体现在“软实力”方面。创造“两大奇迹”，消除绝对贫困，成功应对一系列重大风险挑战，特别是成功应对新冠疫情全球性大流行并向世界提供大量物资、技术和人才援助，充分彰显了我国的制度优势和文化优势。

“硬实力”和“软实力”的提高明显地增强了我国对世界发展格局演变的影响力、对全球秩序变革的塑造力、对国际政治经济关系的平衡力，有助于壮大世界和平的力量，有助于遏制美国对我国打压走向极端。同时，也明显地增强了我国全球资源要素配置能力和全球市场开拓能力，有助于汇聚全球高端要素推动新一轮科技革命和产业变革。

## 三、发挥有利条件、抓住难得机遇需要转变追赶机制

**（一）转变增长的动力机制：实现需求扩张、技术创新与居民收入提升相互促进**

改革开放后，通过融入国际大循环，我国抓住国际产业转移机遇，

形成“出口导向—物质资本积累—剩余劳动力转移”的动力机制。强劲的出口需求促进物质资本积累，后者不断吸引农村剩余劳动力向东部沿海地区转移，在这一过程中，工资涨幅低于经济增幅，剩余价值实现主要依靠出口完成，并进一步转化为物质资本积累。在新发展阶段，面对劳动力供求关系的转折性变化，我们不能留恋低成本优势，而要抓住新一轮科技革命和产业变革的重大机遇，构建“需求扩张—技术创新—居民收入提升”的新动力机制。通过释放超大规模市场优势促进新技术率先萌发和大规模应用，并在技术进步的过程中实现居民收入普遍提升，后者将促进市场进一步扩张并引致新的技术创新。为此，需要做到两点：一要畅通市场需求引致技术创新的转化途径，其关键在于打造良好的创新生态；二要畅通技术创新扩大市场需求的转化途径，其关键在于优化收入分配格局，让广大民众能够分享技术进步红利，并有能力和意愿扩大居民消费。

### （二）转变政府和市场的结合机制：更充分发挥市场的分散试错与资源整合功能，更好发挥政府普惠支持作用

当与先发国家差距大、发展主要依靠物质资本积累时，政府能够凭借后发优势判断未来的主导产业，并通过税收、土地、外贸等领域的特惠政策引导和干预市场，吸引物质资本进入。但在新一轮科技革命和产业变革的背景下，我们与先发国家几乎同时起跑，政府缺乏必要的信息“选对”产业、技术路线和企业，需要更加注重发挥市场的分散试错功能。同时，只有以完备的市场作为纽带，更充分发挥市场的资源整合功能，才能连接并融通超大规模的市场、雄厚的制造体系、丰富的人力资源、强大的创新能力、全球枢纽地位等优势，创造强大的创新动能。为此，要打破影响市场公平竞争的各项体制机制，破除各类科技要素在研究机构、政府和企业

之间的流动壁垒，以市场为枢纽构筑贯通技术研发、生产制造、市场需求的创新链条；政府要大幅增加对基础研究的支持力度，对新产业新业态新模式的发展提供普惠化的支持政策。

### （三）转变国内国际循环的联动机制：让全球生产要素与国际市场更好支撑我国技术创新

在现代化新阶段，我国要推进更高水平开放，深度融入国际大循环，但国内国际循环的联动方式需要转换。一是从先发国家成熟产业的承接者转变为新科技革命和产业革命的引领者。要在全球范围吸引更大规模、更加优质的资本、技术、人才等生产要素，支持我国基础研究、新技术研发、新兴产业拓展，在全球范围为我国技术知识密集型产品拓展市场空间。二是从依靠廉价劳动力转变为发挥超大规模经济优势吸引跨国公司优化生产布局。要吸引跨国公司从布局劳动密集型产业或生产环节，转向布局更多技术知识密集型产业和研发基地。三是从全球生产体系的被动融入者转变为主动塑造者。要依托庞大国内市场培育新兴龙头企业，鼓励它们参与全球竞争，以我国为主构建新型全球生产网络。

执笔人：施戍杰

## 参考文献

[1] 国务院发展研究中心课题组.百年大变局——国际经济格局新变化[M]. 北京：中国发展出版社，2018.
[2] 贾根良. 第三次工业革命与新型工业化道路的新思维——来自演化经济学和经济史的视角[J]. 学习与探索，2013（2）：43-52.
[3] 邓久根，贾根良. 英国因何丧失了第二次工业革命的领先地位？[J]. 经济社会体制比较，2015（4）：32-41.
[4] 路风. 冲破迷雾——揭开中国高铁技术进步之源[J]. 管理世界，2019（9）：164-194.

[5] 刘民权. 世界生产体系的剧变与发展中国家的际遇[J]. 探索与争鸣，2018（7）：4–11.
[6] 凌永辉，刘志彪. 全球价值链发展悖论：研究进展、述评与化解[J]. 经济体制改革，2021（3）：100–107.
[7] 朱明珠，孙菁. 全球价值链新一轮重构下中国企业突破“低端锁定”的路径选择[J]. 商业经济研究，2020（14）：144–147.
[8] 贾利军，陈恒烜. 数字技术助力中国技术赶超：理论逻辑与政策取向[J]. 政治经济学评论，2021（6）：135–157.
[9] 张国胜. 技术变革、范式转换与我国产业技术赶超[J]. 中国软科学，2013（3）：53–65.

专题三

# 新征程上的现代化面临的严峻挑战和突出困难

未来30年是我们建设社会主义现代化国家的新发展阶段。新发展阶段的现代化建设面临的发展环境、发展条件和发展目标已然发生根本性变化，面临的挑战和困难必然异乎寻常。本专题从增长动力、碳达峰碳中和及共同富裕等三个方面深入剖析现代化建设面临的严峻挑战和突出困难，为推进现代化强国建设提供决策参考。

## 一、保持经济持续较快增长任务艰巨

"人均国内生产总值达到中等发达国家水平"已成为基本实现社会主义现代化的重要目标。根据我们的研究，实现这一目标要求未来15年国内生产总值必须确保4%～5%以上的增速。保持这一较快增速需要我们转变增长的方式，使经济增长更多依靠技术进步特别是自主创新。然而无论是从全球比较来看，还是从自身目前的发展基础来看，完成这一转变都绝非易事。

### （一）技术进步对经济增长的贡献率与发达国家相比存在较大差距

在过去几十年中，我国经济高速增长的主要源泉是劳动力和资本的大量投入，反映技术进步和效率提升的全要素生产率（TFP）增长对经济增长的贡献并不高。国际比较的数据显示，1980—2019 年我国全要素生产率对经济增长的贡献率只有 20% 左右，而德国、英国、美国等欧美发达国家以及日本、韩国等成功实现后发追赶的国家这一比重已达到 30% ~ 70%（见图 3-1）。未来劳动年龄人口将持续下降，老龄化加剧等导致储蓄率已开始下滑，保持经济持续较快增长必须转变增长方式，提升全要素生产率的贡献。而这一贡献与发达国家之间的差距说明我们转型的压力将十分巨大。

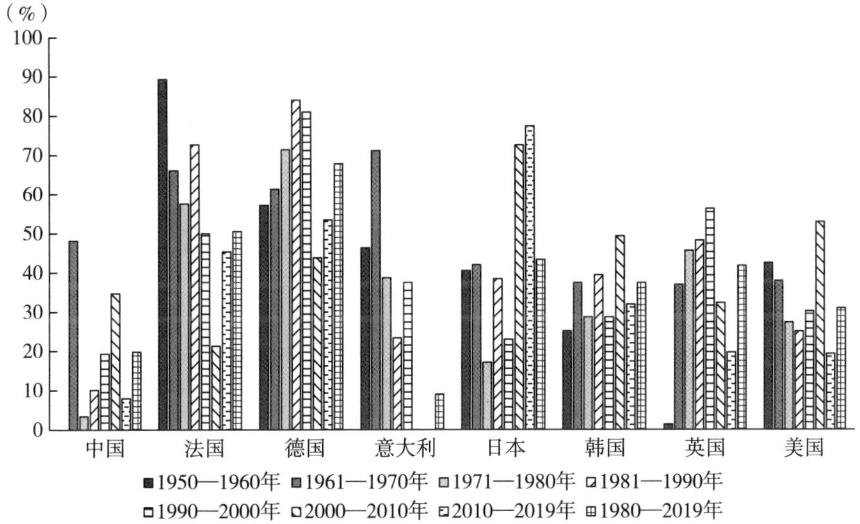


**图3-1　主要国家全要素生产率对经济增长的贡献**

资料来源：佩恩世界表10.0版（PWT10.0），https://www.rug.nl/ggdc/productivity/pwt。

### （二）关键核心技术受制于人的局面难以在较短的时间内解决

过去几十年，我们更多依靠在开放过程中引进、模仿、学习等方式推动技术进步，而自主创新能力的提升相对不足，导致很多关键性技术严重依赖少数发达国家。知识产权交易的数据显示，在这方面我国长期属于逆差大国。过去 10 年，中国知识产权使用费支出比知识产权使用费收入高 16 倍；而美国、日本、德国等技术前沿国家是主要顺差国，其知识产权使用费收入是知识产权使用费支出的 2 ~ 3 倍（见图 3–2）。随着我国距离技术前沿越来越近，发达国家对我国封锁关键核心技术的力度必将越来越大，对我国推动自主创新也将采取更大力度的遏制。历史上美英、日美之间围绕前沿技术的竞争已经充分反映了这一过程的残酷性。因此我国要改变知识产权的贸易逆差局面，彻底扭转关键核心技术受制于人的局面也会非常艰难。

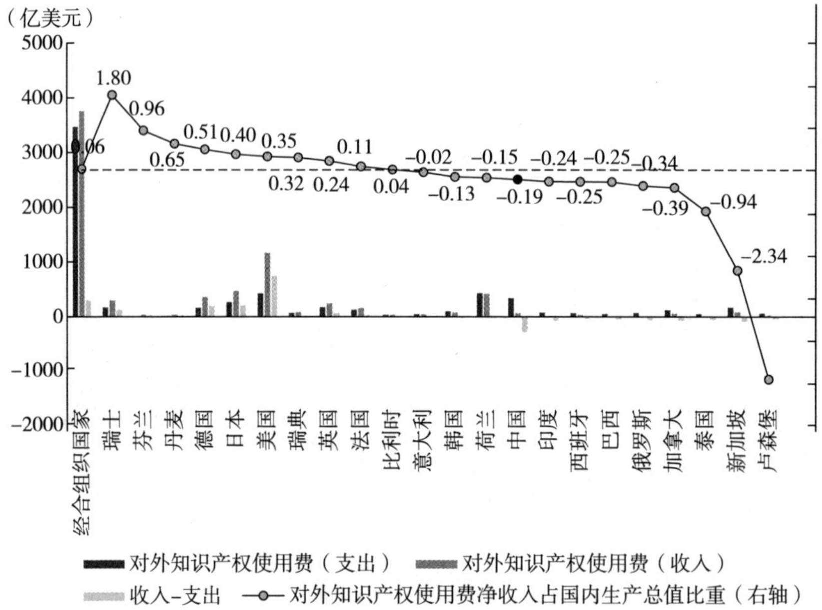


**图3-2　主要国家对外知识产权使用费收入与支出（2019年）**

资料来源：世界发展指数（WDI）。

### （三）创新成果质量不高和基础研究投入强度过低是提升自主创新能力的两大突出短板

从创新成果来看，我国已经成为全球创新数量大国，专利申请量至 2020 年已经连续 9 年排名全球第一。然而创新质量与创新强国相比仍有很大差距，创新成果的可转化率和产业化水平还很低，突出表现为有效发明专利占比低和发明专利平均维持期限短①。中国的 PCT 专利申请量占全部专利申请量的比例只有 4%，而美国、日本、德国、法国、英国、意大利等发达国家都在 30% 以上（见图 3–3）。从创新投入来看，我国虽然研发总投入强度已经不低，但基础研究投入强度过低。目前，我国研发总投入强度已经接近经合组织国家的平均水平。然而基础研究投入占全部研发投入的比重只有 6% 左右，远低于法国（23%）、英国（18%）、美国（16%）和日本（13%）等前沿发达国家（见图 3–4）。这种过度重视面向市场的研究投入结构有利于实现技术的追赶，但不利于自主创新能力的培育，也将影响中国参与新一轮科技革命。创新质量和基础研究投入与发达国家之间巨大的差距意味着达到与发达国家相当的自主创新能力非一日之功。

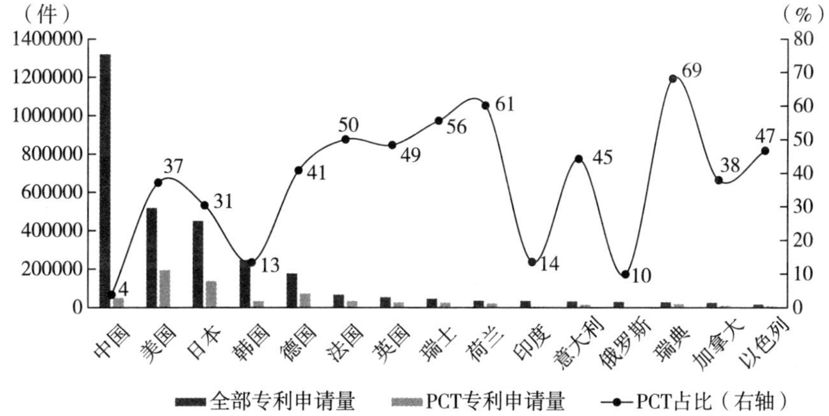


**图3-3 主要国家专利申请情况**

资料来源：世界知识产权组织（WIPO），经合组织数据。

---

① 廖奕驰、张义忠：《专利申请量已经连续多年世界第一了，但为什么我们还不算是知识产权强国？》，《财经国家周刊》公众号，2021年9月13日。

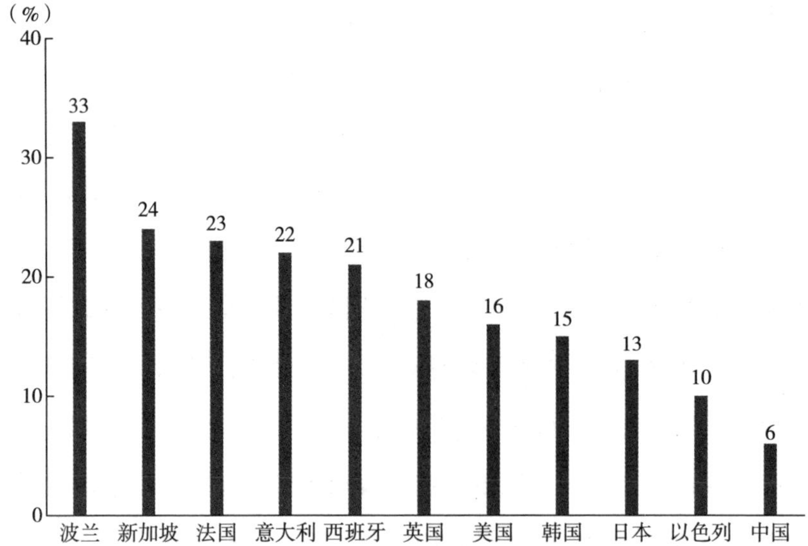


**图3-4　主要国家基础研究投入的比重**

资料来源：世界知识产权组织（WIPO），经合组织数据。

## 二、实现“双碳”目标面临突出问题

无论是从兑现应对全球气候变化的承诺来看，还是从推动高质量发展来看，确保实现碳达峰碳中和都是我们现代化过程中必须完成的任务。然而较低的发展阶段、特殊的资源禀赋和全球分工格局等因素决定着我国实现碳达峰碳中和任务的难度不容小觑，需要付出的经济社会转型的成本也将是巨大的。

### （一）在较低发展阶段实现碳达峰使我国经济增长更早面临“碳约束”

从全球来看，美国、德国、日本、法国、意大利等发达国家已经实现碳达峰，但这些国家无一不是在较高的发展阶段才实现碳达峰的。数据显示，美国、日本和意大利实现碳达峰相对较晚，达峰时人均国内生产总值相对较高，分别达到5万美元、3.6万美元和3.5万美元（2011年不变价格）；德国和法国实现碳达峰相对较早，达峰时人均国内生产总值相对较低，不过其人均国内生产总值也已达到2万～3万美元（见图3-5）。对比我国，我们目前人均国内生产总值基本只有较早实现碳达峰的德国和法国达峰时水平的一半左右。如果按照“2030年实现碳达峰”的目标，中国实现碳达峰时的发展水平将显著低于德国和法国碳达峰时的发展水平，更远低于美国、日本和意大利。在较低的发展阶段就要实现碳达峰，要求我们必须更早实现经济增长与碳排放的脱钩，经济增长将更早面临“碳约束”。

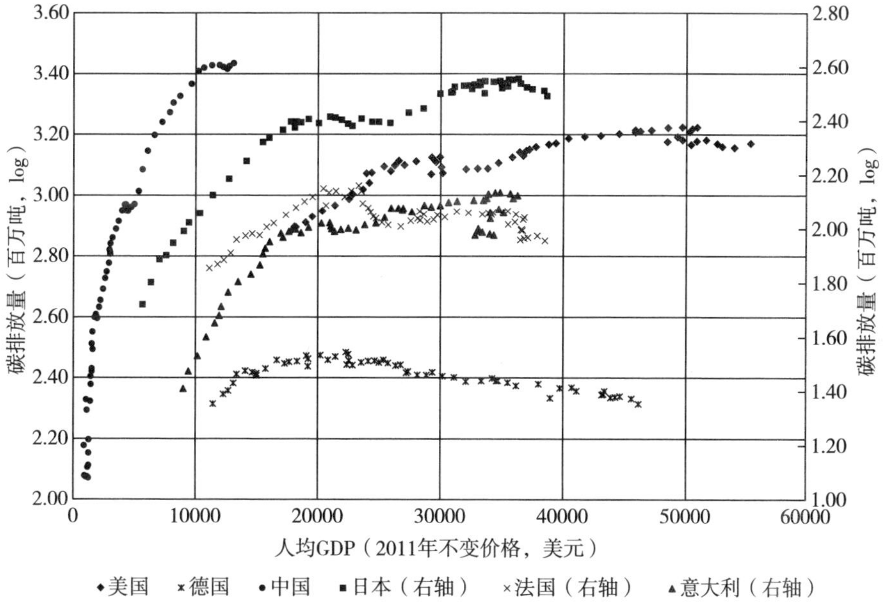


**图3-5　主要国家碳排放量与发展水平**

资料来源：The Global Carbon Budget 2020，Maddison Project Database（MPD）2020。

### （二）与其他大多数国家相比，煤炭占绝对主导地位的能源结构决定着我国实现碳达峰将面临更艰巨的能源转型任务

与其他能源相比，我国的煤炭资源更加丰富。根据英国石油公司

（BP）的数据，中国煤炭探明储量占全球的比重分别是石油的 9 倍和天然气的 3 倍。因而煤炭相对更加便宜，使用也更多、更广泛。从电力的生产来看，我国煤电占全部电力的比重接近 65%，远高于经合组织国家（22%）和全球平均水平（36%）（见图 3–6）。相对于其他能源而言，煤炭单位热值碳含量更高，使我们成为全球主要的碳排放国，碳排放强度也显著高于其他很多国家。实现碳达峰必须大量使用价格更高的低碳能源替代煤炭，付出的能源转型成本也将更大。

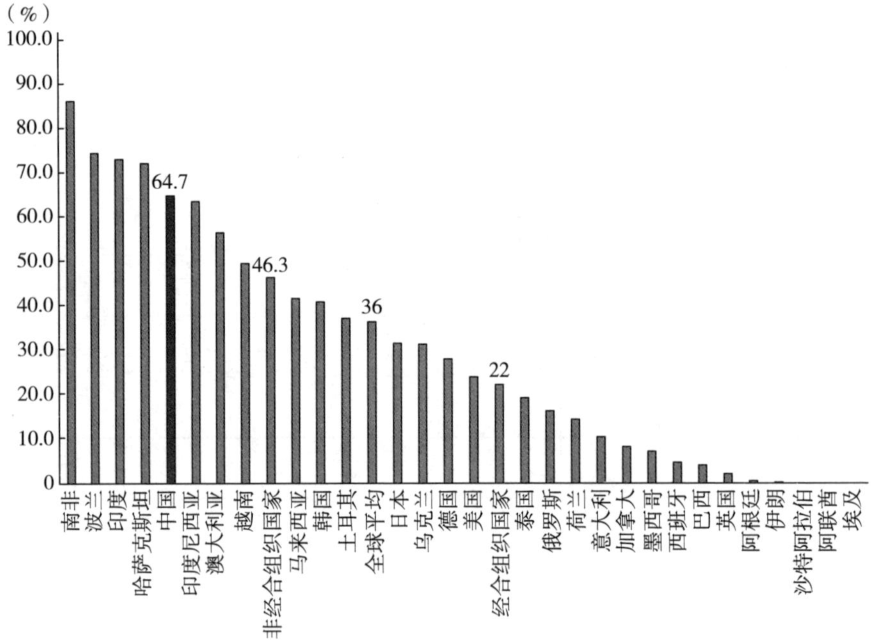


**图3-6　主要国家和地区煤电占比**

资料来源：英国石油公司（BP）。

### （三）在全球分工体系中多承担高碳生产角色决定着实现碳达峰必须承受更大转型升级压力，也需要付出更大的经济社会转型成本

在传统的发展模式下，我国在全球分工中更多承担生产高耗能、高碳排放产品和负责产业链、价值链中的高碳排放环节的角色。2020 年，全球

57% 的原铝和初钢是由我国生产的。这一分工格局也是我国碳排放快速增长的重要原因。我们测算的结果显示，目前中国 20% 左右的碳排放是由出口拉动的。在碳达峰的同时保持经济持续较快增长，要求我国必须改变在国际分工中的角色，降低对高碳产品出口的依赖，更多出口高附加值、低碳排放的产品，更多参与全球低碳产业链和价值链。这一过程必然导致大量的企业需要转型、大量的劳动力等要素需要重配置，既需要付出高额的经济转型成本，也需要付出更大的社会转型成本。

## 三、推进共同富裕将面临众多挑战

共同富裕是中国特色社会主义的本质要求。然而无论是从我国发展现状还是从全球发展趋势来看，推进共同富裕都将面临众多挑战。

### （一）持续过高的收入和财富差距意味着推动共同富裕需要调整利益格局的力度空前

在过去的高增长阶段，发展更加注重效率，而对公平性、包容性关注度不够，收入差距一直居高不下。我国反映居民收入差距的基尼系数自 20 世纪 80 年代开始持续扩大，到 2008 年达到历史高点 0.49，之后虽然出现了阶段性下降，但一直都在 0.46 以上。国际比较显示，目前我国的基尼系数不仅大幅高于高收入国家 0.3 左右的平均水平，甚至高于部分拉丁美洲国家（如阿根廷）的水平（见图 3–7）。与收入差距相比，我国居民的财富分配差距更大。推动共同富裕必须大幅度缩小收入和财富的差距，因而需要调整利益格局的幅度和广度都将是巨大的，所面临的来自既得利益群体的阻力也将是巨大的。

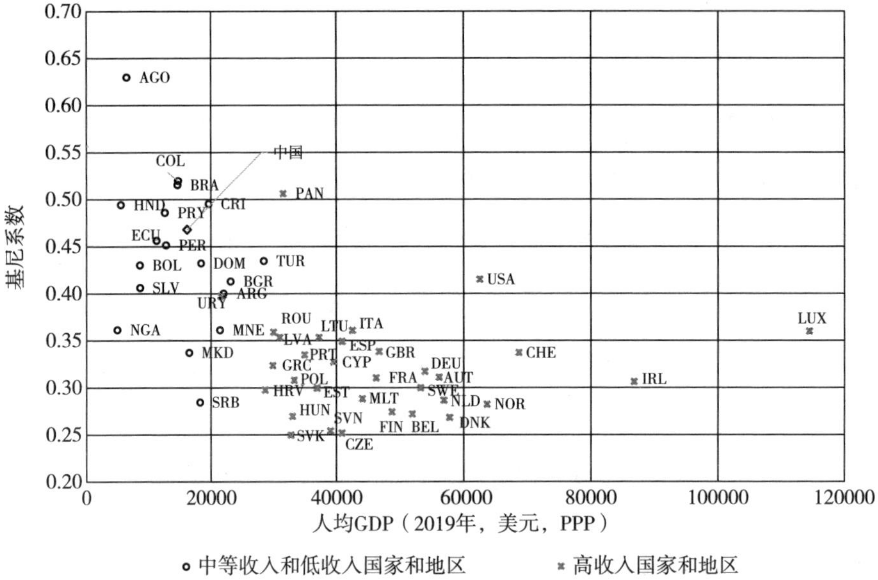


**图3-7　2019年主要国家和地区基尼系数及人均GDP**

资料来源：Wind数据库。

## （二）“未富快老”影响社会财富积累的速度，增加推进共同富裕的难度

与一些主要的发达国家相比，中国的老龄化来得更早，也更快。世界银行数据显示，美国和日本达到中国目前的老龄化水平（65岁及以上人口占比接近13%）时的人均国内生产总值水平已经达到3万美元左右（2011年不变价格），英国则已经达到3.5万美元，而中国目前的人均国内生产总值才1.5万美元左右，只有美、日、英的40%左右（见图3–8）。共同富裕既需要“分好蛋糕”，也需要“做大蛋糕”。然而更早、更快的老龄化意味着整个社会创新的活力和经济增长的动力过早、过快地减弱，直接影响社会财富的快速累积，进而影响推进共同富裕所依赖的财富基础。另外，更早、更快的老龄化也意味着劳动力的负担更重，整个社会民生责任更大，财政压力更大，将限制政府可以用于调节收入和财富差距的财力和手段。

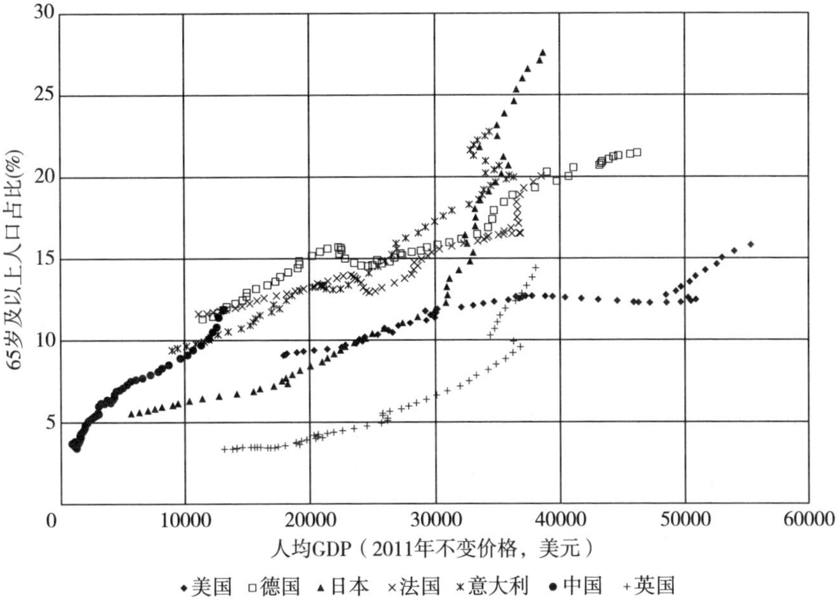


**图3-8　2019年主要国家人口老龄化与发展水平**

资料来源：World Population Prospects 2019， Maddison Database。

## （三）新一轮科技革命和产业变革容易加剧收入、财富的极化和形成新的边缘化群体，加大推进共同富裕的难度

新一轮科技革命和产业变革有利于促进经济增长，也将为推动共同富裕提供更多工具手段，但同时也在一些方面为共同富裕制造了困难。一方面，科技革命和产业变革极大化了要素集聚的广度和强度，更容易造成收入和财富的极化。近些年来，全球各国“超级富豪”快速增加，很多新兴行业（如数字经济领域）“赢者通吃”现象日趋普遍。另一方面，科技革命和产业变革将加速经济和社会转型，很多依赖传统技术的个人、企业、产业和区域将面临加速转型的压力，一些低技能或无法适应转型的劳动力将不得不退出劳动力市场，不少传统企业往往难以存活，部分区域经济出现了衰退。这些都是推进共同富裕必须解决的重大问题。

### （四）网络化开放社会的发展使得在推动共同富裕过程中对利益格局的调整面临更强的掣肘

当前，全球化叠加信息技术的快速发展使社会朝着更加网络化、开放化的方向发展。一方面，网络化开放社会中经济利益关系呈现复杂化、虚拟化、隐秘化特点，一些传统的收入和财富的调节政策和手段往往难以发挥有效作用，收入水平越高的人群往往更容易通过各种复杂而隐蔽的方式规避这些政策和手段的限制，加大了推进共同富裕的难度；另一方面，网络化开放社会中的要素，特别是资本和高端人才的流动更加顺畅便捷，使国家之间在收入调节方面面临“囚徒困境”，即由于担心过强的收入调整政策削弱国际竞争力而难以加大收入调节的力度。

执笔人：何建武

专题四

# 基本实现社会主义现代化的经济结构战略

党中央提出到2035年人均国内生产总值达到中等发达国家水平的目标。要实现这一目标，从根本上要依靠劳动生产率持续提高，关键在于构建符合高质量发展要求的新经济结构。在国际国内需求结构共振变化下，我国传统工业化引领经济结构升级的动力正在减弱，需要在着力稳定制造业比重的同时，加快递补培育有较大生产率增长潜力、需求增长空间和经济增长牵引作用的新产业。新发展阶段，应以知识和技术密集型产业作为经济结构升级的战略重点，目前知识和技术密集型产业增加值占我国国内生产总值的比重约13%，要力争到2035年将知识和技术密集型产业增加值比重提高到20%以上，到21世纪中叶提高到30%左右。

## 一、实现2035年经济发展远景目标的关键在于推动经济结构不断升级

### （一）人均国内生产总值达到中等发达国家水平，是2035年我国基本实现社会主义现代化的基础性目标

党的十九届五中全会提出了到2035年基本实现社会主义现代化的远景目标，其中，在经济发展方面提出的一个重要目标是“人均国内生产总值达到中等发达国家水平”。目前对于“中等发达国家”有两种理解，一

种是发达程度接近发达国家水平的国家。邓小平同志 1987 年在《社会主义必须摆脱贫穷》[①] 这篇谈话中提出中等发达国家的标准是人均国内生产总值达到 4000 美元，当时接近这一人均收入水平的国家在世界上排名 50 位左右。2020 年我国人均国内生产总值已达到 1.05 万美元，按不变价格换算约合 1987 年的 5200 美元。也即按照邓小平同志提出的标准，我们已经是“中等发达国家”了。对于“中等发达国家”的另一种理解，就是发达国家中居于中游水平的国家。2019 年，按照联合国经济社会事务部界定的 36 个发达经济体，人均收入居于其中间 1/3 行列的收入门槛线为 2.5 万美元；若按照世界银行界定的 82 个高收入经济体，人均收入居于其中间 1/3 行列的收入门槛线为 2.3 万美元；按照国际货币基金组织界定的 37 个先进经济体，人均收入居于其中间 1/3 行列的收入门槛线为 3.1 万美元。综合来看，中等发达国家的人均收入水平应当在 2.5 万 ~ 3 万美元。

### （二）到2035年我国人均国内生产总值有望增长到2.5万～3万美元，达到中等发达国家水平

未来 15 年，如我国人均国内生产总值年均增长 4.7%，就可以实现翻一番目标，达到 2.1 万美元。与此同时，由于我国的经济增速仍然将明显快于美国，人民币还将相对美元升值。到 2035 年，如人民币对美元汇率（按直接标价法，下同）升至 6：1，也即相对 2020 年年均水平升值 15%，则我国人均国内生产总值可达到 2.4 万美元（2020 年美元不变价）；如人民币对美元汇率升至 5：1，也即相对 2020 年年均水平升值 38%，则我国人均国内生产总值可达到 2.9 万美元。2005—2020 年，人民币对美元汇率升值接近 20%，按照这一趋势，我国到 2035 年人均国内生产总值完全有

① 《邓小平文选》（第三卷），人民出版社1993年版。

机会达到 2.5 万 ~ 3 万美元。

### （三）我国实现人均国内生产总值增长目标的关键在于保持劳动生产率较快增长

人均国内生产总值主要由劳动生产率与劳动参与率决定。当前，我国劳动参与率在国际上已经处于较高水平，未来 15 年，在人口老龄化趋势下，我国能保持劳动参与率基本稳定已属难得，劳动生产率的增长将成为人均国内生产总值增长的主要依托。根据巴拉萨 – 萨缪尔森效应，一个经济体的劳动生产率快速增长，特别是其可贸易品生产部门的劳动生产率相对快速增长，将推动其实际汇率升值。因此，劳动生产率的增长除了直接促进人均国内生产总值增长，还将通过推动人民币汇率升值来间接促进人均国内生产总值增长。2000—2019 年，我国国内生产总值按人民币不变价累计增长 415%，按现价美元累计增长 1205%，其间美国以国内生产总值平减指数衡量的一般价格水平上涨了 47%，由此可以推算出汇率升值贡献了我国以现价美元计价的国内生产总值增幅的约 1/6（72%）。未来 15 年，预计美国劳动生产率年均增长约为 0.5%，如果我国的劳动生产率年均增长达到 4.4% ~ 5%，则我国以美元计价的人均收入有相当把握保持中高速增长。

### （四）经济结构升级是劳动生产率增长的重要源泉，未来15年我国劳动生产率的增长依然要依靠经济结构的持续升级

不同产业部门的劳动生产率水平和劳动生产率增速具有较大差异，推动经济结构升级，也即促进高生产率产业发展、推动劳动力不断向高生产率产业转移，是提高国家整体劳动生产率的重要方式。1980 年，我国三次产业的劳动生产率分别为 467 元 / 人、2861 元 / 人和 1850 元 / 人，

第二产业、第三产业的劳动生产率分别为第一产业的 6 倍和 4 倍。但由于第二产业、第三产业的就业比重分别仅为 18% 和 13%，其对我国总体劳动生产率的贡献分别仅为 519 元 / 人和 256 元 / 人，与第一产业对总体劳动生产率的贡献（354 元 / 人）相差不多。2019 年，我国三次产业的劳动生产率分别增长至 3.6 万元 / 人、17.9 万元 / 人和 14.6 万元 / 人，三次产业的就业比重分别调整为 25%、28% 和 47%，三次产业对我国总体劳动生产率的贡献分别为 0.9 万元 / 人、4.9 万元 / 人和 6.9 万元 / 人。依靠持续不断的经济结构转型，非农产业对我国总体劳动生产率的贡献大大提高。到 2035 年，我国人均国内生产总值要达到 2.5 万美元以上，大致需要劳动生产率达到 4 万美元 / 人以上。实现这一目标，一方面要继续提高各产业的劳动生产率，另一方面要继续推动劳动力向高生产率产业部门转移。可以说，到 2035 年我国用何种经济结构来支撑 4 万美元 / 人的劳动生产率，是未来 15 年经济发展战略的核心问题。

## 二、传统的工业化引领经济结构升级的动力减弱

### （一）当前，传统的工业化引领经济结构升级的动力正在减弱

我国在不同历史时期、不同发展阶段采用了不同的经济结构战略。新中国成立后的前 30 年，我国主要采取的是重工业优先发展战略。改革开放至今，我国采取了发挥低成本劳动力优势的工业化战略，依靠从劳动密集型产业到资本和技术密集型产业的渐次发展，产业结构和要素结构不断升级。工业化还带动了城镇化和服务业的快速发展，推动生产力和人民生活水平不断提高。2008 年以来，我国工业化动力明显减弱。第二产业增加值增速从 10% 以上下降至 5% 以下，增速降幅明显超过第一、第三产业；第二产业增加值占国内生产总值比重也从高点下降了 9 个百分点。特别

是，第二产业对我国劳动生产率增长的贡献从最高时接近50%下降至目前的24%。与日本、韩国、新加坡等典型后发追赶经济体相比，我国工业经济比重、制造业就业比重在人均国内生产总值还未达到较高水平时就出现了趋势性下降，表现出一定程度的提早“去工业化”特征。未来15年我国能否扭转这一趋势，继续依靠工业化战略来推动劳动生产率提高和经济增长，需要对近年来工业化动力减弱的原因进行分析，对未来工业经济发展的趋势作出判断。

### （二）我国需求结构与全球需求结构的共振变化是我国工业经济比重下降、工业化动力减弱的主要原因

需求结构变化对于一国的经济结构变化具有决定性影响。从国际经验来看，随着一国人均收入水平的提高，农产品消费占居民总消费支出的比重会不断下降，制造业产品消费占居民支出的比重会先升后降（拐点的均值在1万国际元左右），服务业消费占居民支出的比重则会不断上升。我国的需求结构变化基本符合这一规律。从消费结构来看，2007年农产品消费、工业品消费和服务消费占我国国内最终消费的比重分别为8.7%、30%和61.3%；2017年这3项比重分别调整为6.2%、27.9%和65.9%。这一变化表明，工业产出的消费占我国国内消费的比重已经跃过“库兹涅茨拐点”，进入下降趋势。从投资的产出使用结构来看，2007—2017年工业品使用在我国资本形成最终使用中所占的比重从91.6%下降至84%，这一降幅比工业品消费在最终消费中的降幅更加明显。从出口结构来看，2007年以来全球其他国家加总的最终消费和资本形成对制造业产品的使用比例都有所下降，在这一趋势影响下，我国2007—2017年出口中第二产业产出所占的比重从85.4%下降至81.2%。此外，2010年以来我国投资、净出口合计占总需求的比重从高点下降了约5个百分点，由于

投资、出口对工业品的使用比例远远高于消费，这一需求结构变化也极大影响了工业的需求。

**（三）今后一个时期，国际国内需求结构的趋势性变化仍将持续，我国工业化发展还将面临巨大的需求压力**

未来，可以预见的、仍将持续的变化趋势如下：一是消费占我国总需求比重将继续提高，最终消费中第二产业产出特别是制造业产品所占的比重将持续下降；二是投资占我国总需求比重将继续下降，资本形成对第二产业产出特别是制造业产品的使用比重将继续下降；三是出口占我国总需求比重将继续下降，第二产业产出特别是制造业产品占出口的比重将继续下降。在以上趋势下，我国第二产业的需求增速还将继续下降，这会不断压低第二产业整体的投资回报率，降低企业投资激励。而投资增速放缓，反过来又会进一步降低第二产业的需求，从而形成工业经济增速与投资增速螺旋下降的恶性循环。这是我国当前和今后一个时期经济结构演进面临的主要制约。

**（四）未来15年要实现经济增长、结构升级的目标，关键是在尽可能维持制造业比重的同时，递补培育有较大生产率增长空间、需求增长空间和经济增长牵引作用的新产业**

在制造业总需求面临紧约束的情况下，“稳定制造业就业”与“提高制造业劳动生产率”之间就会出现一定的矛盾：给定制造业总需求，要提高制造业劳动生产率，就必然会以“机器换人”等方式挤出部分制造业就业，而挤出的制造业就业人员转移到其他生产率较低的产业，将对国民经济整体的劳动生产率形成不利影响；但若要稳定制造业就业比重，在总需求受限的情况下就会影响制造业本身的劳动生产率提升，制造业产业升级和高质量发展就无所依托，这也将影响总体的劳动生产率。从国际国内发展形势来看，未来我国提升制造业质量效益、加快制造业升级，应是优先于稳定制造业就业的发展目标。这种情况下，要在维持适当经济增速的前提下还能够不断提高经济发展质量效益、推动经济结构继续演进，关键是要在尽可能维持制造业比重的同时，尽快递补培育有较大生产率增长空间、需求增长空间和经济增长牵引作用的新产业。新发展阶段经济结构战略的核心，就是找到并大力发展这样的产业。

## 三、发展知识和技术密集型产业是新发展阶段经济结构升级的核心任务

### （一）新发展阶段应将知识和技术密集型产业作为经济结构升级的重要方向，主要包括信息、科技、教育、文化、健康五大产业

在现行国民经济行业分类中，上述产业主要对应“信息传输、软件和信息技术服务业”“科学研究和技术服务业”“教育”“卫生和社会工作”“文化、体育和娱乐业”5个行业。这5个行业的主要共同特征是，密集使用人力资本而非物质资本，而人力资本的本质就是“知识”。需要说明的是：其一，这一界定是对知识和技术密集型产业的狭义界定，从广义上讲，知识和技术密集型产业还应当包括其他产业中密集使用人力资本的生产环节、链条等，为便于分析，下文采用狭义界定。其二，这里未将金融业、房地产业等高收入服务业列入知识和技术密集型产业的范畴当中，具体原因下文将进行阐述。因此，这里提出的知识和技术密集型产业与生产性服务业、现代服务业等概念有所区别。

### （二）知识和技术密集型产业具有的产业特性，使其可以作为经济结构升级的引领产业

一是知识和技术密集型产业的劳动生产率增速较快，劳动生产率水平较高。据本专题估算，2012 年至 2020 年，我国知识和技术密集型产业劳动生产率的年均增速比经济整体的劳动生产率年均增速高 0.6 个百分点，比制造业劳动生产率年均增速高 1.1 个百分点。目前，知识和技术密集型产业的劳动生产率在 30 万元 / 人以上，明显高于工业、服务业的劳动生产率。

二是知识和技术密集型产业的发展与需求结构变化相一致，产业发展有需求支撑，增长空间较大。2013—2019 年，我国居民消费支出中，食品烟酒消费占比下降了 3 个百分点，衣着消费占比下降了 1.6 个百分点，生活用品及服务消费下降了 0.2 个百分点，而交通通信、教育文化娱乐、医疗保健消费占比合计上升了 4 个百分点，新兴的居民消费指向的正是知识和技术密集型产业。我国居民消费结构中传统消费占比下降、知识密集型服务消费占比上升的变化趋势与主要经济体基本一致，未来还将持续变化。

三是从产业间投入产出联系看，知识和技术密集型产业很大程度上能够自我驱动，因而可以作为经济结构演进的引领产业。一个产业要能够成为经济结构变化的引领性产业，应当具备的条件是其发展较少依赖其他产业，同时还可带动其他产业发展。根据 2017 年我国投入产出表计算，信息传输、软件和信息技术服务业所需的中间投入中，来自行业自身产出的占比达到 34%，而金融业、房地产业的这一占比分别为 19.6% 和 13.5%。之所以难以“金融强国”“房地产强国”，而可以“科技强国”，一个原因就在于金融业、房地产业不能自我驱动、自我发展，需要以其他产业的发展为前提，其发展更多是经济社会发展的结果；而相比之下，知识和技术密集型产业最主要的投入和产出都是“知识”，可以自我驱动、自我循环，

并带动其他产业发展。

四是知识和技术密集型产业需要密集投入人力资本，这与我国要素禀赋结构升级的大方向一致，其发展有助于带动人力资本的发展，也有助于解决高学历劳动者的就业问题。2019 年，我国城镇就业人员中拥有大学本科以上学历的就业人员占比为 16.7%，制造业高学历就业人员占比为 9.5%，而信息、科技、教育、卫生和文化行业的高学历就业人员占比分别为 42.6%、49.8%、53.1%、39.3% 和 28.0%。当前，我国面对人口老龄化日益加剧的挑战，需要加快以人力资本发展来对冲劳动力结构恶化的影响；另外，青年劳动者特别是新毕业的大学生、研究生就业压力加大，“内卷”“躺平”现象日趋增多，大力发展知识和技术密集型产业，有助于解决这两方面问题。

### （三）从主要国家的经验来看，我国也已进入应当大力发展知识和技术密集型产业的发展阶段

按照联合国国际比较数据集提供的数据测算，我国目前人均国内生产总值为 1.41 万国际元，相当于美国在 1948 年前后的水平。1950—2020 年，美国制造业比重从 27% 下降到 11%；服务业当中，知识和技术密集型产业增加值比重从不到 10% 上升至接近 28%，而一般性服务业比重则基本一直稳定在 30% 左右。2020 年，我国知识和技术密集型产业增加值占国内生产总值比重不到 13%，到 2035 年我国应力争将这一比重提高到 20% 以上，到 21 世纪中叶应争取将这一比重提高到 25% ~ 30%。

### （四）发展知识和技术密集型产业，既有助于改善总供给，也有助于扩大总需求，还有助于改善收入分配

知识和技术密集型产业的发展有助于提升全社会的人力资本、知识存量，有助于推动科技、教育的发展，从而有助于提高生产率和潜在产出。从

需求侧来看，由于人力资本与物质资本是互补性的生产投入，知识和技术密集型产业的发展将改善物质资本的边际产出并进而改善实体投资回报率，从而有利于投资。同时，知识和技术密集型产业的产出与其他服务业相比具有较强的可贸易性，可以成为扩大外需的新增长点。当前，我国知识产权使用费逆差近300亿美元，而美国知识产权使用费顺差超过700亿美元。如我国达到美国的知识产权出口能力，则单此一项可以使我国出口增长超过6000亿元人民币，由于出口对于国内需求还有较强的连带乘数效应，知识和技术密集型产业的发展将为总需求增长增添强劲动力。此外，从国民收入的初次分配来看，知识和技术密集型产业的劳动收入份额较高，发展知识和技术密集型产业也将有助于改善初次分配结构。例如，根据2017年我国投入产出表计算，知识和技术密集型产业的劳动收入份额为61.2%，比国民经济整体的劳动收入份额高10个百分点，比制造业劳动收入份额高22个百分点。

## 四、发展知识和技术密集型产业特别需要大规模人力资本投入和强有力的制度保障

### （一）发展知识和技术密集型产业首先要破解人力资本这一核心要素制约

人力资本是知识和技术密集型产业最重要的要素投入。2019年，信息服务业、科技服务业、教育、卫生和文化5个行业就业人员的平均受教育年限分别为14.3年、14.6年、14.5年、14.1年和12.7年，而我国总体的就业人员平均受教育年限仅为10.4年，20 ~ 30岁的新生代就业人员平均受教育年限也仅为12.3年。这意味着人力资本供给仍然对知识和技术密集型产业发展构成硬约束，我国在人力资本这一要素上面临的是供给缺口，而非供给过剩。“十四五”规划纲要提出我国劳动年龄人口平均受教

育年限年均提高0.1年的目标，按照这一发展速度，到2035年我国就业人员平均受教育年限可提高到接近12年，大致相当于美国在20世纪90年代、日韩在21世纪头10年的水平，与届时的主要国家相比，依然还有较大差距。相比较供给总量，我国人力资本的供给结构问题更加突出。我国自1999年开始高校扩招，但扩招的更多是文科专业。1998—2019年，本科阶段的理工科毕业生占总毕业生比例从67.1%下降到47.8%，医学专业本科毕业生占比从8.2%下降到6.7%，研究生阶段的理工科毕业生占比从73.8%下降到58.7%。因此，目前新毕业大学生就业难的问题，更多是结构性问题，是缘于我国的人力资本供给结构与产业升级的人才需求结构不匹配。破解人力资本供给制约的关键是大力发展教育事业，要着力增加各级学校的教师和资金投入，提高办学质量，还要调整优化高等院校专业设置，在基础学科、人才紧缺专业加大招生规模和培养力度。

### （二）发展知识和技术密集型产业需要强有力的创新支撑

创新是知识和技术密集型产业发展的核心动力。从创新投入的规模看，目前我国研发经费强度为2.4%，与美国（2.8%）、德国（3.1%）、日本（3.3%）、韩国（4.5%）等发达国家相比还有明显差距。从创新活动的层次来看，以研发投入比例衡量，我国有82.7%的创新活动是试验发展，仅有6%的经费支出用于基础研究，基础研究投入占比大大低于美国（16.6%）、法国（22.7%）、日本（13.1%）、韩国（14.2%）等国家的水平。从创新成果质量来看，我国企业创新大多是商业模式、外观设计、实用新型方面，原始创新、前沿创新能力弱，关键核心技术长期受制于人；高校和科研院所科研活动脱离经济社会发展需要，2009—2019年，高校专利所有权转让及许可的平均单件收入从35.7万元下降至16.7万元。从创新发展的动态趋势看，“十三五”时期我国研发经费投入年均增长11.3%，比“十二五”年均增速下降了 3.7 个百分点。未来要加快发展知识和技术密集型产业，一是要着力提升基础研究投入力度，通过财税政策等手段引导各方主体特别是企业增加基础研究投入。二是要深入推进科技体制改革，完善科技评价机制，扩大科研院所科研自主权，大幅提升科技成果转移转化成效。三是要提升企业技术创新能力，推动科技基础设施、国家科技项目、科研数据等更多向企业开放共享。四是要围绕重点前沿领域实施一批国家重大科技项目。

### （三）发展知识和技术密集型产业重在支持制造型龙头企业发展

制造业的数字化、服务化转型加快，为知识和技术密集型产业发展提供了强大动力和广阔空间。从国民经济循环来看，知识和技术密集型产业只有与制造业形成良性循环、协同增长的局面，才能具备持续发展的能力。知识和技术密集型产业发展，要重点围绕和依托制造型龙头企业。目前，我国制造型龙头企业“大而不强”的特点突出，特别是在创新投入方面，与其他主要国家的龙头企业还有较大差距，知识和技术密集型产业的发展潜力尚未充分释放。比如，2019 年，在生物医药行业，美国强生公司研发投入是我国复兴医药的 21 倍；在汽车行业，德国大众公司研发投入是我国上汽集团的 7.6 倍；在化工行业，德国巴斯夫公司研发投入是我国万华化学的 14.5 倍。未来，要以制造型龙头企业为重点加快制造业数字化转型升级，创新数字化供应链管理模式，提高精密制造、敏捷制造、柔性制造能力。要依托具有较强的核心竞争力、较高的行业市场占有率、较好的可持续发展力的龙头企业，培育发展有更强产业控制力和根植性的产业链“链主”企业，提升研发、设计、品牌、营销、结算等核心环节能级。要支持制造型龙头企业整合创新链上下游资源，打造颠覆性技术创新、关键共性技术应用、技术方案研发供给、企业投资孵化综合服务平台，成体系开展核心技术攻关，在核心基础零部件、关键基础材料、先进基础工艺和软件、产业技术基础等方面加快突破。

### （四）发展知识和技术密集型产业要更多依靠国家力量

任何产业的发展都离不开有效的价值实现方式，如果出资人、从业者无法获得合理回报，其要素、劳动投入激励势必受到影响。信息、教育、卫生、文化等知识和技术密集型产业与一般制造业的重要区别在于其产出具有更强的公共品属性、社会属性。这一特性下，知识和技术密集型产业的发展不能完全交由市场供给。否则，在“价高者得”的市场经济逻辑下，对优质服务支付能力较差的低收入人群的人力资本发展权就会受到极大削弱。资本过度介入教育、卫生、文化等领域，还会造成一系列社会乱象，影响社会和谐稳定。但知识和技术密集型产业完全交由公共部门提供也存在很大的挑战。尤其突出的问题是，教育、医疗等公立机构的财政经费、人员编制增长往往滞后于社会需求的增长，在公共服务定价较低且政府补贴不足的情况下，相关领域就业人员的工资就会受到抑制，从而导致服务供给规模和质量不足。要缓解这一问题，需要国家及时提高财政收入能力和公共服务供给能力。因此，发展知识和技术密集型产业，更加需要在发挥政府作用和市场作用之间寻求适度平衡。

### （五）发展知识和技术密集型产业要构建良好的竞争环境

由于知识产品、服务具有较强的非竞争性和信息不对称性，知识和技术密集型产业特别是信息服务业当中的优势企业可以在较短时间内从一般竞争者变为掌控市场特权、实现“赢者通吃”的垄断者。由于知识经济活动还具有很强的外溢性，相关行业的垄断企业可以通过各种各样的技术手段和商业模式向传统行业渗透、扩张，进一步获取垄断利润和消费者剩余。当前，我国信息产业的平台公司垄断现象已比较突出，教育、卫生等领域也存在着不同程度的发展不平衡问题。要从维护市场公平竞争秩序、为广大市场主体创造公平发展机会、合理维护消费者权益的角度出发，完善反垄断规则制定，加强反垄断监管。同时，也应平衡好规范市场秩序与激发市场活力二者的关系，要积极引导企业将生产经营的重点转移到不断提高产品服务质量、创新产品服务形式上。对于公立学校、医院等由公共财政支持的产业服务供给，要采取有力措施打破优质资源“抱团”现象，着力增强优质公共服务资源均等化配置能力。

### （六）发展知识和技术密集型产业需要建立和完善相关法律法规和制度

知识和技术密集型产业的发展还将对国家治理带来一系列新挑战。比如，随着数字经济的发展，知识产权保护的领域从有形市场拓展到了无形市场，产权的形式、载体、内涵、权利都发生重大变化，知识产权保护制度也就相应地需要不断完善。又如，知识经济时代传统产业比重下降，相关企业收入和个人收入税基缩窄，针对新产业新业态新要素的税种如未能及时设立，公共财政的不平衡性就会上升，产业间、要素间的税负不公平将日益凸显并影响经济发展的可持续性。再如，知识经济时代的公共安全问题也会出现新变化，互联网企业、平台公司通过免费使用等多种方式获得大量用户、机构数据，但并未对这些数据支付公允价值，还可能在用户不知情的情况下利用相关数据获利，相关数据不当泄露还会对用户隐私、社会稳定、国家安全造成威胁。面对这些治理挑战，可供借鉴的成熟经验不多，更多的是要发挥制度构建的主观能动性，积极探索，在实践中不断丰富治理经验，完善治理体系，提升治理能力。

执笔人：贾珅

专题五

# 以大规模积累人力资本为现代化新征程提供有力的高端要素支撑

在现代化新征程中，大规模积累人力资本是适应经济结构转型的必然要求。但是，我国目前的人力资本无论是规模、质量还是结构，均与现代化目标存在较大差距。须以更大决心、更强举措推动人力资本大规模积累，匹配经济增长动能转换的需求，为现代化新征程提供高端要素支撑。

## 一、增加供给、提振需求、改善结构是积累人力资本助力现代化建设的三个主要途径

人力资本是劳动要素与知识信息的高度耦合，具有多重属性。人力资本总量而非人口总量是经济长期发展的基础。过去40多年，人口红利对中国经济增长的贡献率达到25%，其中人力资本积累对经济增长的贡献率仅为6%～7%。在高质量发展阶段，人力资本对促进经济增长、推进现代化进程具有更大潜力。

### （一）从供给侧来看，人力资本既是增长的主要动力，又是生产函数的使能要素

人力资本是内生增长的关键要素。在内生增长模型中，人力资本是保

持经济持续增长的重要前提，知识积累与劳动要素投入结合成人力资本，作为生产函数中关键的要素投入，产生规模报酬递增效应，直接推动实际总产出稳定可持续增长。人力资本还是聚合各类要素的使能要素。作为使能要素，人力资本积累可以提高物质资本边际回报率从而加快投资，有助于提高全要素生产率，间接推动经济增长。

### （二）从需求侧来看，积累人力资本可以带动相关产业的巨大需求，高级劳动者也是消费的主力军

大规模积累人力资本，能够有效拉动长链条的教育产业，如学前教育启蒙培训、非学科培训与职业培训，又如深造培训、出国培训和专业技能培训。2020 年我国职业教育市场规模达 1.24 万亿元，成体系的教育产业又反过来促进人力资本有效积累，形成“职教一人，就业一人，脱贫一家”的良性循环，提振总需求。人力资本积累也是劳动者群体从低技能向高技能转变的过程。随着经济体的人力资本不断积累，劳动者的技能水平、劳动生产率依次提高，其可支配收入相应扩大，总体边际消费倾向显著提升。从国际经验看，发达国家近 20 年总需求提升时期也是人力资本不断积累的时期。联合国数据显示，1990—2017 年美国 25 岁及以上人口平均受教育年限从 12.3 年升至 13.4 年，英国从 7.9 年升至 12.9 年，法国从 7.1 年升至 11.5 年，日本从 9.6 年升至 12.8 年。人力资本的积累伴随着资源配置效率、劳动生产率的提升和长期预期收入的增加，推动了全生命周期消费需求的提升。

### （三）从经济结构来看，积累人力资本是适应经济结构转型升级的必然要求

知识和技术密集型产业比重不断提高是经济结构升级的方向和趋势。进入新发展阶段，面对高质量发展的要求，将以要素密集型产业为主的产

业体系逐步转变为以知识和技术密集型产业为主的产业体系，促进我国产业向国际价值链的中高端环节迈进，是产业结构升级转型、经济高质高效发展的重要途径。在这样的产业体系下，就要求产品从原先的低技术含量、低附加值转变为高技术含量、高附加值，对应生产产品所要投入的技术和劳动等传统要素需更有效结合，人力资本正是两种要素的交汇点。如图 5–1 所示，随着我国研究生毕业人数的逐年上升，中国机构和学者在世界知识产权组织（WIPO）申请的专利数量也在不断上升。截至 2019 年，中国知识产权局受理的专利申请数量已经连续 9 年排名全球第一，是排名第二位国家专利申请数量的 2 倍以上，人力资本积累对经济结构转型的助力作用逐步显现。

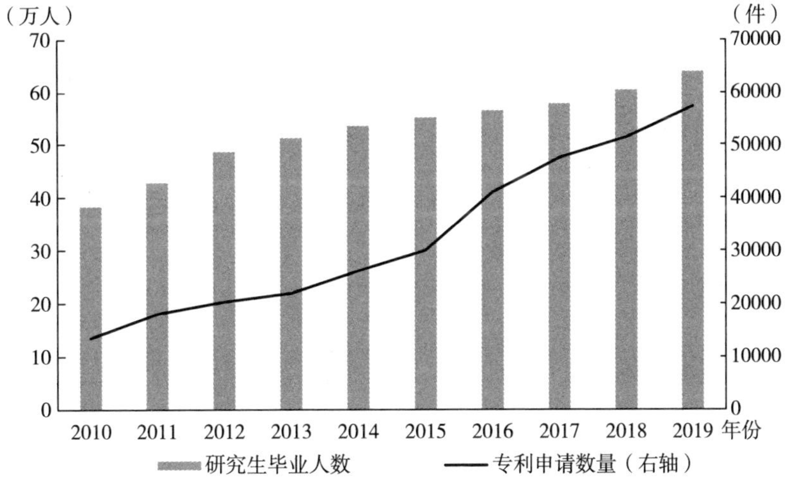


**图5-1　我国研究生毕业人数与专利申请数量**

资料来源：国家统计局和WIPO。

## 二、当前我国人力资本尚不能满足现代化进程的要求

### （一）人力资本供给规模还远远不够

根据现代化建设的目标要求，到 2035 年实现国内生产总值翻一番，人均收入达到届时中等发达国家水平，按照现价计算即应达到 3 万 ~ 3.5 万

美元。实现这一目标的途径就是聚力发展知识和技术密集型产业。当前，我国人均国内生产总值与美国1950年前后大致接近，知识和技术密集型产业增加值占国内生产总值比重为13%左右，而美国从1950年到现在，知识和技术密集型产业增加值比重从10%上升至28%。2035年，我国人均收入如达到3万美元水平，对应的知识和技术密集型产业增加值比重应增长至20%左右，人均受教育年限应达到12年以上。根据不同产业劳动者的平均受教育年限[①]，得出当前我国人均受教育年限为9.91年，劳动年龄人口平均受教育年限为10.8年，人力资本的积累规模、高端人才的整体规模与现代化建设的要求及支撑知识和技术密集型产业发展的需求仍存在差距。按照2020年静态劳动人口测算，知识和技术密集型产业的就业人员规模应增长50%以上，我国劳动年龄人口平均受教育年限应再提高2.7年以上。如果考虑动态人口变动，这一数值还应该再提高。

### （二）人力资本的供给质量还不够高

我国劳动力总体供给较充足，但是人力资本既存在规模上的差距，也存在质量上的不足。具体表现为技能型人力资本积累较低，具有一定技能的劳动者占总劳动人口比重约19%，高技能人才比重仅为5%，距离高端人力资本的需求仍有较大距离。我国创新型人力资本无法满足国家科技自立自强、以创新为动能实现高质量发展的战略要求。这与我国的教育模式尤其是高等教育模式有关。虽然我国高等院校经历了快速扩张期，但全国累计获得博士学位的人数仍与美国等国家有较大差距。同时，高被引的文献和专利数量等高质量科研成果的增速明显低于高等院校规模扩张的速

① 调查结果显示，2018年三次产业就业人口平均受教育年限分别为：第一产业8.21年，比2010年提高0.1年；第二产业11.03年，比2010年提高1.01年；第三产业12.74年，比2010年提高1.28年，提升幅度最大。分行业看，平均受教育年限最长的为教育业，为15.11年；其次是科学研究和技术服务业，为15.07年；农林牧渔业最低，为8.21年。

度。并且，我国高等院校的学科自主权较小，专业设置、课程体系、教学大纲等受到多方面因素的制约，人才培养的灵活性不强，培养模式存在单一化和同质化的问题。在此背景下，趋同的人才培养路径无法满足现代化发展对多元化人才的需求，高端人才供给仍存在较大缺口。

### （三）人力资本的区域不均衡问题突出

由于我国不同地区对高端人才的吸引力不尽相同，存在一些优质人力资本聚集的现象。如图 5-2 所示，根据 2018 年我国不同省（市）985 高校毕业生留在本省（市）就业的比率，经济水平较高的长三角、珠三角区域以及京津冀地区的 985 高校毕业生留在本省（市）就业的比率较高，普遍在 40% 以上，比率最高的接近 90%；而在经济增长相对乏力的东北地区，这一比率降至 25% 以下，最低的黑龙江甚至不到 10%。在劳动力自由流动的背景下，人力资本区域不平衡的问题会越发凸显，从长期来看，这将对各地区的创新能力、产业布局和持续增长动能逐步产生影响。

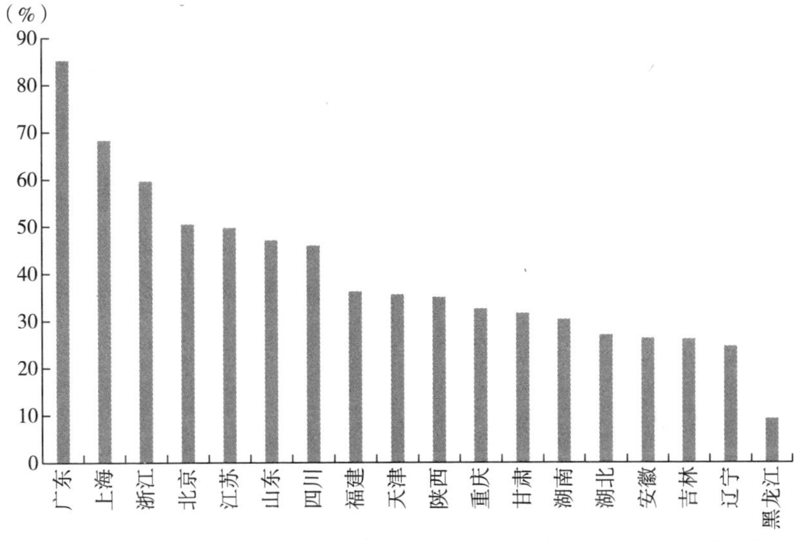


**图5-2　2018年我国不同省（市）985高校毕业生留本省（市）就业的比率**

资料来源：国家统计局。

### （四）教育资源分配不均衡进一步抑制了人力资本的供给

我国在各级教育层面优质资源抱团的现象较为突出，初等教育、中等教育在区域间分化明显，在一些超大、特大城市内部的资源聚集性较明显，而高等教育则在更广泛的地理空间分布失衡。超大城市内的初等教育、中等教育的优质资源集中度极高，导致不同市辖区的升学率有显著差距，升学率差距会通过生源自由流动放大教学质量的差距，导致资源分布不均现象无法自动收敛。在高等教育阶段，一些头部高校依托地理区位成立高校联盟，以学分互认、课程共享、增加学生交流互动等方式促进联盟内高校的合作。这一做法固然可以促进高质量学术交流和宽口径学生培养，但同时也提高了联盟内高校的学术壁垒。那些不具备区位优势而无法进入联盟的高校及学生，只能孤军奋战，无法享受教育的规模效应，长期来看，会影响高等教育的人才供给质量。

## 三、新发展阶段加强人力资本积累需多策并举

### （一）积累人力资本需同时发挥市场配置作用和政府引导作用

我国处于由数量型人口红利向质量型人口红利转型的关键时期，发挥人力资本规模报酬递增的内生增长属性，构建科学系统的人才生态圈，需要同时发挥市场配置作用和政府引导作用。应依托激励机制，增强政府引导作用，对重点教育领域加大政策扶持力度，鼓励多元化教育产业结构，扩大教育投资范围和种类，全方位增加优质教育资源供给。同时，在教育水平暂时相对落后区域，构建“区域均衡发展—人才支持建设—持续健康发展”的良性循环模式，挖掘地方经济发展和人才发展潜力，增加对人才的培育和吸引力度；推动人力资本在区域间的合理分布，提升区域内人岗匹配度，提高人才投入产出效能；实现产业升级与区域协调发展相统一，

释放人才红利，共同推进现代化进程。

### （二）在中短期内应注重培训教育，应对中短期人才缺口

我国劳动年龄人口在2013年达到峰值后开始下降，在此背景下，要对重点劳动力短缺领域有针对性地加强职业培训，提升劳动者技能，提高人力资本效能，应对中短期人才缺口。特别是在一些供给缺口明显且培训对生产效率提升显著的行业，应引导建立健全相关行业的职业培训体系，提升培训的针对性和有效性。建议以老龄化相关需求为突破口，进一步增加医护、养老、营养健康等相关领域特定人才的职业教育培训，丰富专业人才队伍，提高劳动生产率，探索出适用于人口转型期的广泛高效的人才培养体系。

### （三）加大教育投入力度，延长义务教育年限，进一步推进高等教育普及化、普惠化

近10年，我国劳动者受教育结构发生了明显变化，研究生教育占比从0.7%增至1.2%，普通本专科教育占比从9%增至11.9%，高中阶段教育占比从21.9%降至18.8%，初中阶段教育占比从21.5%微降至21.4%，初等教育阶段占比从22.8%增至24.4%，学前教育阶段占比从24%降至22%。高等教育在稳步发展的同时，应注意学前教育和高中阶段受教育人员比例的减小。应立足新发展阶段，科学评估我国人口结构和人力资本需求情况，统筹规划梯度完备、结构合理的人才培养体系，普及有质量的学前教育体系和科学保教体系，推进中等职业教育和普通高中教育协调发展，健全高中阶段教育经费投入机制；构建开放多元的高等教育体系，优化结构、强化内涵，不断提高高等教育普及化发展水平，助力人力资本实现高质量积累。

### （四）完善终身教育体系，保障妇女平等就业，提高人力资本的使用效率

稳妥实施渐进式延迟法定退休年龄，优化退休返聘、有弹性的退休制度，尊重劳动者意愿，鼓励老年人通过各种方式参与经济社会活动，扩充劳动人口数量。随着医疗技术发展，我国人均寿命不断提升，60 ~ 69 岁的低龄老年人发挥余热的潜力较大，且老年人口质量不断提高。第七次全国人口普查数据显示，我国 60 岁及以上人口中拥有高中及以上文化程度的有 3669 万人，比 2010 年增加了 2085 万人。加强对中高龄求职者的再培训，提升低龄老年人参与经济活动积极性和社会适应性，提高人才供给，弥补人力规模缺口。同时，为女性参与社会经济发展提供更有力的支持和更广阔的选择空间。我国女性劳动参与率属于世界领先水平，但与男性劳动参与率相比还有一定差距，应在部分行业、领域进一步破除“年龄歧视”“性别歧视”，加强技术培训，提高女性就业保障；通过提供年幼子女看护等公共服务，减轻女性生活负担，提升女性工作意愿和效率，拓宽女性选择空间。

执笔人：王訸

专题六

# 以高效率的创新生态系统尽快实现科技自立自强

党的十九届五中全会提出，坚持创新在我国现代化建设全局中的核心地位，把科技自立自强作为国家发展的战略支撑，坚持“四个面向”，加快建设科技强国。这是党中央面向新时代对科技创新提出的新要求。提高创新体系效率，加快创新政策转型，对于实现科技自立自强从而为社会主义现代化建设提供支撑意义重大。

## 一、科技自立自强的内涵及需要处理好的四个关系

科技自立自强作为党中央提出的一项重大战略，已经得到社会各界的广泛认可。但是对于如何理解其内涵，目前仍然存在一些争议，值得认真思考和深入剖析。

### （一）如何理解科技自立自强的内涵

改革开放以来，我国一直高度重视科技进步和创新对国家发展的支撑作用，新时代构建新发展格局对科技创新提出了更高的要求。从“科学技术是第一生产力”到“经济建设必须依靠科学技术、科学技术工作必须面向经济建设”的“两个必须”，再到党的十八大作出实施创新驱动发展战略的重大部署、党的十九大提出“加快建设创新型国家”“创新是引领发

展的第一动力，是建设现代化经济体系的战略支撑”，创新在国家发展中的地位不断提升。眼下，我国科技创新正从量的积累向质的飞跃、从点的突破向系统能力提升转变，我国科技研发人员总量稳居世界第一，国内发明专利授权量连续多年位居世界首位，国际科技论文和高被引论文数量也已经居世界首位，成为全球科技创新的重要贡献者。但也要看到，当前，我国科技创新能力和水平与构建新发展格局的要求相比还存在较大差距：原始创新能力不足，尚不适应高质量发展要求，与世界科技强国相比有较大差距，科技投入产出效率还有待提高，知识产权质量还需进一步提升，产业链供应链还有许多“卡脖子”环节。

科技自立自强是自主创新的继承发扬和转型升级，呼应了时代发展形势对科技创新提出的新需求。“自主创新”是我国上一轮中长期科学和技术规划时期（2006—2020 年）制定并实施的重要方针，主要包括原始创新、集成创新和引进技术消化吸收再创新。百年未有之大变局背景下，大国博弈加重了主要国家对科技和产业链等安全问题的担忧，全球科技合作和产业分工受到削弱。新形势要求我们进一步提升原始创新能力，努力在关键核心领域实现可持续发展，增强我国科技创新应对外部冲击的韧性。党的十九届五中全会提出“把科技自立自强作为国家发展的战略支撑”，不仅反映了科技创新在我国未来发展中的重要性，也呼应了在内部基础和外部环境发生深刻复杂变化的背景下，需要更好推动科技创新的要求。

本专题认为，科技自立自强是指在开放条件下主要依靠我国自身力量提升科学和技术水平，满足经济、社会、国防等方面高质量发展和人民美好生活需求，在世界科技发展格局中达到领先水平、形成有效支撑能力，确保产业链供应链安全，为全面建成社会主义现代化国家提供长期可持续的科技支撑。“自立”体现了自主创新，实现产业链供应链的自主、安全、可控；“自强”则强调了提升科技创新的质量，增强科技引领能力和原始创新能力，实现更高质量、更高效率的创新，塑造国家发展新优势。具体表现如下：一是从技术引进到更加重视核心技术自主研发；二是从技术集成到更加重视关键核心技术研发体系建设；三是从渐进性创新、二次创新到更加重视从“0”到“1”的原始性创新、突破性创新和颠覆性创新；四是从提升产业市场竞争力到更加重视发展战略科技和前沿新兴产业。

理解科技自立自强的内涵，有以下四个需要特别注意的问题。

**1.“科技”的重点在于强调科学研究和技术开发，但也不能忽视从科技向市场转化的后端环节**

科技创新本身是一个全链条的闭环，既包括前端的基础研究和核心技术研发，即把经费投入变成论文和专利等知识载体，又包括后端的科技成果产品化、商业化和规模化，即把知识转化为远远超过原始投入的市场效益。这样一个运转顺畅、不断扩大的“资金—科技—资金”循环过程，其实就是科技创新和生产力进步的不竭动力。在当前我国所处的新发展阶段，考虑到百年未有大变局下大国博弈的现实需求，以及我国在全球科技发展格局中的短板，我们需要更加突出强调科技的作用，但这并不意味着忽视成果转化和产业化。只有打通科技创新的全链条，才能为科学技术高水平发展提供源源不断的长期支撑。

**2.“自立”的含义是指我们要能够依靠自己的力量来满足自身发展需求，但绝不是闭门造车、关起门来自己干**

所谓“自立”，首先就是要能够自食其力，确保不因其他力量的干扰或遏制而减缓甚至中断发展进程。党的十九届五中全会明确了创新在我国现代化建设全局中的核心地位，并提出科技发展要“面向世界科技前沿、面向经济主战场、面向国家重大需求、面向人民生命健康”。我国作为一个有着 14 亿人口的世界大国，如果不能靠自身科技力量来满足这四个方面的发展需求，就无法担负起中华民族伟大复兴的历史使命。但是，自立并不是与世隔绝，而是要更加善于在开放的大环境和创新全球化的大趋势中，与世界各国加强交流合作，既吸收人类共有的先进技术成果，又为世界科技发展贡献更多的中国力量，实现中国与世界科技发展的互助、共赢。

**3.“自强”的含义是依靠自身力量实现世界领先的科技发展水平，但并不是在所有领域都要成为世界第一**

自强意味着我们要以高质量、高水平的科技成果，在全球竞争、大国博弈中占有重要的一席之地，达到不受制于人、不被“卡脖子”的目的，确保产业链供应链安全。安全的前提是要与其他科技强国形成相互支撑能力，否则就会有被遏制的风险。当然，仅有个别技术世界领先是远远不够的，我们需要在前沿科技领域形成由多项领先技术组成的一个“技术群”，或者一个强大的“专利池”，足以与其他科技强国形成均衡态势。以光刻机为例，荷兰的阿斯麦尔公司尽管在世界上最先进，但是其需要依赖美国零部件。另外，我们并不是追求在所有科技领域都一定要达到最领先的地位，在创新全球化的大格局下，这既不经济也不现实。包括美国在内的世界各国，即便是在科技实力最强盛的时期，也不可能做到所有技术的全面领先。对此，我们也要有清醒的认识，要有所为有所不为，重点补齐关键短板、锻造有效长板，不能一哄而上、四面开花。

**4. 科技自立自强要强调某些重大核心技术的短期突破，但更要注重培育创新生态系统，形成科技发展的长期动态机制**

考虑到一些重大核心技术领域已经被某些国家“卡脖子”的紧迫形势，我们需要发挥社会主义制度集中力量办大事的优势，依靠新型举国体制在关键领域集中投入、重点攻关，力求短期内在一批“顶天立地”的重大科技领域取得有效突破，这是必要的，也是可能的。但同时也要认识到，从中长期来看，我们还是需要不断完善创新生态系统的建设，夯实基础研究能力，发挥市场激励创新的基础机制，培育更加具有活力的“铺天盖地”的市场主体，包括科技型创业企业、“专精特新”中小企业和具备较强研发能力的科技龙头企业，以形成能够不断涌现出未来技术、颠覆性技术的长期动态机制。只有将当前的“顶天立地”和未来的“铺天盖地”有机统一起来，我们才能够成为持续屹立于世界科技之林的科技强国。源自企业、来自市场的创新是我们科技长期发展的活力源泉和重要保障。

### （二）实现科技自立自强需要处理好四个关系

科技自立自强，尤其是高水平的自立自强不是一朝一夕就可以实现的，而是需要几代人几十年的不懈努力，更需要正确的战略导向。为了达到这一目标，至少应处理好以下四大关系。

#### 1. 自主创新与开放合作的关系

自主创新意味着我们要掌握科技发展和创新应用的主动权、主导权，不断推动和加强前沿科技领域的自主知识产权布局。支持相关研究机构和企业加速建立科学理论和工程基础，并形成自主“专利池”，引导相关主体在研发过程中发展独立自主的科研仪器设备和软件工具。逐步推进建立以我国技术架构为标准的应用生态，加强重点学科建设，加快重点领域科学与工程人才培养。需要特别强调的是，这一系列工作都应该在主动开放合作的条件下完成。尽管我们面临少数西方发达国家的科技遏制，但它们越是如此，我们就越应该主动推进开放创新，尤其是在一些关键制度上加大开放力度。这不仅体现党中央反复强调的“开放包容”“封闭没有出路”，更是我们提升科技能力的内在需求。我们应积极推进建立有利于海外科技人才引进的制度环境，探索建立符合我国国情的高技术移民制度；逐步放开在我国境内设立国际科技组织；建立面向全球的科学研究基金和科技合作计划；在保障安全的前提下逐步推动数据跨境便利流动和数字贸易发展。

### 2. 科技发展与成果转化的关系

科技发展是当前我国面临的最重要、最核心的任务之一，这也符合后发国家实现技术追赶的一般规律。从国外实践来看，如果说科技前沿国家的创新过程是从基础研究到应用研究，再到技术发展、产品和生产过程创新，那么后发国家的科技创新次序几乎是颠倒过来的，一般都是先从降低生产过程成本开始，逐步改进工艺、吸纳先进技术，最终会加强基础研究。日本、韩国和我国台湾地区等相对成功地实现了技术追赶的经济体，基本都符合这一规律。但是，当我们把更多精力投入科学研究和重大战略技术攻关时，一定不能忽略了成果转化、商业模式创新和创新型企业培育。苏联曾经也在某些特殊时期实现了科技的自主研发，甚至在美苏两个超级大国争霸的过程中有过类似于“卫星时刻”的领先阶段，但是由于只关注国防科技等环节，忽视了科技与经济的长期有效结合，其科技也终究没能持续发展。因此，我们既要加强成果转化，也不能轻视或忽视商业模式创新。需要在科研成果转化评价机制、成果确权、专业技术转移机构及人才队伍建设等方面继续推进改革实现制度突破。

### 3. 科技领先与保障安全的关系

实现科技领先是保障产业链供应链安全，乃至经济安全、国防安全的重要前提。只有在一些关键核心领域掌握了前沿技术的自主知识产权，我们才有底气保障国家发展权和人民追求美好生活的基本权利，才有可能在世界科技大国的博弈中处于相对安全地位。我们必须清醒地认识到，我国目前还是一个发展中国家，尽管总体经济和科技实力在不断增长，但与主要发达国家仍存在差距。要争取团结更多国家、结交更多朋友。应加强顶层设计、贯彻执行等各层面的统筹协同，加快科技相关领域的制度性开放，支持和鼓励多渠道、多层次的科技外交活动，逐步形成外交与科技的合力，为实现科技自立自强发挥支撑和保障作用。

**4. 新型举国体制与创新生态系统的关系**

当前，我们亟须在重大核心科技领域加强攻关、实现突破，因此要发挥新型举国体制的作用。不过，我们也要认识到，新型举国体制尽管不同于计划经济条件下的传统举国体制，但毕竟也是在技术追赶的特定发展时期的一种特殊制度安排，应有所为有所不为，集中调动有限资源，在国家重大工程、未来前沿技术、“卡脖子”关键技术等少数重点领域争取实现重大突破。从中长期来看，更加艰巨的任务是建设一个充满活力的创新生态系统，让更多前沿技术从中源源不断涌现出来。应增加基础研究的多元化投入，建立符合基础研究规律的制度体系；持续优化创新创业环境，推动大众创业万众创新高质量发展；进一步加强知识产权保护，切实保障创新者的合法权益；提升科技资源的共享开放程度和利用水平，为全社会创新提供有力支撑；加大政府数据开放力度，激发数字经济创新活力；积极培育创新文化，塑造民族创新精神。

## 二、新发展阶段实现科技自立自强的有利条件和挑战

### （一）推进科技自立自强的有利条件

进入新发展阶段，我国创新要素加速集聚，研发成果日益丰富，科技实力显著增强，推进科技自立自强的有利条件逐步成熟。

**1. 发挥好集中力量办大事的制度优势，有利于实现“大科学”突破**

我们国家的一个制度优势是能够集中力量办大事。新中国成立后，我们集中全国人力、物力和财力，不断提升自身的科学技术水平，创造了一个又一个奇迹。当前，我国正在探索社会主义市场经济条件下集中力量办大事的新机制，将在新形势下继续发挥好这一制度优势。同时，自工业革

命以后，世界科学研究的形态正在逐渐告别单枪匹马、手工作坊式，而进入分工协作、整体推进的“大科学”新阶段。当今时代，跨领域、跨国界的科学研究活动日益频繁，许多重大主题的科研活动形成了不同的大科学计划和大科学工程。科技领域工程越来越大、周期越来越长，需要立足长远规划，有效集中分散力量和资源，才能取得突破。党的十八大以来，中央对科技创新更加重视，坚持把创新作为引领发展的第一动力，坚持创新在我国现代化建设全局中的核心地位，为科技创新领域集中力量办大事奠定了良好的基础。

**2. 规模庞大、年轻化的科技和专业技能人才队伍，蕴含着巨大的创新潜力**

科技创新本质上是人才驱动。我国拥有最大规模的科技和专业技能人才队伍，蕴藏着巨大的创新潜能。我国研发人员快速增长，2020 年研发人员全时当量已达到 509.2 万人年，连续多年居世界第一。当研发人员的活力被充分激发和释放时，规模庞大的研发人员将转化为创新优势。特别是，我国培养造就了世界上规模最大的工程师队伍，估计超过 3000 万人，具有超强的技术学习和开发能力。规模庞大的工程师队伍既有利于快速将创新的想法变成现实，也有利于进行大量的工艺创新和工程创新。此外，我国科研人员和工程师的成本相对较低，且后备青年人才相对比较充足，为科技创新提供了充分的人才保障和成本优势，该优势在未来相当长一段时间内还将持续。

**3. 制造业产业体系完整程度和规模居全球前列，有利于科技成果转化和应用**

制造业是关键核心技术突破、科技成果转化和大规模商用的主要载体，其发展既依赖科技创新，也为科技创新提供支撑。我国制造业门类齐全、产业链完整，是全世界制造体系完整程度最高的国家之一，为科技创新提供了产业链优势。我国产业规模也十分庞大，在主要的工业品中，一半左右产品的产量居全球首位。2010 年以来，我国连续 12 年位居全球第一制造业大国，制造业增加值全球占比接近 30%。同时，制造业中的科技含量不断提升，高铁、航天、核电、信息通信等高技术产业具备全球竞争力。完备、发达和规模巨大的制造业体系，既为科技攻关提供了十分丰富的实验场景，也为科技成果应用提供了高效的转化体系和前景广阔的市场。

**4. 超大规模且不断升级的国内市场特别是网络市场，有利于需求拉动创新**

我国中等收入群体不断扩大，需求结构随之不断升级，从而为高水平高质量创新提供了广阔的市场机会。目前，我国中等收入群体已经达到 4 亿人。据估计，未来 15 年将达到 8 亿人左右。广大的消费人群将成为科技创新的重要驱动力，为创新成果应用提供不可或缺的动力条件。特别是面向数字技术主导的新一轮技术革命，全球发展从工业化时代转向数字经济时代，网络技术发展符合梅特卡夫定律，即网络的有用性（价值）与用户数量的平方成正比，因此网络市场价值成为新技术应用的关键因素。数字经济的属性决定了其在人口基数更为庞大、各类交易数据更为丰富的国家（如中国）更容易得到发展。我国网民已经超过 10 亿人，网络市场规模全球第一，为数字经济发展和创新提供了强力支撑。

### （二）科技创新面临挑战

尽管我国推进科技自立自强具备一些有利条件，但我国科技创新仍存在一些“短板”，主要体现在以下四个方面。

**1. 适应基础研究规律的支持机制尚未建立，原始创新能力不足**

基础研究是推动原始创新、构筑科技发展“高楼”的基石，我国基础研究薄弱导致原始创新能力不足。目前我国重大原创性成果缺乏，由中国科学家提出来的科学理论和原创思想非常少，顶尖基础研究人才和团队比较缺乏，特别缺乏能够定下心来、长期深耕基础理论的队伍和人才。原始创新能力不足导致产业关键核心技术受制于人、“卡脖子”问题突出。基础研究投入长期不足是一个关键问题。2020 年，我国基础研究经费占全社会研发总经费的比重首次超过 6%，此前多年徘徊在 5% 左右，距离发达国家 15% ～ 25% 的水平差距较大。此外，“四基”（核心基础零部件和元器件、先进基础工艺、关键基础材料、产业技术基础）等工业基础能力薄弱也须得到关注。

**2. 面向前沿、包容创新风险的科技管理理念尚未建立，难以激励原始性创新、颠覆性创新**

科技创新是探索未知的工作，具有灵感瞬间性、路径不确定性、兴趣驱动性等特征，因而充满了风险性和不确定性。越是面向前沿的创新活动，其风险性和不确定性越高，即使专业人员也很难进行精确控制和提前计划。我国在从技术追赶逐步迈向前沿技术创新的过程中，科技管理存在强调计划、时间控制、过程控制、结果控制等问题，越来越难以适应前沿技术创新的规律和特点。由于创新相关的制度和政策设计对创新的风险性和不确定性考虑不足，不允许试错和失败，研究机构和研究人员不愿意从事风险高的创新活动，也经不起失败，因而难以产生突破性的创新。只有建立起适应创新规律的管理制度和政策，引导全社会建立起“激励科研精神，包容创新失败”的舆论环境，形成鼓励创新、宽容失败的创新文化，才能在原始创新、颠覆性创新等方面不断实现突破。

**3. 科技创新管理行政化、指标化导致急功近利，不利于科技长期发展和重大创新成果产出**

我国采取传统行政化方式推动科技创新，通过设计指标然后进行考评的方式，引导被考核对象围绕指标进行努力，对于激励干部干事担当具有十分重要的作用。但由于行政化考核考评针对的是一定时期，通常只有显性的成绩才能量化考核，因此该方式适合推动成绩容易量化、短期能见成效的工作，难以适应长期才能见成效、隐性效果比重较大的工作。科技创新是一项长期的、不断积累的事业，特别是重大的科技创新需要长期、持续不断的支持才有可能产生成果。当行政考核机制被不当应用于科技创新领域时，相关管理部门会设计出一系列数量指标，通过行政考核要求科研机构和科研人员多出成果、快出成果，容易产生科研"短平快"的行为。例如，我国科研论文和专利数量在短短数年间就超越美国居世界首位，而质量和水平仍存在较大差距。虽然重大专项为保证科技长期发展设定了较长的执行周期，但一些专项将长周期划分为短周期，通过设立阶段数量目标进行考评的方式进行管理。

**4. 科技创新生态环境不完善，制约了全社会创新活力的充分释放**

科技创新资源和要素配置效率不高，对社会科技力量作用发挥不够。支持创新的政策公平性不足，存在"所有制歧视"，影响了创新资源配置的合理性，也影响了企业创新动力。科技成果转化的组织制度和方式还不完善。科研作风问题未能彻底扭转。创新政策制定的科学性、适应性以及相关监管体制的完善性和实施机制也需进一步改善。

## 三、构建高效创新生态系统、实现科技自立自强的思路和举措

科技自立自强依赖高效创新生态系统的支撑。创新生态系统是一个以企业为主体，大学、科研机构、政府、金融等中介服务机构为系统要素

载体的复杂网络结构，通过组织间的网络协作，深入整合人力、技术、信息、资本等创新要素，实现创新因子有效汇聚，为网络中各个主体带来价值创造，实现各个主体的可持续发展。构建一个良好的创新生态系统应注重培养全民的创新意识，激发全社会的创新活力，持续培育创新型人才，有效筹集科研资金并合理分配，不断提高科研投入产出效率，高效组织科研活动，为科研成果转化和市场应用提供通畅的途径。高效率的创新生态系统应能充分发挥各类创新主体的作用，高效配置创新要素，持续实现协同创新。

当前，应围绕增强原始创新能力，不断完善科技创新体制机制，充分发挥新型举国体制优势和超大规模市场、人才和产业链优势，构建高效率的创新体系，持续提高全创新链条的创新实力，锻造优势长板、补齐关键短板，逐步实现科技自立自强。

### （一）持之以恒加强基础研究，实现持续性的重大原创性突破

要加强基础科学研究能力，提高原始创新能力，增加前沿技术供给能力，在核心关键环节取得重要突破。在这一过程中，既要进一步优化科技资源配置，围绕打好关键核心技术攻坚战，全面完善科技创新制度和组织体系，集中全社会优势科技力量，统筹协调基础研究、应用基础研究、共性技术研发以及技术开发和成果转化；还要根据产业链布局创新链，提高创新链整体效能，分层次加强基础科学研究，瞄准世界科技前沿，努力实现更多从“0”到“1”的突破；更要聚焦国家重大战略需求，加强需求导向的基础研究，解决关键技术瓶颈背后的核心科学问题。总的来看，要以关键共性技术、前沿引领技术、颠覆性技术创新为突破口，努力实现关键核心技术的自主可控，提高产业链供应链的稳定性和安全性。

### （二）强化创新人才教育培育，造就一批高水平科技创新人才

支持发展高水平研究型大学，加强基础研究人才培养，造就一批具有国际一流水平的战略科技人才、科技领军人才和创新团队。同时，还要实行更加开放的人才政策，构筑集聚国内外优秀人才的科研创新高地。继续推进教育制度改革，增大创新能力培养在基础教育中的比重，在中小学生中营造乐于创新的环境。针对集成电路等紧缺学科，调整高等教育学科结构，增加相关专业招生名额，夯实关键领域自立自强的人才基础。

### （三）优化和完善科研组织方式，确保关键核心技术持续突破

发挥新型举国体制优势，集中各方面力量，优化人力、物力、财力资源配置，加紧布局一批重大创新平台，加快突破一批关键核心技术，进一步保证产业链供应链的畅通和安全。推动科技创新中心建设，提升原始创新能力和水平。优化高校和科研院所的资源力量，人尽其才，物尽其用，形成全面系统的科技创新格局。特别是要发挥市场主体的作用，推动创新要素向企业集聚，促进产学研深度融合，持续培育和壮大创新动能。

### （四）增强科技创新对高质量发展和现代化国家建设的支撑和带动能力，以自立自强拉动经济高质量发展

把科技自立自强作为国家发展的战略支撑，就是强调科技创新要从需求出发，为国家高质量发展和现代化建设服务。一是科技创新要坚持面向世界科技前沿、面向经济主战场、面向国家重大需求、面向人民生命健康的大方向。二是科技创新要与“四化”融合发展。新型工业化、信息化、城镇化、农业现代化离不开科技支撑，要以技术进步和创新推动“四化”高质量可持续发展。三是科技创新要为构建现代产业体系服务。要紧紧围绕制造强国、质量强国、网络强国、数字中国建设，深化技术创新，统筹

推进产业基础高级化、产业链现代化，切实提高经济质量效益和核心竞争力。四是科技创新还要聚焦实体经济，提升产业竞争力。针对产业转型升级的需要，利用信息技术、绿色技术、智能技术等加强传统产业的改造升级，提升传统产业竞争力；积极培育战略性新兴产业，形成新的经济增长点；还要积极构建以企业为主体、产学研深度融合的技术创新体系，培育具有国际竞争力的创新型企业。

### （五）构建具有国际竞争力的创新生态，形成创新活力充分释放的良好创新环境

深化科技体制改革，完善国家科技创新治理体系，为科技自立自强筑牢制度和体制机制基础。尤其要厘清政府与市场在国家创新体系中的定位，有效发挥政府和市场的作用。比如，优化科技资源配置，加强各类科技计划的协调和衔接，改进科技项目组织管理方式，提高公共资源的利用效率；深化科研机构分类改革，在创新链条各环节构建定位明晰、运行机制配套的研发机构和创新服务平台；打造公平竞争、鼓励创新的法治环境，实行严格的知识产权保护制度，打破制约创新的行业垄断、市场分割和歧视性待遇，完善创新要素配置市场化改革，扩大普惠性政策范围，使各种所有制、各种规模和各种技术路线的企业公平获得创新要素。同时，还要转变传统的监管模式，建立激励创新、审慎包容的市场监管体系，进一步完善标准、检验检测和认证体系。要充分发挥地方的积极性，营造区域创新体系，构建跨区域的创新中心。此外，还要培育创新文化，加快建设和完善科技创新治理体系，建立试错容错机制，营造宽容失败的氛围；从制度建设入手，加强科研诚信体系建设，改进各种考核与评价体系，鼓励科技人员潜心研究、扎实探索，倡导负责任的研究与创新，营造风清气正的学术环境。

### （六）增强创新政策对国际规则的协调性和适应性，有效调动和利用全球创新要素

要从全球视野布局创新。继续坚持“在竞争中合作，在共赢中发展”原则，从被动履行国际规则向主动塑造、运用和遵守规则转变，加快形成符合国际通行规则的创新政策体系。同时，完善国家安全、产业安全、技术贸易措施评价等方面的风险预警机制。建立更高水平开放的创新体系，积极融入全球创新网络。“引进来”与“走出去”相结合，探索新形势下的科技合作模式和机制，有效利用和组合全球创新要素，提升我国的创新能力和效率。特别是要分层次开展国际合作，搭建多样化的国际创新合作平台，实现互利共赢。既要加强各国大学、研究机构的科技合作和人员交流，又要鼓励企业层面开展市场导向的技术引进、转移与合作创新；既要加强与发达国家的科技合作，又要加强与发展中国家的科技合作，促进共同发展。发挥科技在解决人类共同面临的生命健康、环境保护、粮食和能源供应安全等问题上的作用，在加快构建人类命运共同体中作出中国贡献。

执笔人：戴建军　田杰棠　杨超

专题七

# 以系统性思维应对日益严重的老龄化

人口是经济社会发展的基础要素，人口结构的发展变化将对经济社会产生重大影响。近年来，我国老年人口比重持续上升，根据民政部预测，"十四五"末，我国60岁及以上人口将接近3亿人，可预见的未来老龄化形势将更趋严峻，这必然会对我国经济社会高质量发展形成较大冲击。习近平总书记指出，有效应对我国人口老龄化，事关国家发展全局，事关亿万百姓福祉。[①]立足当前、着眼长远，如何系统、科学地应对日益严重的老龄化，已成为党和国家高度重视的重大课题。

## 一、我国老龄化现状及趋势

### （一）老龄化现状

#### 1. 人口老龄化进程加深加快，高龄老年人口规模增大

根据第七次全国人口普查数据，2020年我国65岁及以上老年人口为19064万人，占总人口的13.5%，比2000年的8811万人增加10253万人，增幅为116.4%（见图7–1）。

① 《习近平：加强顶层设计完善重大政策制度 及时科学综合应对人口老龄化》，《人民日报》2016年2月24日第1版。

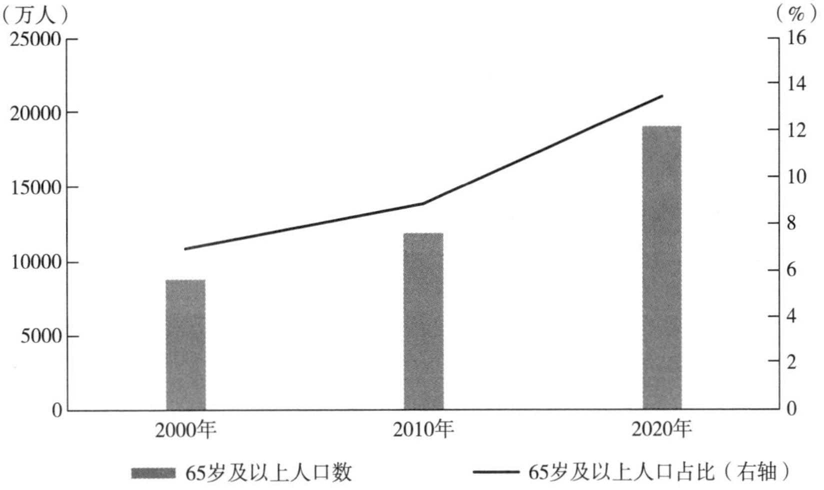


**图7-1　2000—2020年我国65岁及以上人口总数和占比情况**

资料来源：历次人口普查数据。

从 1980 年我国正式实行计划生育政策以来，在人口结构中老年人口的比重快速上升，到 1999 年，65 岁及以上人口占比已突破 7%，进入轻度老龄化社会。这表明我国用不到 20 年的时间完成了老龄化进程，这大大快于世界主要发达国家。例如，法国完成这一进程用了 115 年，瑞士用了 85 年，美国用了 60 年，英国用了 45 年。2000 年以来，我国老年人口的年增长率进一步加快。分时间段看，2000—2010 年，我国 65 岁及以上老年人口的年均增长率为 3.03%；2011—2020 年，随着新中国成立后第二次生育高峰出生人口进入老年期，我国人口老龄化进入快速发展阶段，65 岁及以上老年人口年均增长率达到 4.8%，占比上升 4.63 个百分点，增速明显加快。除西藏外，其他省（区、市）[①]65 岁及以上老年人口比重均超过 7%，其中，12 个省（区、市）65 岁及以上老年人口比重超过 14%。

我国老年人口高龄化趋势明显加快。从我国 65 岁以上老年人口的年龄结构看，2000 年我国 65 岁及以上老年人口中 65 ~ 69 岁人口占比为 39.4%，

① 本专题的省（区、市）均不包含港、澳、台地区。

到2020年下降到38.8%。2000—2020年，我国老年人口中70～79岁人口占比出现下降，由47.0%下降为42.4%，80岁及以上的高龄老年人口占比出现较大涨幅，比重由13.6%上升到18.8%，上升5.2个百分点。受新中国成立后的“婴儿潮”影响，我国高龄老年人口规模将继续增大。

### 2. 老年人口抚养比持续增高，空巢老年人口占比增加

随着我国人口老龄化的加速，老年人口抚养比出现快速上升。2020年我国老年人口抚养比达到19.7%，创造了1982年以来有数据可查的历史纪录，相比1991年的水平，几乎提高了一倍。根据相关数据统计，1982年我国老年人口抚养比仅为8.0%，到20世纪90年代，也长期保持在10%以下。但从2000年开始我国老年人口抚养比进入快速上升阶段，从2000年的9.9%上升到2020年的19.7%，平均每年上升约0.49个百分点（见图7-2）。同时，从近几年来看，有加快上升的态势。

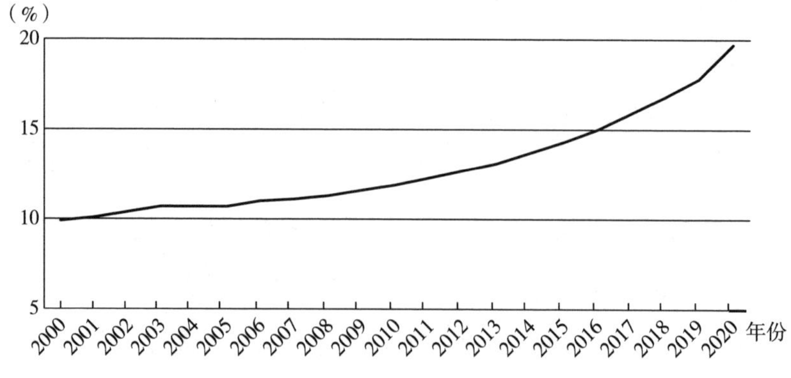


**图7-2 2000—2020年我国老年人口抚养比**

资料来源：国家统计局。

根据民政部统计数据，2000—2010年，仅10年时间，我国城镇空巢老人比例就由42%快速上升到54%，农村由37.9%上升到45.6%。2013年我国空巢老人数量超过1亿人，到2019年增长到约1.2亿人，占老年

人口总量的68.6%。根据相关研究预测[①],2030年我国空巢老人数量将增加到2亿人以上，占到老年人口总数的九成左右。同时，研究显示，1982—2020年，我国家庭平均人数从4.4人下降至2.6人，预测到2050年将下降至2.5人。在家庭小型化趋势下，独居老人规模将大幅提升。根据民政部抽样数据统计，我国独居老人的数量从2010年的1754万人快速上升至2019年的3710万人。未来，随着“独一代”的“60后”父母进入老年队列，叠加“独一代”的“50后”老年父母，独生子女老年父母数量快速增加，老年人家庭空巢化、独居化、小型化将继续深入发展。

**3.“城乡倒置”的人口老龄化格局凸显，城市老年人口数量多于农村，农村老龄化程度高于城市**

我国老年人口逐步向城镇聚集。2000年，我国城镇人口为48359万人，城镇人口中65岁及以上老年人口为2940万人；我国乡村人口为78384万人，乡村人口中65岁及以上老年人口为5881万人，乡村老年人口约为城镇老年人口的2倍。随着我国城镇化的推进，农村剩余劳动力转移加快，2017年城镇老年人口首次超过乡村老年人口，到2020年年末，我国城镇人口增加到90199万人，其中65岁及以上老年人口增加到10028万人，比2000年增加7088万人，增加2.4倍。同时，我国乡村人口减少到50979万人，其中65岁及以上老年人口增加到9035万人，但相比城镇老年人口少993万人，相对于2000年增幅为53.6%。2000—2020年，城镇老年人口增幅比乡村高出近3.48倍。

我国乡村人口老龄化程度更高。2000年我国城镇老年人口占城镇总人口比重为6.1%，乡村老年人口占乡村总人口比重为7.5%。按照国际老龄化标准，2000年我国乡村已经进入轻度老龄化社会。2000年以后，我国城镇老年人口比重在波动中较缓慢地上升，到2009年首次突破7%，进入

① 根据北京大学曾毅研究团队的研究预测。

轻度老龄化社会，并在随后各年保持在这一水平之上，到 2020 年城镇老年人口占比达到 11.1%。而我国乡村老年人口比重自 2000 年以来保持较大幅度上升，到 2020 年达到 17.7%，相比城镇高出约 6.6 个百分点。2000—2020 年，我国城镇老年抚养比由 8.0% 增加到 15.6%，增加 7.6 个百分点；乡村老年抚养比起步较高，由 11.2% 持续上升到 28.1%，增长 16.9 个百分点。相较于城镇，乡村人口老龄化面临更严峻局面，叠加乡村“空心化”问题，使当前全面推进乡村振兴的人力支撑和民生保障面临更大压力。

**4. 省域老年人口呈现空间分布、规模增速、老龄化程度上的明显差异**

从全国省域 65 岁及以上老年人口的绝对数量看，2020 年山东以 1536.4 万人位居首位。65 岁及以上老年人口突破千万的省（区）还有四川、江苏、河南、广东和河北等，分别达到 1416.8 万人、1372.7 万人、1340.2 万人、1081.3 万人和 1038.8 万人。湖南和安徽也分别以 984.2 万人和 915.9 万人的规模排在全国前列。65 岁及以上老年人口规模相对较小的省（区）为宁夏、青海和西藏，数量分别为 69.3 万人、51.4 万人和 20.7 万人，均在 100 万人以下（见表 7–1）。省域老年人口规模的巨大差异，决定了国家在制定人口、医疗、社保等政策时，要充分考虑各地实际情况，避免“一刀切”。

从全国省域老年人口规模增幅和年均增速上看，2010—2020 年 65 岁及以上老年人口规模增幅最大的是吉林，老年人口由 173.4 万人增加到 375.7 万人，增幅达到 116.7%，年均增速达 8.0%。其后依次是天津、河北、上海、宁夏、北京和河南等省（区、市），增幅也较大，分别为 85.7%、75.4%、74.2%、71.5%、70.7% 和 70.5% 等，年均增速分别为 6.4%、5.8%、5.7%、5.5%、5.5% 和 5.5% 等。西藏 65 岁及以上老年人口由 15.3 万人增加到 20.7 万人，增幅为 35.3%，年均增速为 3.1%，增长最慢。此外，青海、云南和广西等省（区）65 岁及以上老年人口增幅和增速也较小，增幅分别为 45.2%、44.7% 和 43.8% 等，年均增速分别为 3.8%、3.8% 和 3.7% 等。

**表7-1　　我国各省（区、市）65岁及以上老年人口情况**

| 省（区、市） | 2020年人数（万人） | 2010年人数（万人） | 增幅（%） | 年均增速（%） | 增长绝对数（万人） |
|---|---|---|---|---|---|
| 吉林 | 375.7 | 173.4 | 116.7 | 8.0 | 202.3 |
| 天津 | 204.6 | 110.2 | 85.7 | 6.4 | 94.4 |
| 河北 | 1038.8 | 592.1 | 75.4 | 5.8 | 446.7 |
| 上海 | 404.9 | 232.5 | 74.2 | 5.7 | 172.4 |
| 宁夏 | 69.3 | 40.4 | 71.5 | 5.5 | 28.9 |
| 北京 | 291.2 | 170.6 | 70.7 | 5.5 | 120.6 |
| 河南 | 1340.2 | 786.0 | 70.5 | 5.5 | 554.2 |
| 浙江 | 856.6 | 508.3 | 68.5 | 5.4 | 348.3 |
| 内蒙古 | 313.9 | 186.8 | 68.0 | 5.3 | 127.1 |
| 山西 | 450.5 | 270.3 | 66.7 | 5.2 | 180.2 |
| 陕西 | 526.7 | 318.4 | 65.4 | 5.2 | 208.3 |
| 辽宁 | 741.7 | 451.0 | 64.5 | 5.1 | 290.7 |
| 山东 | 1536.4 | 942.6 | 63.0 | 5.0 | 593.8 |
| 湖北 | 842.4 | 520.3 | 61.9 | 4.9 | 322.1 |
| 重庆 | 547.4 | 338.1 | 61.9 | 4.9 | 209.3 |
| 四川 | 1416.8 | 880.6 | 60.9 | 4.9 | 536.2 |
| 江苏 | 1372.7 | 855.8 | 60.4 | 4.8 | 516.9 |
| 江西 | 537.1 | 338.7 | 58.6 | 4.7 | 198.4 |
| 福建 | 461.0 | 291.1 | 58.4 | 4.7 | 169.9 |
| 黑龙江 | 497.3 | 317.2 | 56.8 | 4.6 | 180.1 |
| 湖南 | 984.2 | 641.9 | 53.3 | 4.4 | 342.3 |
| 广东 | 1081.3 | 708.2 | 52.7 | 4.3 | 373.1 |
| 安徽 | 915.9 | 608.7 | 50.5 | 4.2 | 307.2 |
| 海南 | 105.2 | 70.0 | 50.3 | 4.2 | 35.2 |
| 贵州 | 445.6 | 297.8 | 49.6 | 4.1 | 147.8 |
| 甘肃 | 314.8 | 210.5 | 49.5 | 4.1 | 104.3 |
| 新疆 | 200.6 | 135.0 | 48.6 | 4.0 | 65.6 |
| 青海 | 51.4 | 35.4 | 45.2 | 3.8 | 16.0 |
| 云南 | 507.3 | 350.7 | 44.7 | 3.8 | 156.6 |
| 广西 | 611.4 | 425.3 | 43.8 | 3.7 | 186.1 |
| 西藏 | 20.7 | 15.3 | 35.3 | 3.1 | 5.4 |

资料来源：全国第七次人口普查数据。

从全国省域老龄化程度上看，截至2020年年底，辽宁以17.4%的老龄化率居全国之首，成为老龄化最严重的省域。其他65岁及以上老年人口占比超过14%的省（市）有重庆、四川、上海、江苏、黑龙江、吉林、山东、安徽、湖南、天津和湖北，占比分别达到17.1%、16.9%、16.3%、16.2%、15.6%、15.6%、15.1%、15.0%、14.8%、14.8%和14.6%，意味着这些省（市）进入了中度老龄化社会。截至2020年年底，65岁及以上老年人口占比唯一没有超过7%的是西藏，为5.7%，其余省（区、市）65岁及以上老年人口占比均在7%～14%区间。这表明我国几乎全部省（区、市）同时进入了老龄化社会（见表7–2）。

**表7-2　我国各省（区、市）65岁及以上老年人口占比情况**

| 省（区、市） | 2020年占比（%） | 省（区、市） | 2020年占比（%） |
|---|---|---|---|
| 辽宁 | 17.4 | 浙江 | 13.3 |
| 重庆 | 17.1 | 内蒙古 | 13.1 |
| 四川 | 16.9 | 山西 | 12.9 |
| 上海 | 16.3 | 甘肃 | 12.6 |
| 江苏 | 16.2 | 广西 | 12.2 |
| 黑龙江 | 15.6 | 江西 | 11.9 |
| 吉林 | 15.6 | 贵州 | 11.6 |
| 山东 | 15.1 | 福建 | 11.1 |
| 安徽 | 15.0 | 云南 | 10.8 |
| 湖南 | 14.8 | 海南 | 10.4 |
| 天津 | 14.8 | 宁夏 | 9.6 |
| 湖北 | 14.6 | 青海 | 8.7 |
| 河北 | 13.9 | 广东 | 8.6 |
| 河南 | 13.5 | 新疆 | 7.8 |
| 陕西 | 13.3 | 西藏 | 5.7 |
| 北京 | 13.3 | | |

资料来源：全国第七次人口普查数据。

### 5. 区域老年人口呈现规模和增速梯次变化的结构性特征

从老年人口规模和增速上看，东部地区规模较大，东北地区增速较快。2002—2020 年，由于东部地区人口总量规模基数较大，该地区历年老年人口的绝对数量要远远高于中部、西部和东北地区。但从 65 岁及以上老年人口规模的增速看，东北地区增长最快，从 763 万人增加到 1615 万人，增幅为 111.7%，年均增速为 4.3%；东部地区 65 岁及以上老年人口从 4052 万人增加到 7353 万人，增幅为 81.5%，年均增速为 3.4%；西部地区 65 岁及以上老年人口从 2753 万人增加到 5026 万人，增幅为 82.6%，年均增速为 3.4%；中部地区 65 岁及以上老年人口从 2824 万人增加到 5070 万人，增幅为 79.5%，年均增速为 3.3%（见图 7–3）。

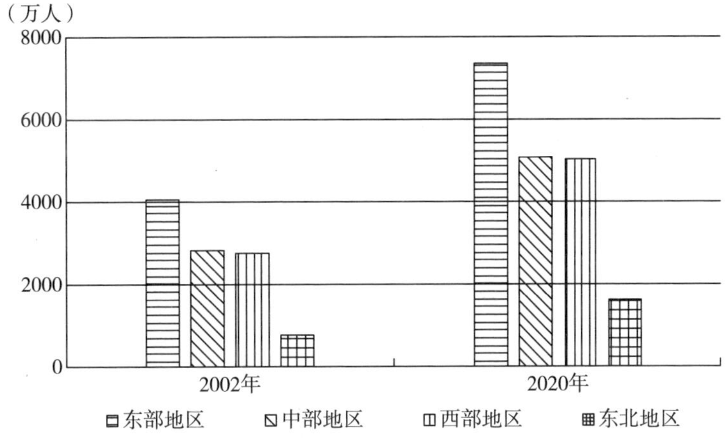


**图7-3　我国四大区域65岁及以上老年人口规模变化情况**

资料来源：全国第七次人口普查数据。

从老年人口占比上看，东北地区占比较大，老龄化程度相对较严重，东部地区次之，中西部地区相对较低。2002—2020 年，东北地区 65 岁及以上老年人口占本地区总人口的比重由 7.1% 持续上升到 16.4%；东部地区 65 岁及以上老年人口占本地区总人口的比重由 9.0% 上升到 13.0%；中部地区 65 岁及以上老年人口占本地区总人口的比重由 7.94% 上升到 13.9%；西部地区 65

岁及以上老年人口占本地区总人口的比重由7.7%上升到13.1%（见图7–4）。截至2020年年底，东部、中部、西部和东北地区65岁及以上老年人口占比均达到13%（含）以上，老龄化趋势明显，东北地区已进入中度老龄化社会。

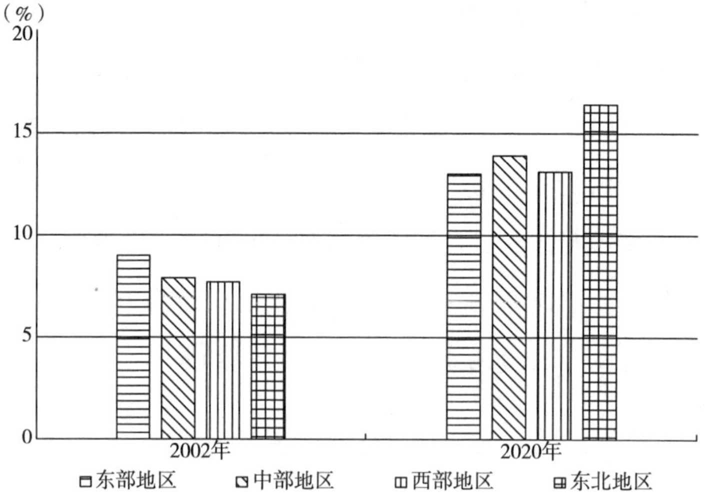


**图7-4　我国四大区域老龄化程度**

资料来源：全国第七次人口普查数据。

## （二）老龄化趋势

人口死亡率、人口迁移和育龄妇女生育率是决定人口结构及人口出生率的三大因素，其中育龄妇女生育率是决定人口出生率的基本要素。本文采用国务院发展研究中心李建伟2018年构建的基于育龄妇女生育率和人口死亡率的“中国人口结构模型”，模拟分析我国老年人口的发展趋势。

### 1. 老年人口规模“高增长”、结构“高龄化”和抚养“高负担”趋势将更加突出

2021年，我国65岁及以上老年人口20056万人，占全国人口的14.2%，进入中度老龄化社会。受老年人口基数大、历史生育政策惯性等因素影响，未来我国老年人口规模高、老龄化程度高、抚养比高的“三高”特征将更明显。模拟预测结果显示，2030年前后我国将进入重度老龄化社会，之后65岁

及以上老年人口仍会持续上升（见图 7–5），并且高龄化问题也将日益突出。2021 年我国 80 岁及以上高龄老人超过 3700 万人，占比 2.7%。预计 2030 年高龄老人将达约 6300 万人，占比 4.5%。同时，模拟预测结果显示，老年人口的快速上升，使我国老年人口抚养比预计在 2025 年前后超过少儿人口抚养比，养老负担日益成为劳动年龄人口负担的主要压力来源（见图 7–6）。

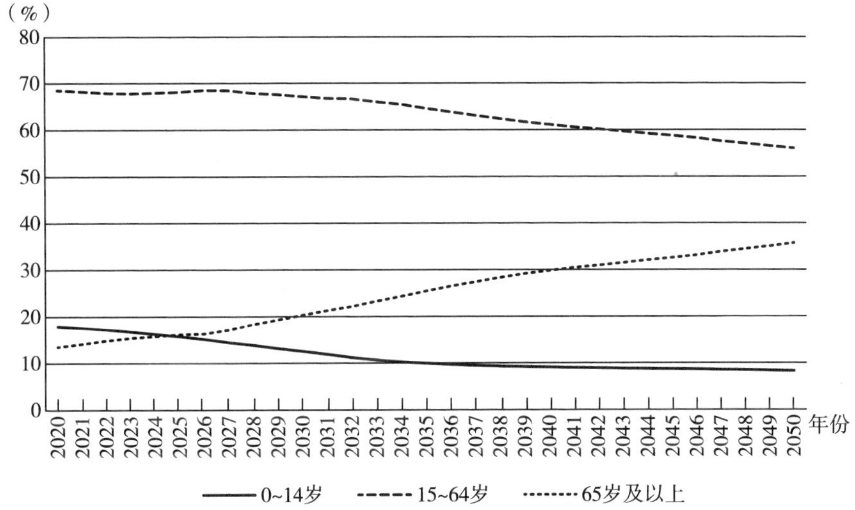


**图7-5　2020—2050年我国分年龄段人口占比模拟预测**

资料来源：国家统计局《中国统计年鉴》《中国人口和就业统计年鉴》，以及模型预测数据。

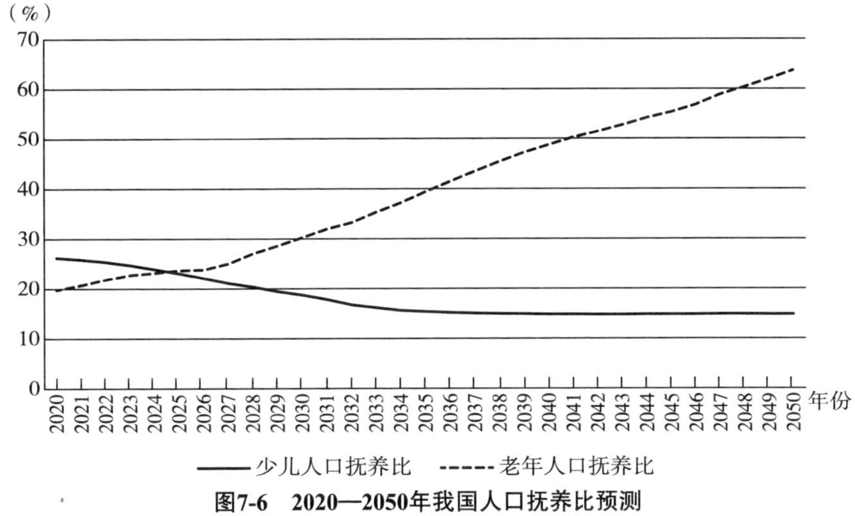


**图7-6　2020—2050年我国人口抚养比预测**

资料来源：国家统计局《中国统计年鉴》《中国人口和就业统计年鉴》，以及模型预测数据。

### 2. 老年人口逐步向城镇集中，农村老龄化问题将更加严峻

城镇化趋势主要取决于人口从农村向城镇转移，我国城镇化率已经从 2010 年的 50% 上升到 2021 年的 64.72%，65 岁及以上老年人口的城镇化率 2021 年达到 11.6%，随着城镇化的推进，未来城镇老年人口数量增长将快于农村。从人口结构模型模拟预测结果看，2030 年我国城镇化程度将达到 72.71%，城镇 65 岁及以上老年人口占比将达到 16.65%。但受年轻人口流失的影响，广大农村尤其是人口流出严重的农村的老龄化问题更加严重，农村的老年人口抚养比也将快速提升。根据人口结构模型模拟预测，2030 年我国农村老龄化率将达到 30.08%，老年人口抚养比将达到 49.32%；之后老年人口抚养比会更加迅猛上升，2040 年前后达到 100%（见图 7–7、图 7–8），届时一个成年劳动力将承担一个老年人的养老负担，农村的养老压力将格外沉重。而且由于年轻人口的流动机会更大，如果生育水平进一步降低，城镇的“虹吸效应”将更为明显，城乡抚养比的差异更大。

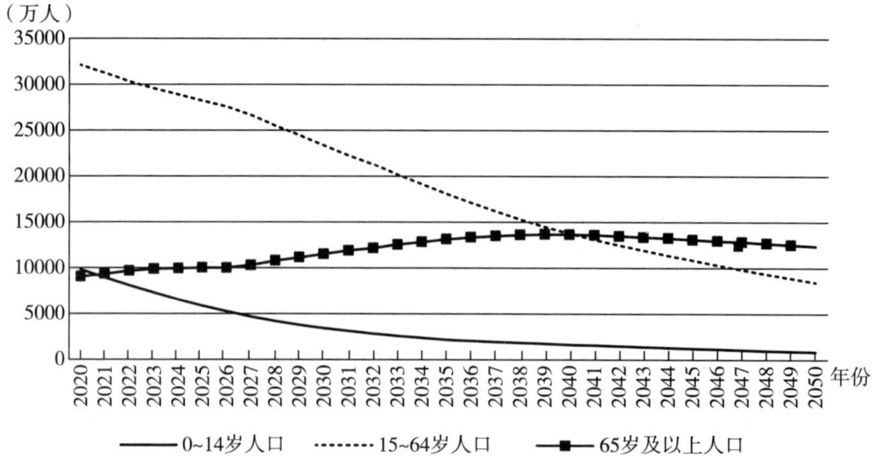


**图7-7　2020—2050年我国农村分年龄段人口规模模拟预测**

资料来源：国家统计局《中国统计年鉴》《中国人口和就业统计年鉴》，以及模型预测数据。

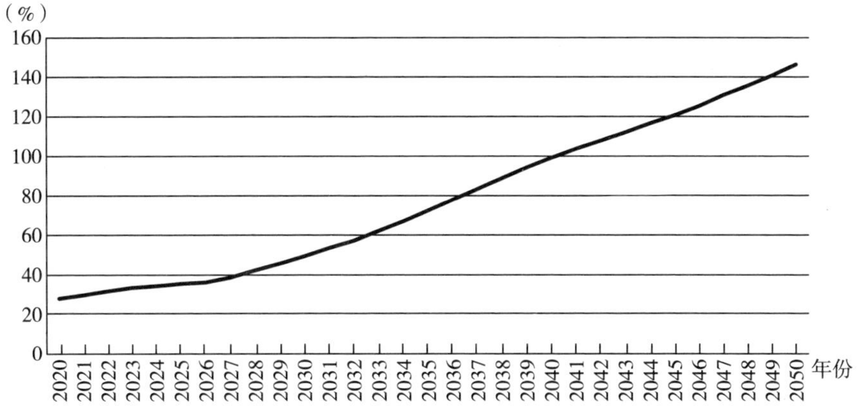


**图7-8　2020—2050年我国农村老年人口抚养比预测**

资料来源：国家统计局《中国统计年鉴》《中国人口和就业统计年鉴》，以及模型预测数据。

### 3. 人口老龄化的区域不平衡将进一步扩大

由于地域之间社会经济文化发展水平的巨大差异，我国东部、中部、西部和东北地区老龄化发展呈现出明显非均衡特点。根据模型预测，从人口老龄化的总体趋势来看，东部地区的人口老龄化差异性在降低，呈现收敛的发展趋势；东北、中部、西部地区的人口老龄化差异性在增加，呈现出扩大的趋势。区域间差异呈现不断收敛趋势，影响程度不断缩小，区域内差异呈现不断扩大趋势，影响程度不断扩大。从人口老龄化的长期发展趋势和演进规律来看，区域内差异要大于区域间差异。

### 4. 人口老龄化的省域分化趋势将更加明显

在省域层面，根据模型预测结果，未来两类省（区、市）老龄化程度会进一步快速加深。一类是工业化与城市化最早的省（区、市），老龄化将相对更严重，如东北三省。另一类是人口净流出比重较高的省（区、市），老龄化程度将相对更高。模型预测结果显示，到 2030 年 2 亿新增城镇人口的约 80% 将分布在 19 个城市群，约 60% 将分布在长三角、珠三角、京津冀、长江中游、成渝、中原、山东半岛七大城市群。相应地，北京、天津、河北、上海、山东等省（市）老龄化将略有减弱，而作为人口流出地的黑龙江、吉林、辽宁、安徽、贵州、云南等省老龄化将更加严重。但同为人口流出大省的河南，则因为城镇化率较低等原因，老龄化速度相对较慢。

## 二、老龄化带来的挑战

### （一）“压缩”劳动力供给增长空间，影响消费和投资活力，为经济持续增长带来较大压力

我国人口生育率持续低迷，人口老龄化程度持续加重，从长远来看，不利于人力资本的积累与质量提升，而家庭与社会养老负担的加重或将不可避免地挤占对下一代的教育投资，进而影响人力资本的持续积累。研究表明，人口老龄化间接地促进了居民消费，在一定程度上抵消了人口老龄化对生产性劳动力的负效应。但人口老龄化必将促成家庭消费支出结构的改变，奢侈性消费、家庭非耐用品消费、食品支出消费等都会降低，进而导致总消费减速。老龄化程度加深也不利于储蓄与投资增长。总体来看，老年群体储蓄能力较弱，居民储蓄规模与储蓄率都难以再长期保持在较高的水平，同时医疗和养护负担的增加进一步“压缩”国民收入中用于生产性公共投资的增长空间。研究显示，人口老龄化率对经济增长存在三个显著的中介变量，即劳动生产率、劳动参与率和劳动年龄人口比重。在考虑了空间溢出效应后，我国人口老龄化对劳动参与率的影响依然显著为负。当然，人口老龄化也会带来一些跟养老、家庭照料相关的新兴产业，其经济增长效应有待评估，但短期内可能不利于经济增长。

### （二）社会活力减弱，国家创新能力和国际竞争力受到挑战

从社会活力来看，当国家处于人口老龄化日益加重的发展态势时，受身体素质、心理状态、家庭负担等因素的影响，老年人的活跃度显著低于

年轻人，国家的经济、社会、科学、文化、体育等各领域活力将减弱。从国家创新能力来看，人口老龄化社会一方面会出现劳动力减少现象，劳动力年龄结构持续老化，这不利于提升国家创新能力；另一方面，老年人消费水平整体不高，特别是对新产品消费需求低，这将抑制社会创新动力，长期来看，会降低国家创新能力。从国际竞争力来看，人口老龄化将导致我国“人口红利”快速消失，劳动力成本上升。我国丰富且低廉的劳动力优势不再，国际竞争力相对减弱。

### （三）养老金缺口增大，社会保障制度可持续性面临严峻考验

2020 年，我国社会保险基金预算收入为 7.21 万亿元，加上从全国社会保障基金调入的 500 亿元，收入总量为 7.26 万亿元；全国社会保险基金预算支出 7.88 万亿元，存在基金缺口 0.62 万亿元。这成为有历史数据以来首次出现的当年收支缺口。剔除财政补贴，社会保险基金收支实际结余连续 8 年为负。养老保险在社保体系中占比 70%，2020 年养老保险基金实际盈余为 –0.59 万亿元，实际盈余同样连续 8 年为负。当前社保基金缺口主要在于历史欠账，即计划经济时代国企办社会，部分人群未在退休前缴纳保险费，但退休后享受养老金发放福利。2017 年 11 月国务院发布《划转部分国有资本充实社保基金实施方案》，要求 2020 年年底之前划转企业国有股权的 10% 补充社保。但随着人口老龄化程度不断加深，养老金缺口将日益凸显，这也是全球面临的普遍难题。从中国城镇职工基本养老保险基金看，中国累计结余可支付时间从 2012 年的 18.5 个月逐渐下降至 2018 年的 13.7 个月，抚养比（在职人数 / 退休人数）降至 2.55。2020 年有 22 个省份入不敷出，其中，黑龙江养老保险基金从 2013 年开始持续入不敷出，2016 年以来累计结余转负。

### （四）慢性病医疗需求增加，养老护理服务供给“缺口”将进一步扩大

老年人具有高患病率、高伤残率、高医疗利用率的特点。研究发现，我国老年人慢性病患病率为76% ~ 89%，约有63.5%的老年人都患有1 ~ 3种慢性病，老年人是“三高”、冠心病、脑血管病等慢性疾病的高发人群。尤其慢性疾病在老年人群体中的患病率比其他群体更高，患病程度更加复杂。正是由于老年患者的问题往往多而复杂，其医疗需求就不仅仅是疾病的诊疗，相当大的需求集中在康复服务、健康咨询指导服务、定期体检等方面。随着人口预期寿命延长，老年照料服务需求正在迅速扩大，但各地养老服务体系的发展还很不充分、不平衡，老年照料服务供给不足正在成为日益凸显的社会问题。特别是广大中西部地区和农村，老年人口抚养比普遍都很高，抚养负担沉重，存在较大的养老服务缺口。可以说，“未富先老”使中国的养老问题比较棘手。根据江苏省淮安护理学院的测算，按照国际养老护理人员配比标准，我国目前至少需要1560万名护理人员，而现有养老护理从业人员数量远远不能满足养老服务需求，养老护理人员缺口巨大。

## 三、应对老龄化存在的短板

### （一）家庭养老功能弱化

随着生育水平的持续降低，家庭结构呈现出核心化、小型化、空巢化等特点。例如，2020年全国平均家庭人口规模仅为2.62人，比改革开放初期1982年的户均人口减少1.79人。平均家庭人口规模的下降势必弱化家庭养老的功能。此外，由于家庭少子化趋势的强化以及老年人口规模的快速增加，独居和空巢老年人家庭等高风险家庭逐步增多。据预测，2050

年我国 65 岁及以上空巢老年人占总人口的比例与 2000 年相比，有 13 个省份为 5 ~ 10 倍的增长，18 个省份为 3 ~ 5 倍的增长；2050 年 65 岁及以上独居老人占总人口比例与 2000 年相比，有 18 个省份为 5 ~ 13. 5 倍的增长，13 个省份为 3 ~ 5 倍的增长。这势必会进一步降低家庭养老的功能，无形中加大了社会化养老的压力。

## （二）养老服务问题突出

养老服务供需脱节，结构性矛盾突出。我国老年人口规模巨大，需求呈现出个体化、细分化的明显特点，现阶段老龄事业与养老服务体系建设尚未完全重视老年人的客观需求，在慢病管理、机构和家庭专业护理服务、老年人营养配餐、老年人辅具用品开发和生产、心理慰藉、适老改造等方面推进速度较为缓慢，由此造成了养老供需不平衡的现实矛盾。

养老服务城乡、地区间差距大。2020 年第七次全国人口普查数据显示，由于改革开放以来人口迁移流动极为活跃，中青年劳动力大范围地从中西部地区流向东部、从农村流向城市，重庆、四川等中西部地区成为人口老龄化速度最快的省（市），远远高于全国人口老龄化的平均水平。与此同时，根据有关部门的人口预测，农村人口老龄化发展速度远快于城镇，城乡老龄化水平差异最高点将出现在 2033 年左右，人口老龄化率差值将可能达到 13.4%。此外，东中西部地区养老服务体系建设区域差别大，经济发展较快的东部和城市地区，其养老服务基础设施建设速度也较快，由此造成了我国养老服务体系建设地区及城乡差距较大，为东部地区及其城镇老年人提供的服务项目和设施要远多于中西部及农村地区，形成了地区间及城乡间养老服务体系建设的鸿沟。

### （三）养老金体系亟待完善

养老金体系结构不均衡。从制度建设来说，我国已初步建立起了三支柱养老金制度框架，然而第一支柱基本养老保险制度缴费率过高、第二支柱企业年金税优政策不到位等导致雇主能力不足或积极性不高，使我国第二支柱企业年金进展缓慢，近年来新增企业和员工数量近乎停滞，而新建立的职业年金制度仅能覆盖机关事业单位群体；第三支柱个人养老金制度刚刚试点一年，参与人数也极其有限，且原计划在 2019 年 5 月 1 日全面推开的第三支柱个人养老金计划由于多种原因并未按期落实。整体来看，目前我国养老金体系仍主要依赖于第一支柱。

养老金财务不可持续。养老金体系结构不均衡导致我国养老责任仍主要依赖于第一支柱。从理论上讲，我国第一支柱基本养老保险制度是一种现收现付与完全积累相结合的制度，但是从实际运作来看，由于转轨成本没有很好地得到处理，完全积累的个人账户被挪用形成了空账，造成实际上我国基本养老保险依然是一种纯粹的现收现付制度。那么，对于现收现付制的养老金制度而言，伴随着人口老龄化的不断加深以及人均预期寿命的延长，养老金制度赡养率也将不断提高，这意味着领取养老金的人数将不断增加，而制度内缴纳养老保险费的年轻人在不断减少。如果保持现有养老金制度不变，未来我国养老金体系将面临巨大的财政负担和不可持续的风险。

## 四、应对人口老龄化的政策建议

我国人口老龄化是不可逆转的客观趋势，必将对我国经济社会发展产生全局性、长期性重大影响。以系统性思维应对老龄化成为关系我国到 2035 年基本实现社会主义现代化的重大战略问题，必须采取系列综合措施，有效加以应对。

## （一）统筹经济社会与人口协调发展，加强应对人口老龄化顶层设计

### 1. 以积极态度应对我国人口老龄化

树立积极老龄观，高度重视、主动适应人口老龄化的客观趋势，科学把握经济社会和人口发展大趋势以及老龄化规律，从经济、社会、政治、文化等各个领域作出系统性安排，最大限度减缓人口老龄化的负面影响、挖掘人口老龄化给国家发展带来的机遇。积极看待老年人和老年生活，进一步弘扬尊老、爱老和助老的良好社会风尚，引导老年人释放社会正能量，继续贡献社会和实现自我，充分发挥老年人在传递传统美德、传授人生经验和专业知识、维护社会和谐稳定等方面的积极作用。

### 2. 加强应对人口老龄化顶层设计

将以往涉老公共政策重点从事后补救转向事先防范，基于人口老龄化的变化趋势及其阶段性特点来加强涉老公共政策体系设计的前瞻性、系统性、全局性与战略性。深入分析我国人口老龄化对经济社会发展的短期、中期和长期影响，从我国改革发展稳定的全局高度，以实现中华民族伟大复兴的战略眼光，科学确定应对人口老龄化各阶段的任务和目标。近期，应侧重于结合应对经济下行压力加大、防范社会风险，确保特殊困难老年人（如贫困、失能半失能等老年人）的基本生活，并解决其照料问题；中期，应侧重于创新和完善应对人口老龄化的体制机制，包括养老保障和服务体系、医疗卫生服务体系及资金投入机制、老年人权益保障等方面；长期，应促进我国人口与经济社会、资源环境等方面的协调发展。

### 3. 发挥多元主体力量创新老龄化社会治理体系

应充分发挥政府、老年人自身及家庭、社区、社会组织、企业等多元

主体的力量，合作共治、共享共赢。政府责任应定位于完善相关制度和政策体系，为老年人提供基本的社会保障，保障老年人权益，维护老年人尊严，促进代际公平。同时，引导老年人保持积极进取、老当益壮的健康心态，加强家庭建设、巩固家庭养老基础地位。提升社区建设水平，增强基层社区的养老依托功能。鼓励和引导社会组织、企业等根据市场需求提供多元化、多层次的养老服务。

### （二）建立健全生育养育教育完整体系，提升人力资源供给质量和效率

#### 1. 鼓励生育，降低生育养育成本

在我国老龄化形势日趋严峻的当前，孤立看待老龄化问题是不够的，必须站在维持人口均衡增长的战略视角来审视。长期来看，只有生育率维持在一定水平才能满足未来劳动力有效供给和创造更多的社会财富，并为老年人提供更好的服务。因此，生育政策的总体取向应从限制生育转向鼓励生育，让生育权回归家庭自主，加快构建完整生育养育教育支持体系，实现人口长期均衡优质发展。要建构新型家庭伦理和生育伦理，从基础层面强化生育意愿。要探索实行差异化的个税抵扣及经济补贴政策，覆盖从怀孕保健到18岁或学历教育结束。要加大托育服务供给力度，大幅提升0~3岁儿童入托率，并对隔代照料发放补贴。要提高各行业职工的生活质量和工作效率，全面落实八小时工作制，解决广大各类从业者闲暇时间和家庭时间不足的问题。要降低社会全体成员生活成本，特别是要针对有孩家庭在改善住房条件方面给予政策倾斜，增加保障性租赁住房供给，降低贷款利率或首付比例。要进一步完善女性就业权益保障体系，并对企业实行生育税收优惠，加快构建生育成本在国家、企业、家庭之间合理有效的分担机制。加强保障非婚生育的平等权利。加大教育医疗投入，保持房价

长期稳定，降低抚养直接成本。

**2. 挖掘人口数量、素质等综合红利，提升人力资源供给质量和效率**

与发达国家相比，我国综合抚养负担相对较轻，且具有人口规模、劳动力比较优势，同时人口综合素质大为改观，收获质量型人口红利的基础正在强化，应积极推动科技创新，构建与人口老龄化相适应的现代化经济体系，挖掘人口数量、素质、健康等综合红利。根据人口年龄与社会劳动力结构变化，改革劳动就业制度，统筹处理社会就业与养老之间的矛盾。不断完善退休制度，加快老年人力资源的开发与利用，倡导形成“寿命更长、工作更长”的积极就业观，完善劳动就业法律法规，提供老年人工作就业、教育培训等针对性服务，鼓励老年人积极参与社会经济活动，促进发挥老年人的潜力。建立科学的代际利益协调、权益保障、矛盾处理机制，不断推动社会各个年龄群体平等分享社会资源、共享社会利益、共担社会责任。

### （三）发展老年产业，制定与老龄化相适应的财税政策

**1. 积极发展老年产业，推动“银发经济”发展**

主动引导企业和社会有针对性地发展各类老年产业，推动形成国民经济持续稳定增长的产业门类，充分发挥市场的决定性作用，实现供给与需求的动态匹配。围绕适合老年人的衣、食、住、行、医、文化娱乐等需要，支持企业积极开发安全有效的康复辅具、食品药品、服装服饰等老年用品用具和服务产品。开发老年人健康养生、休闲旅游等服务产品，丰富老年人晚年生活。开发老年住宅、老年公寓等老年生活设施，提高老年人生活质量。引导和规范商业银行、保险公司、证券公司等金融机构开发适合老年人的理财、信贷、保险等产品。科学规划，完善和细化老年健康产

业投资和营商政策，作出明确的法律规定，形成风清气正的市场环境和井然有序的市场秩序，从法律上支持和保障老年健康产业发展繁荣。

### 2. 完善与老龄化相适应的财政政策

为应对人口老龄化，逐步将财政政策的目标调整到提高劳动生产率上，研究并掌握人口波动对消费和投资结构的影响，充分发挥政策激励的灵活性，积极发展科技创新型现代产业，增加国民收入和政府财政收入。以“改善民生、满足民众对公共产品需要”为主要目标优化财政支出，明确财政支出的定位，根据社会经济发展的实际情况进一步优化公共资源配置，做好公共财政收支分配工作。保证财政在老龄事业领域的投入力度，建立财政对老龄事业投入的稳定增长机制。

### 3. 完善与老龄化相适应的税收政策

根据我国人口老龄化情况，调整产业结构以应对人口老龄化所带来的产业结构变化，并据此调整税收政策目标。借鉴并吸收西方发达国家在应对人口老龄化方面的宝贵经验，结合我国社会经济发展和社会变革的实际情况，进一步完善税制结构，积极开拓新的税源，通过税收减免、先征后减等政策扶持相关老年产业发展。提高个人所得税征收起点，探索以家庭为单位计征所得税。

## （四）推进养老服务供给侧结构性改革

### 1. 提升养老服务供需匹配度，建立多层次养老服务体系

坚持“党委领导、政府主导、社会参与、全民行动”，推动形成多元主体参与的共建共享养老服务格局。健全以居家为基础、社区为依托、机构为补充的多层次养老服务体系。改善居住条件，鼓励老年家庭成员就近居住或共同生活；完善家庭能力建设与可持续发展的支持政策，落实家庭成员赡养老人的法律责任和义务。强化基层社区的养老服务功能，把养老

服务纳入城乡社区的基本工作内容，探索建立社区养老网络体系，提高社区养老服务的能力；以经济困难老人、空巢老人、独居老人为重点，以上门服务和日托照顾为主要形式，大力推进重点人群的居家养老服务；完善居家养老服务配套设施，鼓励和支持社会资本与民间投资，扩大社区养老服务网点覆盖面和提升服务质量，特别是农村地区；大力推进“互联网+智慧养老”，建立养老服务信息化平台，精准对接老年人需求和养老服务资源，提升服务效率，打造“一刻钟”服务圈。公办养老机构功能定位为“保基本”，即优先满足失能半失能、失智、高龄等特殊老年人的机构养老需求；民办养老机构根据市场需要提供多元化、多层次服务。

**2. 完善养老服务人才培养体系，壮大养老护理人才队伍**

加强养老服务人才培养，发展专职、兼职和志愿者相结合的养老服务队伍。推动开展养老护理专业人才职业资格评价或职业技能等级认定工作，加快开发相应国家职业技能标准和评价规范，为引导、规范养老护理专业人才培养奠定基础。鼓励技工院校和高等院校开设养老相关专业。不断完善养老服务从业人员激励政策，建立养老服务褒扬机制，开展养老护理员关爱活动，让养老护理员的劳动创造和社会价值在全社会得到尊重。

**3. 加强城乡公共设施和环境适老化改造**

全面推进与老年人生活关系密切的公共场所和居民住宅区的无障碍设施建设与改造，扩大老旧社区和困难老年人家庭电梯、坡道等无障碍改造覆盖面，重点推进村镇无障碍设施建设和改造，为老年人提供安全、便利和舒适的生活环境。引导和支持老年宜居住宅开发，将老年公寓等服务型老年住宅建设、老年宜居社区建设纳入城市建设规划，明确配套比例和规模。营造适老化的生活居住空间，出台家庭装修适老化标准并推广执行，保障老年社区的健康环境和便利出行。将住房困难的低收入老年人纳入住房保障范围，并给予优先解决。

### （五）健全养老金筹资机制

#### 1. 完善养老保险筹资机制

完善更加公平可持续的养老保险体系，为老年人提供稳定无忧的健康养老保障。建成企业职工基本养老保险全国统筹信息系统，加快实现基本养老保险全国统筹。发展多层次、多支柱养老保险体系，大力发展企业年金、职业年金，规范发展养老保险第三支柱，推动个人养老金发展。完善养老保险、医疗保险筹资和待遇水平合理调整机制。

#### 2. 完善养老基金投资运营

加大基本社会养老保险基金的资金归集力度，做大全国社会养老保险基金规模。设立专门机构管理社会养老保险基金，增强投资管理机构独立性。扩大社保基金的投资范围，涵盖境外资产和私营经济领域。作好社会养老保险基金投资的前瞻性规划，适度拉长投资收益的评价周期。加强中长期投资策略研究，提升社会养老保险基金的风险管理水平。

执笔人：李建伟　李恒森

专题八

# 以更公平的收入分配构建和谐社会发展的基础

共同富裕是社会主义的本质要求，是中国式现代化的重要特征，是中国特色社会主义现代化的重大任务和历史使命。收入分配是共同富裕的核心，必须坚持以人民为中心的发展思想，坚持不懈地推进收入分配公平，形成人人享有的合理分配格局，推动和谐社会发展，助力高质量增长，促进共同富裕实现。

## 一、党的十八大以来我国收入分配改革的进展

党的十八大以来，党中央高度重视收入分配制度改革，提出了一系列理论发展和政策举措，取得了意义非凡的经验和成就。

### （一）收入分配改革的理论不断完善

党的十八大报告提出，初次分配和再分配都要兼顾效率和公平，再分配更加注重公平，并明确提出了“实现居民收入增长和经济发展同步、劳动报酬增长和劳动生产率提高同步”的“两个同步”，以及“提高居民收入在国民收入分配中的比重，提高劳动报酬在初次分配中的比重”的“两个提高”。习近平总书记在党的十八届二中全会上的讲话中指出，收入分配制度改革是一项十分艰巨复杂的系统工程，各地区各部门要充分认识深

化收入分配制度改革的重大意义，把落实收入分配制度、增加城乡居民收入、缩小收入分配差距、规范收入分配秩序作为重要任务，着力解决人民群众反映突出的问题[①]。党的十八届三中全会通过的《中共中央关于全面深化改革若干重大问题的决定》提出，扩大中等收入者比重，努力缩小城乡、区域、行业收入分配差距，逐步形成橄榄型分配格局。党的十八届五中全会通过的《中共中央关于制定国民经济和社会发展第十三个五年规划的建议》提出了共享发展理念，共享是中国特色社会主义的本质要求，必须使全体人民在共享发展中有更多的获得感，朝着共同富裕的方向稳步前进。

党的十九大报告提出了社会主义现代化建设“两步走”战略目标：2035年基本实现社会主义现代化，人民生活更为宽裕，中等收入群体比例明显提高，城乡区域发展差距和居民生活水平差距显著缩小，基本公共服务均等化基本实现，全体人民共同富裕迈出坚实步伐；本世纪中叶建成富强民主文明和谐美丽的社会主义现代化强国，全体人民共同富裕基本实现，我国人民将享有更加幸福安康的生活。在公平与效率关系上，党的十九大报告既讲“同步”也讲“同时”，提出坚持在经济增长的同时实现居民收入同步增长、在劳动生产率提高的同时实现劳动报酬同步提高，强调公平与效率有机统一。

党的十九届四中全会通过的《中共中央关于坚持和完善中国特色社会主义制度 推进国家治理体系和治理能力现代化若干重大问题的决定》指出，坚持多劳多得，着重保护劳动所得，增加劳动者特别是一线劳动者劳动报酬，提高劳动报酬在初次分配中的比重，完善了增收拉动内需、促进国内大循环的动力机制；提出健全劳动、资本、土地、知识、技术、管理、

---

① 《习近平：改革创新社会体制，促进公平正义，增进人民福祉》，中国共产党新闻网2014年8月12日，http://cpc.people.com.cn/n/2014/0812/c164113-25448723.html。

数据等生产要素由市场评价贡献、按贡献决定报酬的机制，完善了生产要素的内涵；提出重视发挥第三次分配作用，发展慈善等社会公益事业，强调三次分配在平衡收入分配关系、引导社会正风气正能量等方面的导向作用。

党的十九届五中全会明确指出发展不平衡不充分问题中包括了收入分配差距较大、民生保障存在短板，并提出人均国内生产总值达到中等发达国家水平、中等收入群体显著扩大、基本公共服务实现均等化、城乡区域发展差距和居民生活水平差距显著缩小等收入分配改革目标。

2021 年 8 月召开的中央财经委员会第十次会议指出，共同富裕是全体人民的富裕，是人民群众物质生活和精神生活都富裕，不是少数人的富裕，也不是整齐划一的平均主义，要分阶段促进共同富裕，进一步发展了共同富裕的内涵和衡量标准；提出建立科学的公共政策体系，形成人人享有的合理分配格局，同时统筹需求和资源，把保障和改善民生建立在经济发展和财力可持续的基础之上，重点加强基础性、普惠性、兜底性民生保障建设，为下一阶段收入分配改革指明了方向。

### （二）收入分配改革逐步细化，政策体系更加健全

中共中央、国务院《关于打赢脱贫攻坚战的决定》出台实施，历史性地解决了绝对贫困问题。中央管理企业负责人、公立医院医务人员、法官和检察官等薪酬制度改革分类推进，限制了垄断性行业过高收入，引导收入公平分配，也调动了具有专业技术性质岗位人员的积极性。对财政收支预算决算的监督得到加强，财务会计制度和审计进一步加强，打击灰色收入、腐败收入等违法高收入的力度大大增强，促进了收入分配秩序的规范。《中华人民共和国慈善法》颁布实施、《社会组织登记管理条例》修订、《中华人民共和国民法总则》规定社会服务机构法人定位等立法修法，

为优化再分配效能、引导三次分配提供了法律法规支撑。这一系列政策文件和法律法规的出台，形成了涵盖初次分配、二次分配、三次分配及相关配套改革的政策体系，而且政策的精准性、实操性全面强化，为深化收入分配改革、促进共同富裕实现作好了重要准备。

### （三）受益于我国收入分配改革理论和政策不断健全，收入分配改革取得了重大进展

一方面，从“做大蛋糕”看，“十三五”期间我国国内生产总值年均名义增量达到6.5万亿元，比“十二五”时期多出了1.0万亿元，居民收入与经济增长基本同步，农村贫困人口全部脱贫，实现了党的十九大报告所提出的“同时”和“同步”。另一方面，从“分好蛋糕”看，基尼系数从2012年的0.474下降到2019年的0.465，城乡居民、地区收入相对差距有所缩小；中等收入群体人数迅速增长，形成世界上规模最大的中等收入群体；完成了消除绝对贫困的艰巨任务，现行标准下9899万农村贫困人口全部脱贫，取得了举世瞩目的历史性成就。

## 二、我国收入分配存在的主要问题

### （一）初次收入分配差距大，制度不完善

一是收入分配差距仍处在高位，地区、城乡、行业之间收入相对差距有所缩小，但绝对差距仍较大。从2008年到2014年，受劳动者报酬“补涨”等因素影响，我国基尼系数出现了一个较长的下降周期，而2015—2019年虽然基尼系数上升，但有所波动（见图8–1）。从国际看，我国基尼系数排名中等偏上，与同期世界主要发达国家相比显著更高。

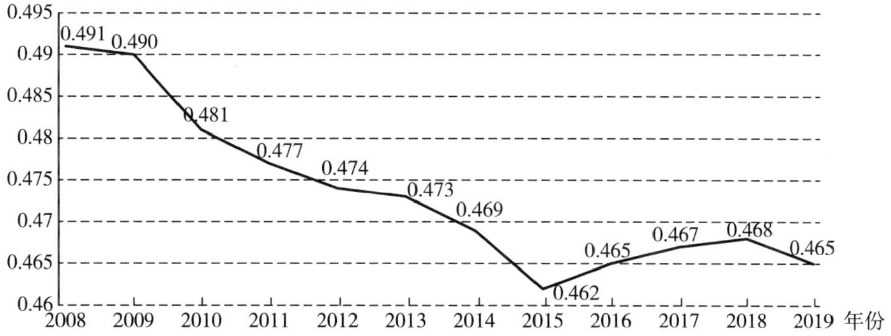


**图8-1　2008—2019年我国基尼系数变动**

资料来源：国家统计局。

2013 年以来，我国城乡收入相对差距保持了缩小的趋势，但绝对差距仍在扩大。2020 年城镇居民人均可支配收入 43834 元，农村居民人均可支配收入 17131 元，城镇是农村的 2.56 倍（见图 8–2）。

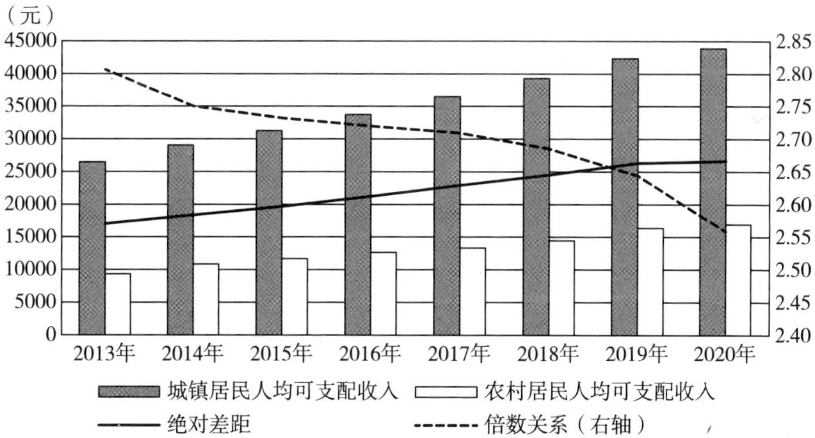


**图8-2　2013—2020年我国城乡居民收入水平及差距变动**

资料来源：国家统计局。

2013—2019 年，我国东部地区、中部地区、西部地区和东北地区这四大地区居民人均可支配收入的相对差距有所缩小，从 2013 年的 1.70 倍降到 1.64 倍；绝对收入差距则继续扩大，2019 年为 15453 元（见图 8–3）。省际居民可支配收入绝对差距更加显著，2019 年达到 50303 元。

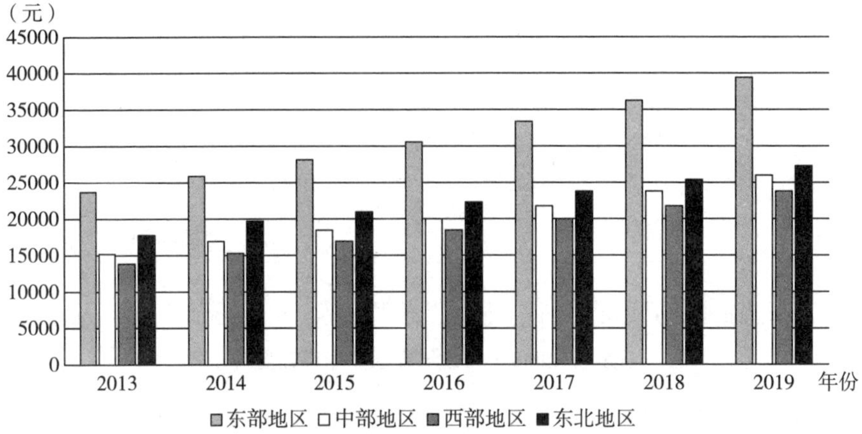


**图8-3　2013—2019年我国地区间居民人均可支配收入变动**

资料来源：国家统计局。

我国城镇非私营单位平均工资最高的行业（信息传输、软件和信息技术服务业）与平均工资最低的行业（农业、林业、牧业、渔业）相比，2013年为3.86倍，2019年为4倍，行业间工资差距仍呈扩大趋势（见图8–4）。群体间收入差距也呈现同样的趋势，人均可支配收入五等分分组中，2019年20%最高收入组和20%最低收入组的差距达到69020元，比2013年多出25966元。

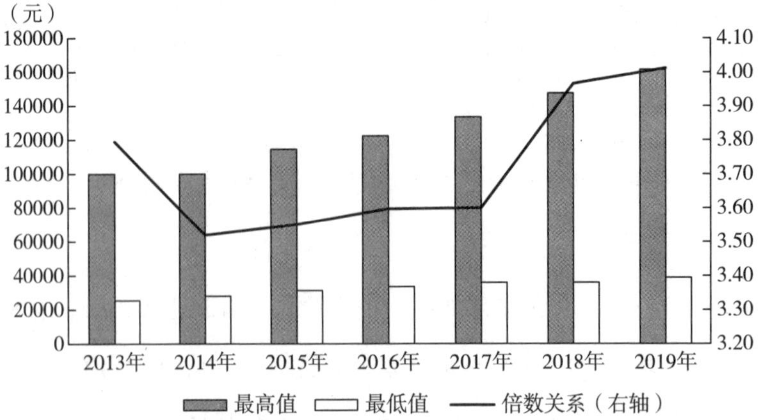


**图8-4　2013—2019年我国城镇非私营单位行业平均工资差距变动**

资料来源：国家统计局。

二是政府、企业和居民分配关系不合理，按要素贡献参与分配的机制还不健全。其一，政府部门可支配收入占比明显上升，由1992年的12.9%升至2018年的18.7%；企业部门占比略有上升，由19%增至21.8%；居民住户部门显著下降，由68.1%降至59.4%，其占比较低且长期下降的趋势尚未得到扭转。其二，保障劳动者报酬合理增长的机制还不健全，知识、技术、数据等要素按贡献参与分配的机制建设相对滞后，有的还处在探索阶段。

## （二）政府再分配职能存在不足，基本公共服务不平衡不充分问题突出

其一，我国税收结构中，个人所得税等直接税比重低，增值税等间接税比重偏高，缺少对财产征税的税种（如遗赠税），存在逆向调节，工薪劳动者个税起征点偏低、总体税负偏高，高收入人群缴税与其税负责任不匹配，个人所得税的收入再分配效应也较弱。其二，社会保障覆盖范围不足，中低收入群体参加社会保险还没有实现应保尽保。人群间因制度差异导致保障标准不同，如城镇职工、城镇居民与农村居民的养老、医疗保障水平差距较大。在筹资方面，责任分担机制和财政投入机制不合理不利于调节收入分配，保障待遇与缴费关联性较大，不利于贫困人口提高收入。在转移支付方面，最低生活保障还未完全做到“应保尽保”，保障水平偏低，尤其是在西部、偏远地区，受制于地方财政保障标准提高缓慢。针对儿童、老年人、弱势群体的补贴项目相比发达国家还有差距。其三，基本公共服务水平不高，发展不平衡。城乡区域间基本公共服务资源配置不均衡，服务水平差异较大；公共服务供给不足和利用不足并存，部分领域的服务满意度不高。部分人群公共服务供给显著不足，如养老服务的筹资机制还未建立，长期护理保险制度还处于试点阶段，托育、学前教育还处在

补短板的阶段，一些服务项目未覆盖和惠及全部流动人口和困难群体，如针对城市基本公共服务从业人员、大学生、农民工等群体的保障性住房，流动人口随迁子女属地化教育，等等。

### （三）三次分配机制不健全，作用不显著

社会力量参与的机制建设较为滞后，高收入群体和企业参与慈善事业的深度广度不足，动员社会力量参与扶老、救孤、恤病、助残、扶贫、济困、优抚等的社会氛围和群众基础还不强，民间捐赠、慈善事业、志愿行动等济困扶弱活动得不到应有的制度保障，存在激励机制不完善、积极性不高、供给不足的问题。慈善公益事业发展模式仍不健全，政府、社会和企业在第三次分配中的定位不清晰，部分领域环节还存在监管缺位、越位现象。慈善公益组织专业性、公信力和规范化程度不够，社会公众对捐赠、慈善行为仍有质疑。对于城乡低收入群体、优抚对象，存在老年贫困问题的群体，以及孤儿、困难家庭儿童、困难残疾人、重度残疾人等重点人群，补贴救助制度还有待完善。

### （四）分配秩序依然存在不规范、不公平现象，制度有待完善

一方面，人民群众对收入分配问题不满的一个重要原因是分配秩序不规范、不公平，非市场因素获利仍然存在，垄断资源、寻租腐败、走私贩私、偷税漏税等非法和隐性收入等问题比较突出，部分垄断性行业仍存在过高收入，导致分配结果不合理和贫富差距扩大。另一方面，劳动者报酬合理增长机制、对过高收入的调节机制、公共资源占用及收益分配机制等还需要进一步完善。

## 三、未来收入分配公平面临的挑战

### （一）高质量发展转型给收入分配公平带来的挑战

高质量发展之路是实现共同富裕的一个基础条件，关系到共同富裕的基础扎实与否。但也要看到，经济转型的过程中技术的影响突出，往往会出现高技能人群收入快速增长，而低附加值产业、低技术企业、低技能人群受到冲击的局面，特别是中低收入人群易面临就业机会萎缩、工资增长乏力的困难，不同技能水平群体的收入差距有可能扩大。而且，受老龄化等多方面因素影响，未来经济增速所处的区间很可能低于目前的水平，相应产生收入增幅结构性不平衡的问题；就业结构和劳动力市场产生变化，对现有的工资形成机制、社会保障制度等可能有很大冲击，低技能人群、大龄劳动者等承压群体需要就业缓冲；基本公共服务筹资水平增长也将受限，影响到教育、医疗、社保、住房、养老等服务的供给水平和可持续性。

### （二）新技术给社会平等带来的挑战

新能源、互联网、大数据、人工智能、3D 打印等新技术是推动制造业和服务业发展的核心动力。技术进步改变了生产要素组合的方式和形态，产生了创新性甚至是颠覆性的新产品、新服务、新商业模式，在增强经济增长动力、提升发展质量的同时，给全世界和我国生产生活方式带来极为深刻的变革。在教育、医疗、社保、养老、保障性住房等再分配重点领域，新技术也在发挥举足轻重的作用，是推进国家治理能力现代化的重要手段。在抗击新冠疫情的过程中，新技术证明了其远超传统技术的效力，成为稳定全球及各国产业链、价值链的核心因素，反过来也极大地加速了新技术在世界范围内的应用。不过也要看到，虽然新技术对效率提升有非常大的促进作用，但新技术特别是自动化、人工智能对制造业、服务业等就业机会的替代效应正在显现，对中低技能人群就业稳定和收入增长产生影响。城镇高技能人群则享受新技术带来的高质量就业机会及收入、财富快速增长的红利，经济聚集越集中、发展越快的地区越显著，这一点充分反映在信息技术、软件、金融等行业成为城镇收入最高的行业，从未来看这一趋势还将持续，对将收入差距控制在合理范围内、促进各个社会群体平等发展带来很大挑战。此外，教育、医疗卫生、养老等基本公共服务受制于资金、人才、机制等因素，先进技术的利用更加滞后，不利于更好共享发展成果。

### （三）新型城镇化带来的挑战

新型城镇化提升了城市发展质量和经济承载力，为城市发展经济、吸纳农村转移人口创造了更好的发展平台和更多更有质量的就业机会，涉及产业支撑、公共服务、人居环境、生活方式等方面的质量提升。但是，城镇化的进一步发展会加剧乡村的“空心化”趋势，乡村在人才、技术、资本等要素资源上的劣势将进一步放大，教育、医疗、住房、养老等公共服务受筹资水平差距、基础设施建设投入水平不同、服务人员能力水平差异等影响，可能会加大城乡差距。同时，新型城镇化发展过程中的生产要素聚集和优化、基础设施完善、基本公共服务加强等，客观上会引致城市房地产价格升高，导致房地产占有水平不同的市民在财富和收入方面的差距迅速拉大，而且也会显著抬高城镇化门槛，阻碍新市民融入城市，对未来缩小收入差距、实现共同富裕的整个大局产生不利影响。

### （四）老龄化给代际平衡和社保可持续性带来的挑战

老龄化是发达国家面临的一个普遍性的趋势和挑战，我国也遇到了同样的挑战，出现了基数高、增速高、抚养比高、高龄化、空巢化及超前于现代化的人口老龄化总体特征。而且相关研究和测算显示，由于目前人口生育率下降超过预期，老龄化冲击不仅是长期的，而且实际到来的时间很可能比之前预计的更早。从国际经验看，人口老龄化对劳动力市场规模有显著的冲击，而且会降低全要素生产率，这样，即使考虑到人口老龄化间接促进居民消费的影响，总消费增长仍然会减速。我国还处在向高收入国家门槛线迈进的阶段，未来居民储蓄规模与储蓄率受老龄化影响从长期看将下滑，而社保可持续性问题以及代际收入分配矛盾将会更加突出，医疗卫生、长期照料等支出又将增加，“未富先老”带来的压力还将加大。随着人口老龄化程度加深、老年抚养比增加，对预防和化解老年群体贫困、老年健康及养老服务提质扩容等提出了新的要求。

## 四、促进收入分配公平的原则和目标

### （一）基本原则

共同富裕是长期、艰巨、复杂的任务，收入分配公平又是其中最核心的组成部分，因此，在促进收入分配公平的改革发展中，必须遵循客观规律，坚持实践证明行之有效的原则，有所为有所不为。“坚持先富带动后富，逐步达到共同富裕”是改革开放取得的一项重大经验，符合经济社会发展规律和我国发展阶段，仍应坚持。坚持适度差距，承认个体在自然属性上存在客观差距，调动和激发创新创造的能力，实现更高水平更高质量的富裕，但也要将差距控制在小于自然属性差距的合理范畴之内。坚持消除两极分化，这是社会主义的本质，是共同富裕的目的，是促进收入分配公平必须坚持的原则。坚持效率与公平有机统一，既要不断提升效率、持续“做大蛋糕”，也要保障要素按贡献公平参与分配的权利，调动各方积极性和创造性。

### （二）阶段性目标

党的十九大和十九届五中全会明确了社会主义现代化国家建设进程的关键时间节点，在近期和中长期，促进收入分配公平在不同阶段应达到以下目标。

一是到 2025 年，人均收入水平进入高收入国家行列，收入分配更加公平，建立推动收入差距稳定缩小的机制，收入分配结构明显改善，基本公共服务均等化水平明显提高，实现偏橄榄型收入分配格局持续向橄榄型收入分配格局回归，基尼系数下降到 0.45 以下，共同富裕得到扎实推动。

二是到 2035 年，人均收入水平达到中等发达国家水平，人民生活更为宽裕，城乡、地区发展水平差距明显缩小，中等收入群体比例明显提高，居民生活水平差距显著缩小，基本实现基本公共服务均等化，橄榄型收入分配格局基本形成，基尼系数降至 0.4 以下，全体人民共同富裕迈出坚实步伐。

三是到本世纪中叶，人均收入水平达到富裕国家水平，实现基本公共服务均等化，居民收入和生活水平差距低于自然属性水平间的差距，中等收入群体占主体地位，在居民更加富足的同时形成更加公平的橄榄型收入分配格局，基尼系数保持在 0.3 左右，全体人民共同富裕基本实现。

## 五、促进收入分配公平的建议

### （一）改善初次分配，推动形成橄榄型收入分配格局

一是健全发挥各类生产要素活力的分配机制。进一步完善劳动、土地、资本、技术、管理、知识、数据等要素按贡献参与分配的机制，创新分配形式。要注重以知识、技术为导向的激励，促进资本、技术、管理、知识、数据等生产要素更加活跃，为高质量增长加强动能。

二是增强劳动者获取收入能力，推动中等收入群体壮大。在高质量增长过程中，初次分配要稳步提高劳动报酬的比重，应加快完善工资集体协商，以及行业性、区域性工资集体协商，推动与经济增速相适应、体现劳动力供求关系和企业经营效益的工资决定及正常增长机制，从底部推动中等收入群体扩面。推进高校和科研院所评价和薪酬制度改革，并同步引导企业参与，健全以科研成果为导向的评价标准，探索灵活多样的成果共享形式，加大对科研人员、专业技能人才的激励，从顶部拉动中等收入群体壮大。综合经济增速、物价变动等因素，完善工资指导性制度，动态调整最低工资标准，保障中等收入群体稳步扩大。

三是保障低收入群体生活水平，防止阶层固化。应总结脱贫攻坚经验，结合社会保障制度改革，适当提高最低生活保障水平。对土地、资本等生产要素的使用权、收益权适当提升发展成果共享的比例，保障中低收入群体收入增长。加大对低收入人群享有普惠学前教育、义务教育、职业教育、医疗卫生等基本公共服务权益的保障，保持社会流动渠道的畅通。

四是合理调节过高收入。对存在市场垄断、收入过高但又与国计民生、科研发展方向关系不紧密的行业和民营企业，应加强对其不当得利的限制和监管，抑制通过非市场因素获利，恢复和保持市场公平竞争的活力。对涉及垄断行业、过高收入的部分国有及国有控股企业，应坚持对企业工资总额、工资水平实施双重调控，逐渐缩小行业间工资收入差距。完善企业高管人员差异化薪酬制度，要与企业领导人分类管理以及选任方式相适应。

### （二）完善再分配机制，提升基本公共服务均等化水平

健全直接税体系，研究开征遗产税、赠与税等税种，弱化贫富差距代际传递。首先，健全居民财产信息登记制度，推进不动产实名登记全国联

网，完善包括不动产、金融资产、其他动产以及知识产权在内的个人财产登记和定期评估制度，没有申报的超过一定数额的财产应视为非法财产。借鉴美国国家税务局的报税抽查制度（每年抽查报税总数的0.5% ~ 1%），在立法和执行层面加大对偷税、漏税的处罚力度。其次，进一步完善综合与分类相结合的个人所得税制度，合理扩大综合征收范围，完善家庭申报制度，适度降低劳动所得最高边际税率，着重减轻中低收入者负担，加大对高收入者的征管和税收调节力度。再次，研究开征遗产税、赠与税等税种。随我国经济长期高速发展，遗产税征收条件趋于成熟，可考虑在条件合适的地区探索合理、适度、可行的起征门槛和分级累进税制，并对总遗产税制、分遗产税制等不同方式试点。可借鉴国际通行做法，赠与税与遗产税一同开设，并行征收，或将两者简化为单一税种。最后，作好风险评估和政策储备。如与更多国家和地区通过签订双边、多边协定防止重复征税和跨境偷漏税，防范开征遗产税后引起资本外逃；推进电子货币化、电子商务，加强现金管理等。

未来一个时期，基本公共服务均等化要突出前瞻性和科学性，依据人口数量、质量、结构、分布的变化和预测，合理配置基本公共服务资源。同时，根据需求和财力，尽力而为，量力而行，稳步扩展国家基本公共服务的内容和范围。以提质增效为导向，增加中央、省级财政在基本公共服务筹资中的比重，优化调整公共服务供给。

一是促进基础教育资源均衡配置。以“面向大众、收费较低、质量合格”为导向，鼓励地方因地制宜、科学谋划，千方百计扩大普惠性学前教育服务供给，切实降低家庭养育成本，为人口与生育政策转型提供更好支撑。持续推进乡村基础教育公平，既包括乡村小规模学校、寄宿制学校等硬件设施的提标和改建，也包括通过灵活多样的培训方式，加强乡村师资队伍的培训。着力解决进城务工人员子女上学难问题，在人口流入较多的城镇加快学校扩容增位，加大教育经费“费随人走”的探索力度。

二是提升医疗卫生服务的可及性和公平性。以乡村、基层为重点，综合推进医联体、医共体建设，引导医疗卫生资源向薄弱地区、薄弱层级倾斜，提升资源配置的均衡性。加强远程医疗、大数据、5G等的应用，提升基本医疗服务便利性。探索多种方式扩大城镇职工医保覆盖范围，稳步缩小职工医保与居民医保在筹资和待遇上的差距，探索个人自付封顶、重大疾病多元筹资保障，完善医保制度。

三是提升基本养老保险的统筹层次，增强可持续性。实行基本养老保险全国统筹，加强基本养老保险的可携带性，助力形成统一、有活力的劳动力市场。按照精算平衡原则，放宽灵活就业人员参保条件，稳步推进基本养老保险法定人群全覆盖，防范未来基本养老保险覆盖面不足引致的老年贫困问题。合理制定基本养老保险给付水平，扩大基本养老保险基金的筹资渠道，健全国有资本收益分享机制，适当提高中央企业国有资本收益上缴比例，防范基本养老保险基金出现“穿底”风险，探索基金投资运营制度。

四是加快养老服务体系建设。稳步扩大基本养老服务内容和范围，积极探索符合国情的长期护理筹资机制。养老服务体系建设坚持以居家、社区养老服务为主，加大社区养老服务基础设施建设和适老化改造，在未来养老服务压力较大的大中城市要适度提前地加强收住失能失智老人的护理型养老照料机构的建设。鉴于未来城镇化水平还将显著提升，通过引导、赋能，充分发挥乡村社区、家庭的功能，构建符合农村实际情况的养老服务体系。

五是扩大保障性租赁住房供给，着力解决新市民和青年人住房问题。积极推进公租房、共有产权房等保障性住房建设，巩固对传统对象的住房保障。在人口流入多、房价高的城市，应当单列计划，通过土地、建设等方面创新，积极扩大保障性租赁住房供给，相关市政设施、生活配套、基本公共服务配置等也要跟上，着力解决新市民、青年人、从事基本公共服务人员等群体的住房问题。

### （三）发展慈善事业，促进发挥三次分配作用

一是认真总结并大力弘扬中华传统文化中提倡互助共济、守望相助的慈善精神，加强慈善文化传承。学校教育中要将公益慈善作为德育的重要内容，通过依托社区、居民的评比奖励、舆论宣传等，倡导人人热心公益慈善的文化和社会环境。加强对行业、企业的引导，明确企业社会责任，促进企业关注公益慈善。

二是加强相关法律法规和制度建设。及时总结地方试点经验，研究推动慈善事业及社会救助立法，推动慈善捐赠税收优惠政策落地，鼓励慈善组织发展，倡导有条件的企业、个人和社会组织举办非营利学校、医院、养老服务机构等公益事业。对慈善组织特别是网络慈善平台要严格监管，推动公开透明，进一步加强公益彩票等管理。

三是加强对弱势群体的救助。健全城乡低收入群体基本生活保障标准与物价上涨挂钩的联动机制，提高优抚对象抚恤补助标准，建立健全经济困难的高龄、独居、失能等老年人补贴制度，完善孤儿基本生活保障制度和儿童生活救助制度，建立困难残疾人生活补贴和重度残疾人护理补贴制度。

### （四）多措并举，改善收入分配秩序

健全工资支付保障机制，切实维护劳动者合法权益，有力保障合法收入。加强对非税收入、工资外收入、行政公务支出等的清理，进一步规范隐性收入。坚持执法必严，违法必究，加大对制假售假、走私贩私、偷

税逃税、操纵股市、骗贷骗汇等经济犯罪活动的打击力度，实现常态化震慑，坚决取缔非法收入。加强相关信息化建设，建立健全包括社会信用体系、收入结算信息监测系统、个人所得税信息管理系统、城乡住户收支一体化调查等在内的信息化制度体系。

执笔人：李建伟　喻东　李恒森

专题九

# 以高标准市场体系为新发展阶段现代化建设提供动力支撑

建设高标准市场体系是在全面建设社会主义现代化国家新征程上加快构建新发展格局的一项重要战略任务。近年来，我国市场体系建设取得重大进展和明显成效，但是与现代化新征程上构建高水平社会主义市场经济体制的要求相比，市场体系建设仍存在不少短板。为此，要充分发挥市场在资源配置中的决定性作用和更好发挥政府作用，进一步完善高标准的市场基础制度，健全高效率的要素资源配置机制，优化高质量的市场发展环境，推进高水平的市场制度型开放，强化高效能的新型市场监管体系，激发市场主体活力，畅通市场循环，促进超大规模市场优化提升，为加快形成新发展格局、推动经济高质量发展提供动力支撑。

## 一、建设高标准市场体系对开启现代化新征程意义重大

建设高标准市场体系是一项重大的基础性改革，需要完善高标准的市场基础制度、健全高效率的要素资源配置机制、优化高质量的市场发展环境、推进高水平的市场制度型开放以及强化高效能的新型市场监管体系。这些对于新发展阶段推进全面建设社会主义现代化国家具有重要意义。

### （一）建设高标准市场体系是构建高水平社会主义市场经济体制的必然要求

党的十八届三中全会提出“使市场在资源配置中起决定性作用和更好发挥政府作用”的重大论断，有力促进了近年来经济体制改革的全面深化。进入新发展阶段，现代化建设的诸多重点领域和关键环节的改革任务更加艰巨，需要构建一个能够不断释放制度活力、激发市场潜力、保持社会创造力的高水平市场经济体制。党的二十大将“建设高标准市场体系”作为构建高水平社会主义市场经济体制的一项重要任务。建设高标准市场体系，特别是推动有效市场和有为政府更好结合，建立健全平等、全面的产权保护制度以及公平、透明的准入标准和竞争规则，有利于促进市场体系高效运行，助推高水平社会主义市场经济体制加快构建，为新发展阶段现代化建设提供坚实的制度保障。

### （二）建设高标准市场体系是加快构建新发展格局的有力支撑

构建以国内大循环为主体、国内国际双循环相互促进的新发展格局，是新发展阶段与时俱进提升我国经济发展水平和塑造国际经济合作竞争新优势的战略抉择。构建新发展格局必须建立强大的国内经济循环体系，利用好大国经济纵深广阔的优势，通过促进各类市场发展，把我国巨大的需求潜力转化为实际需求，并形成对全球要素资源的引力场；同时，还必须以国际循环提升国内大循环效率，改善我国生产要素质量和配置水平。建设高标准市场体系，通过疏通阻碍国内国际两个市场、两种资源联动的堵点，有利于发挥大国经济的市场规模效应和要素集聚效应，激发市场主体活力与创造力，贯通生产、分配、流通、消费各环节，为构建新发展格局提供有力的基础支撑。

### （三）建设高标准市场体系是推动经济高质量发展的重要动力

随着小康社会的全面建成，我国人均国内生产总值超过 1 万美元，开启了全面建设社会主义现代化国家的新征程，这也是我国迈向中等发达国家行列的重要时期。新发展阶段的一个突出特征就是更加注重高质量发展，要把推动发展的着力点放在提高质量和效益上，不断满足人民日益增长的美好生活需要。建设高标准市场体系，特别是形成市场主体公平竞争、优胜劣汰的高质量市场环境，有利于要素资源向先进生产力和优势主体集聚，推动供需更高水平动态平衡和社会生产力水平整体跃升，加快实现经济发展的质量变革、效率变革和动力变革。

### （四）建设高标准市场体系是应对百年未有之大变局的现实需要

当今世界正经历百年未有之大变局，全球经济治理体系发生深刻变革，国际经贸规则面临重构，全球“规则之争”“制度之争”日趋激烈。建设高标准市场体系，特别是把握经济全球化大势、积极稳妥推进高水平制度型开放，有利于我国进一步增强相关体制机制对国际高标准经贸规则的适应性，在日益显现的多极化格局中占据有利地位，为参与全球经济治理赢得主动，推动国际秩序总体朝着有利于我国和世界健康发展的趋势演进。

## 二、近年来我国市场体系建设取得重大进展和成效

随着经济体制改革的不断深化，我国市场体系建设取得重大进展和明显成效，市场基础制度建设加快，要素市场化配置机制不断建立，市场发展环境逐步向好，市场开放水平持续提升，事中事后监管明显加强。

## （一）市场基础制度建设加快，对市场主体发展起到重要促进和保障作用

一是产权保护相关法律制度进一步完善。我国在立法方面强化了对市场经济运行中各主体基本权利的保护，如2018年修正的《中华人民共和国宪法》明确规定“社会主义的公共财产神圣不可侵犯”“公民的合法的私有财产不受侵犯”。同时，《中华人民共和国民法典》作为新中国成立以来第一部以法典命名的法律于2021年起正式施行，其中明确规定“国家、集体、私人的物权和其他权利人的物权受法律平等保护，任何组织或者个人不得侵犯”。

二是市场准入负面清单制度在全国实施。在探索建立自贸试验区的过程中，我国将负面清单的概念从外资准入管理引入国内经济治理中，在市场准入领域确立了统一公平的规则体系。2016年，上海、天津、广东、福建率先开展试点；2017年，试点范围扩大到15个省市；2018年，试点正式在全国推开。目前，我国已发布5版《市场准入负面清单》，禁止准入和许可准入的事项数量由2018年的151条压减到2022年的117条（见表9-1）。总体上看，市场准入负面清单制度已形成了动态调整机制，根据改革总体进展、经济结构调整、法律法规修订等情况逐步完善，对激发市场主体活力起到重要促进作用。

**表9-1　《市场准入负面清单》中禁止和许可准入事项数量的变化**　单位：条

| 类别和行业 | 2018年 | 2022年 |
|---|---|---|
| 一、禁止准入类 | 4 | 6 |
| 二、许可准入类 | 147 | 111 |
| （一）农、林、牧、渔业 | 9 | 10 |
| （二）采矿业 | 1 | 1 |
| （三）制造业 | 26 | 20 |
| （四）电力、热力、燃气及水生产和供应业 | 1 | 1 |

续表

| 类别和行业 | 2018年 | 2022年 |
|---|---|---|
| （五）建筑业 | 4 | 1 |
| （六）批发和零售业 | 11 | 7 |
| （七）交通运输、仓储和邮政业 | 12 | 7 |
| （八）住宿和餐饮业 | 1 | 1 |
| （九）信息传输、软件和信息技术服务业 | 5 | 4 |
| （十）金融业 | 11 | 9 |
| （十一）房地产业 | 1 | 1 |
| （十二）租赁和商务服务业 | 7 | 5 |
| （十三）科学研究和技术服务业 | 8 | 8 |
| （十四）水利、环境和公共设施管理业 | 9 | 5 |
| （十五）居民服务、修理和其他服务业 | 2 | 2 |
| （十六）教育 | 3 | 1 |
| （十七）卫生和社会工作 | 6 | 3 |
| （十八）文化、体育和娱乐业 | 11 | 7 |
| （十九）《政府核准的投资项目目录（2016年本）》明确实行核准制的项目（专门针对外商投资和境外投资的除外） | 10 | 10 |
| （二十）《互联网市场准入禁止许可目录》中的许可类事项 | 6 | 6 |
| （二十一）其他 | 3 | 2 |

资料来源：根据《市场准入负面清单》2018年版、2022年版整理而成。

三是市场公平竞争制度逐步健全。2016 年，国务院明确政策制定机关出台涉及市场经济活动的政策措施必须进行公平竞争审查。“十三五”期间，公平竞争审查制度已实现国家、省、市、县四级政府全覆盖，清理各类政策措施文件 189 万件，修订废止文件近 3 万件，审查新出台政策措施 85.7 万件，纠正违反审查标准的政策措施 4100 余件，维护了全国统一市场和公平竞争秩序。同时，修订后的《中华人民共和国反不正当竞争法》《中华人民共和国反垄断法》，新颁布的《中华人民共和国电子商务法》以及发布的《关于平台经济领域的反垄断指南》等，推动了我国反垄断与反不正当竞争相关法律法规的完善。

### （二）多样化多层次市场体系基本形成，要素市场化配置机制不断完善

近年来，我国各类市场全面发展，市场体系不断丰富和完善。从商品市场看，2010 年我国社会消费品零售总额突破 15 万亿元，此后保持较快增长，2021 年达到 44.1 万亿元（见图 9–1）。从国际上看，我国消费市场规模仅次于美国，为全球第二大消费国。更重要的是，商品市场覆盖范围和领域日益拓展，已形成生产资料和生活资料有机结合、期货和现货互为补充、批发和零售相互联通、线上和线下融合互动的商品市场体系。

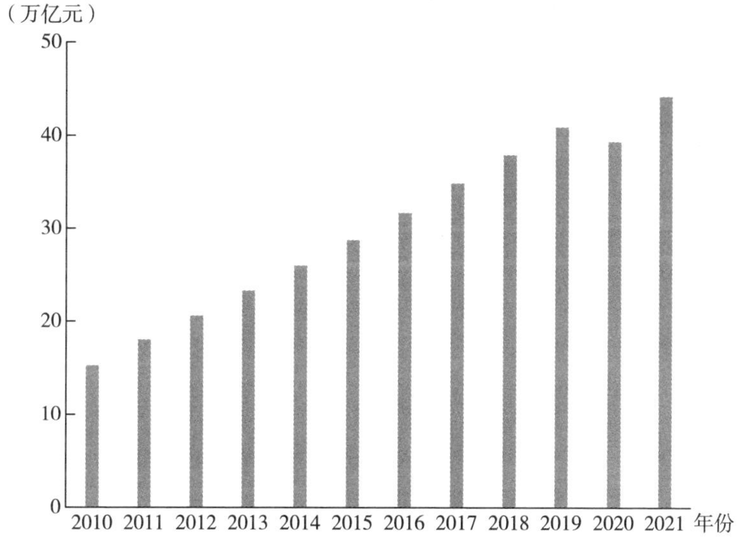


**图9-1　2010—2021年我国社会消费品零售总额的增长**

资料来源：国家统计局。

同时，我国要素市场规模也在快速扩张，多层次、多样化的要素市场体系逐步形成。从资本市场看，目前已建立了包括股票市场、债券市场、产权市场等在内的资本市场体系。从劳动力市场看，覆盖城乡、延伸到基层的公共就业服务体系基本形成，人力资源服务机构蓬勃发展，服务内容不断拓展。从技术和数据市场看，技术市场交易规模持续扩大，已成为我

国科技成果转化的主要渠道和重要平台。数据要素蕴含的巨大价值逐步释放，一些地方积极探索数据要素市场化配置，在数据立法、确权、交易等方面取得一定进展。从生态环境市场看，全国碳市场上线交易一年来累计成交额近 85 亿元，纳入发电行业重点排放单位 2162 家，年覆盖二氧化碳排放量约 45 亿吨，是全球规模最大的碳市场。

### （三）市场发展环境逐步向好，多元化市场主体数量跃居世界首位

近年来，我国“放管服”改革持续深化，营商环境创新试点初见成效，市场主体数量不断增长，呈现各类所有制市场主体共同发展的格局。2016 年，我国实有市场主体 8705.4 万户，2021 年突破 1.5 亿户，数量居全球首位。近年来，我国新登记市场主体数量逐年递增，2021 年达到 2887.2 万户（见图 9–2）。从企业法人单位情况看，2021 年国有企业单位数为 7.8 万个，私营企业单位数为 2628.8 万个，外商及港澳台商投资企业单位数为 28.2 万个，私营企业单位占全部企业单位总数的 91.7%。

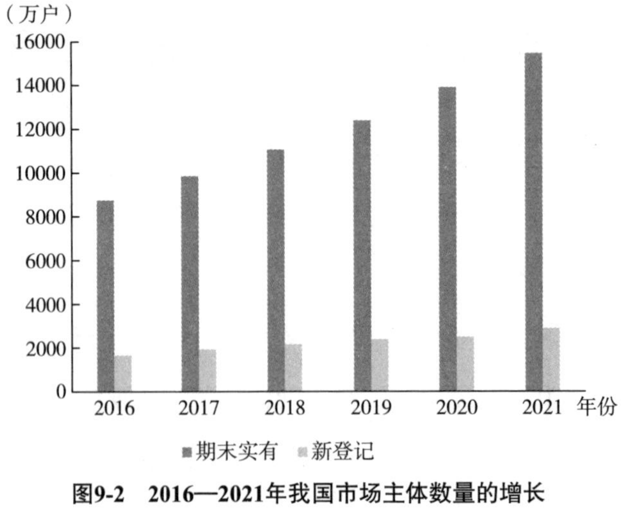


**图9-2　2016—2021年我国市场主体数量的增长**

资料来源：国家市场监督管理总局。

我国商品和服务质量也在不断提升。据调查，2021 年全国 100 个城市消费者满意度总体处于良好水平，综合得分连续 4 年有所提高，特别是在消费知情权、自主选择权、明码标价等方面的满意度提升幅度较大。[①] 一批国货品牌依靠技术创新、商业模式创新等得到越来越多消费者的认可。2021 年，我国进入世界品牌 500 强的品牌数量达到 44 个，稳居全球第 4 位。

### （四）对外开放水平持续提升，市场吸引力明显增强

2021 年是我国加入世界贸易组织（WTO）20 周年。20 年来，我国对外开放不断深化，形成全方位、多层次、宽领域的全面开放格局，超大规模市场的吸引力越来越大，为各国企业发展提供了广阔空间。2001 年，我国货物进口额仅有 2435.5 亿美元，2021 年达到 26886.3 亿美元，年均增长 12.8%，占全球的比重从 3.8% 上升到 11.9%（见图 9–3）。我国服务进口额增长同样迅猛，由 2001 年的 392.7 亿美元增长到 2021 年的 4413.1 亿美元，年均增长 12.9%，占全球的比重从 2.6% 上升到 7.8%（见图 9–4）。

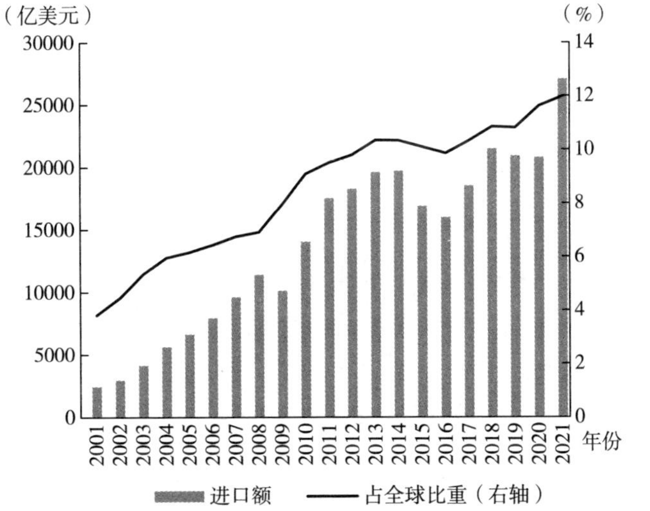


**图9-3　2001—2021年我国货物进口额及其占全球比重**

资料来源：WTO数据库。

① 中国消费者协会：《2021年100个城市消费者满意度测评报告》，2022年。

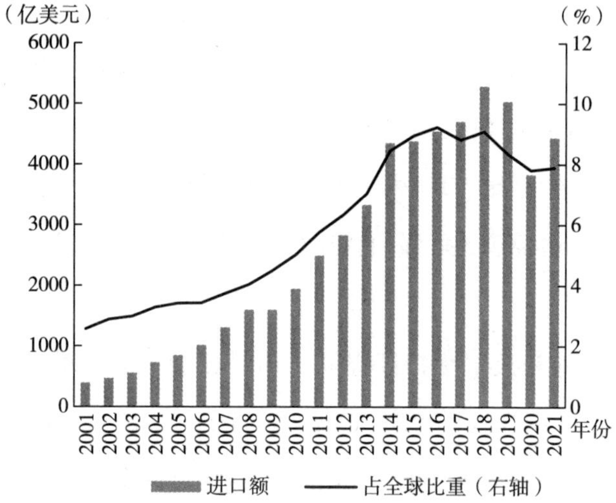


**图9-4　2001—2021年我国服务进口额及其占全球比重**

资料来源：WTO数据库。

随着我国融入全球化进程的加快，外商直接投资实际使用额也从 2001 年的 468.8 亿美元增加到 2021 年的 1809.6 亿美元，年均增长 7%，占全球的比重从 6.1%上升到 11.4%（见图 9–5）。

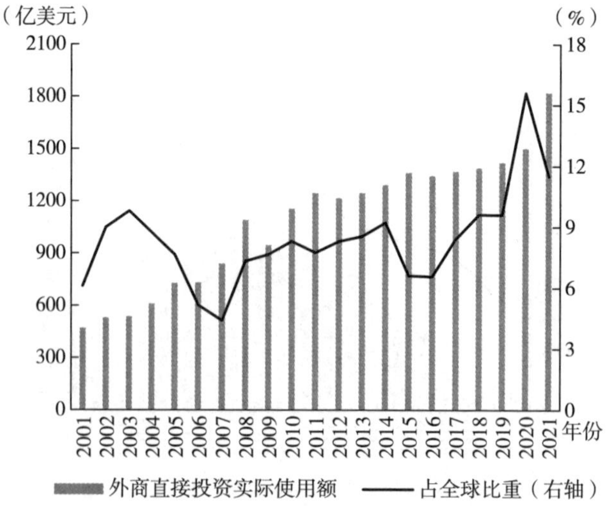


**图9-5　2001—2021年我国外商直接投资实际使用额及其占全球比重**

资料来源：联合国贸易和发展会议（UNCTAD）数据库。

### （五）事中事后监管明显加强，市场秩序不断规范

2018 年，国家机构改革后成立了国家市场监督管理总局反垄断局，由反垄断局承担统一的反垄断执法职能；2021 年又新挂牌成立了国家反垄断局，表明我国竞争政策相关管理体制进一步强化，对保障市场公平竞争具有重要推动作用。2019 年，国务院进一步明确在市场监管领域全面推行部门联合“双随机、一公开”监管，对于规范市场监管执法行为、减轻市场主体负担起到促进作用。同时，我国还建立了以信息归集共享为基础、以信息公示为手段、以信用监管为核心的新型监管机制，强化了企业自我约束功能；依托全国信用信息共享平台，建立了政府部门间的信息共享与联合惩戒机制。通过信用监管机制的建立，降低了政府监管成本，进一步促进了政府职能加快转变，有力保障了社会主义市场经济的健康发展。

## 三、新发展阶段推进现代化建设需要弥补高标准市场体系的短板

与现代化新征程上构建高水平社会主义市场经济体制的要求相比，当前我国市场体系建设还存在不少短板。

### （一）高标准的市场基础制度有待完善

从产权制度看，完善的产权保护制度是高水平社会主义市场经济体制的基础保障，也是高标准市场体系建设的重要前提。当前，我国虽然建立起各类产权的保护制度，但司法执法标准不一、执行不到位等问题时有发生，在依法平等保护各类所有制经济产权、不同类型产权领域仍有薄弱环节，知识产权侵权违法成本低、维权成本高等问题较为突出。

同时，平等准入制度方面的一些难点问题有待破除。例如，市场主体

投资还面临不少显性和隐性的准入障碍，“玻璃门”“弹簧门”现象较为严重，市场准入负面清单有待进一步缩减，不少市场主体仍遇到“准入不准营”等困扰。

此外，公平竞争审查制度以及反垄断和反不正当竞争执法有待加强。一方面，公平竞争审查范围不够全面，采取自我审查为主的模式，审查质量不高，约束力不强。一些地方仍存在对外来企业、商品和服务设置市场壁垒的问题，在招投标、采购、项目审批等方面向本地注册企业倾斜，破坏了市场公平竞争和全国统一大市场。另一方面，反垄断执法标准不统一、执法行为不规范、中央和地方反不正当竞争执法授权机制不健全等问题不同程度地存在，反不正当竞争执法权较为分散，直接影响了竞争政策实施效果。

### （二）高效率的要素资源配置机制还不健全

虽然近年来我国推进供给侧结构性改革成效明显，但还存在市场主体退出机制不健全、数据要素市场建设滞后等问题。

退出机制不健全的典型事例是“僵尸企业”。现阶段“僵尸企业”的存在与部分行业产能过剩密切联系，退出渠道不畅、配套措施不完善等导致“僵尸企业”难以退出，影响要素资源的配置效率，不仅会降低市场主体活跃度，弱化市场的自我修复和自我调节功能，也会占用创新资源，降低创新要素流动性。

再就是数据要素市场建设滞后。在经济发展的不同阶段，不同要素的地位和作用是不一样的。进入新发展阶段，在构建新发展格局中，新的生产要素特别是数据要素无疑将发挥重要作用。但从目前情况看，我国数据要素市场的发育明显还不适应创新发展的要求，突出表现在数据产权法律界定存在空白、数据开放共享水平不高、数据要素市场交易机制不完善等方面，迫切需要加快改革步伐。

### （三）高质量的市场发展环境仍有薄弱环节

虽然近年来我国营商环境的全球排名明显跃升，但营商环境的市场化、法治化、国际化水平还有提升空间。一些地方涉及多部门、多环节的审批权限下放不配套、不同步，部分下放的审批权限基层难以承接，一些地方法治意识、规则意识、契约意识有待提高，对民营企业已承诺的土地、税收、用电、用水等优惠政策落实不到位。

同时，消费者权益保护制度仍不完备。2021 年，全国消费者协会组织受理的消费者投诉 104.5 万件，比 2016 年增长 59.9%，其中服务投诉量达到 51.7 万件，连续 5 年超过商品投诉量，比 2016 年增长 1.2 倍（见图 9–6）。与发达国家相比，我国消费者保护制度仍有不少短板，消费者权益保护法律法规不健全，在各类消费纠纷中，消费者往往处于弱势地位。

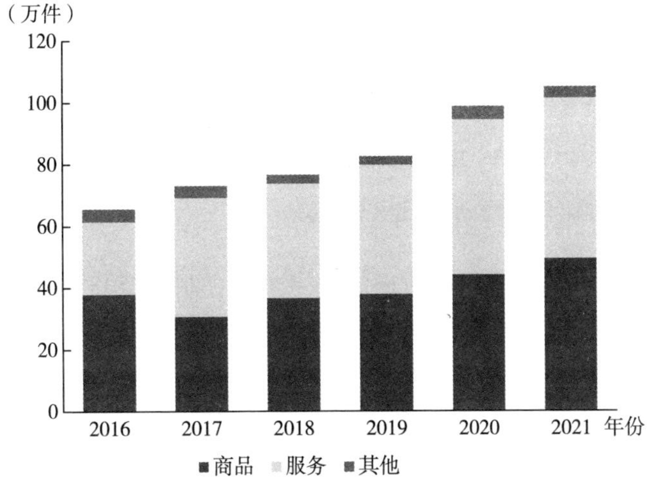


**图9-6　2016—2021年我国消费者协会组织受理消费者投诉量的增长**

资料来源：中国消费者协会。

### （四）高水平的市场制度型开放依然有较大潜力

与制造业相比，目前我国服务市场对外开放的领域有待拓展，开放水平有待进一步提高。以经合组织编制的服务贸易限制指数（STRI）① 来看，2021 年我国除了建筑设计、工程咨询、铁路货运、物流报关、批发零售、公路货运 6 个行业开放度略高外，其他服务行业的开放度与经合组织平均水平相比存在一定差距，与标杆国家② 相比服务市场开放度的差距进一步拉大（见图 9-7）。

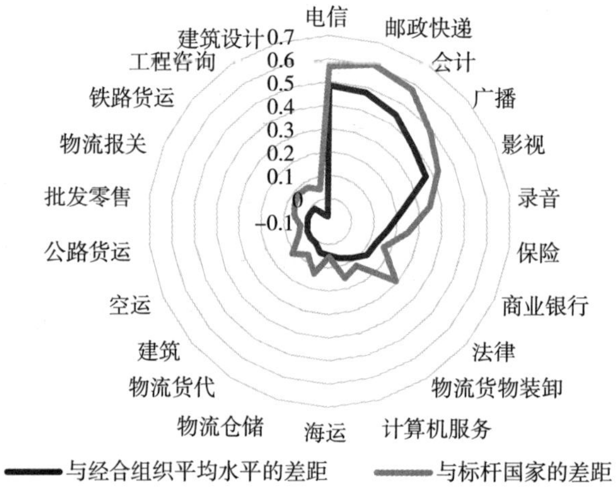


**图9-7　2021年我国服务业开放度的国际比较**

资料来源：根据经合组织的STRI数据库计算整理而成。

扩大国内市场高水平开放还需进一步推进制度型开放。从国际上看，

① 该指数是目前国际上衡量一国服务业开放度的客观评价指标，取值范围为0～1，数值越小表示开放度越高。这些数值是根据最惠国原则（不考虑优惠贸易协定），综合不同国家在外资准入限制、人员流动限制、竞争壁垒、监管透明度、其他歧视性措施5个方面的法律法规信息赋分计算得到的，涵盖38个经合组织成员国以及中国等12个发展中国家，涉及22个主要服务行业。

② 综合考虑经合组织的STRI对样本国家服务业开放度的评价情况以及各国服务业的竞争优势，确定我国各个服务行业扩大开放的标杆国家。具体来看，会计、影视、铁路货运、公路货运4个行业对标的是美国，广播、商业银行、批发零售、法律4个行业对标的是英国，空运、物流货物装卸、物流报关、物流货代4个行业对标的是法国，建筑设计、建筑、工程咨询、录音4个行业对标的是日本，计算机服务、保险、物流仓储3个行业对标的是韩国，邮政快递、电信2个行业对标的是德国，海运对标的是丹麦。

推动国内市场开放及相关制度改革，主要是通过法律法规“立改废”实现的。虽然在扩大开放中要先进行局部试点探索，但经实践证明行之有效、市场主体支持的成熟做法，需要及时上升到法律法规层面，变成约束力强的制度规范。同时，国内很多领域的规则、规制、管理、标准等还无法与国际市场有效对接，一些服务行业的强制性标准、技术规则不完全符合国际通行的原则和要求，部分标准内容存在重复，相互间缺乏协调，国内外的标准互认有待加强。

### （五）高效能的新型市场监管体系尚需加强

首先，高效能的市场监管体制机制和监管方式有待创新。部分领域多头执法、重复执法现象依然存在。对新业态、新模式的有效监管仍在探索中，监管能力、手段和经验不足，难以适应市场融合跨界发展的要求，特别是利用新兴技术加强事中事后监管、推进社会共治等方面缺乏有效的政策手段。

其次，与市场监管相关的法律法规或不适应新业态、新模式的发展需要，或在执行中存在配套法规不完善、与其他法律缺乏协调等问题，导致其尚未发挥应有效果。部分行业市场主体自主制定、快速反映需求的标准有效供给不足，有的行业标准没有适应市场发展要求及时修订，标准实施者参与意愿不强。

最后，社会信用体系发展有待加快。在信用信息标准建设上，目前国家尚未制定统一的信用信息采集、归集和分类管理标准，由各地区、各部门先行建设信用平台和出台相关标准，导致各地区、各行业的信用信息采集和信用平台建设标准有所不同。守信联合激励和失信联合惩戒机制也有待健全，信用信息结果还需加大应用力度。

## 四、以高标准市场体系推进新发展阶段现代化建设的政策建议

充分发挥市场在资源配置中的决定性作用和更好发挥政府作用，激发市场主体活力，畅通市场循环，建设统一开放、竞争有序、制度完备、治理完善的高标准市场体系，促进超大规模市场优化提升，为新发展阶段加快形成新发展格局、推动经济高质量发展提供动力支撑。

### （一）完善高标准的市场基础制度

一是全面完善产权保护制度。切实落实“两个毫不动摇”，着力在不同所有制经济产权平等保护上下功夫，在产权确立、产权实现上一视同仁。健全产权执法司法保护制度，完善归属清晰、权责明确、保护严格、流转顺畅的现代产权制度，贯彻落实《中华人民共和国民法典》，加强产权激励。强化知识产权保护，完善和细化知识产权的创造、运用、交易和保护规则，探索建立知识产权侵权快速反应机制。

二是全面完善市场准入负面清单制度。落实“全国一张清单”管理模式，完善市场准入负面清单动态调整机制，推动“非禁即入”普遍落实，建立健全简约高效、公正透明、宽进严管的行业准营规则，畅通市场主体对隐性壁垒的意见反馈渠道和处理回应机制。推进企业注销便利化，实施对未开业以及无债权债务非上市企业、个体工商户实行简易注销程序。

三是全面完善公平竞争制度。强化公平竞争审查制度的刚性约束，健全公平竞争审查机制，进一步明确和细化纳入审查范围的政策措施类别，探索建立公平竞争审查举报处理和回应机制。支持各种所有制主体依法平等使用资源要素，同等受到法律保护。完善平台企业垄断认定、数据收集使用管理、消费者权益保护等方面的法律规范，加强对自然垄

断环节的监管。

### （二）健全高效率的要素资源配置机制

一是推动经营性土地要素市场化配置。加快建设城乡统一的建设用地市场，建立同权同价、流转顺畅、收益共享的农村集体经营性建设用地入市制度。健全工业用地多主体、多方式供地制度，所有取得建设或工业用地使用权的主体都可以在符合国土空间规划的前提下，平等进入土地市场，通过公平竞价实现土地使用权转让。

二是推动劳动力要素有序流动。深化户籍制度改革，逐步实现城市群内户口通迁、居住证互认制度。进一步推动公务员制度和事业单位的改革，推进住房、社会保障制度改革，促进人才社会化流动。

三是促进资本市场健康发展。全面实行股票发行注册制，建立常态化退市机制，培育资本市场机构投资者，降低实体经济融资成本。提高上市公司质量，切实保护投资者合法权益，不断提高直接融资比重。创造更多利用居民储蓄的投资工具，便利储蓄向投资的转化，提高资金循环和流动效率。

四是加快技术和数据、生态环境市场发展。完善技术市场交易规则和服务体系，创新科技成果转化机制，健全职务科技成果产权制度。培育发展数据要素市场，合理界定数据要素产权，促进数据开放共享。逐步扩大全国碳市场交易主体和交易产品范围，纳入更多高排放行业，加快推进水权、排污权、用能权的市场化交易。

### （三）优化高质量的市场发展环境

一是完善市场化、法治化、国际化的营商环境。落实《优化营商环境条例》，推进政务服务标准化，压缩自由裁量空间，提高服务效率。进一步完善当场办结、一次办结、限时办结等制度，加快推进政务服务事项在全国范围“一网通办”。依托一体化在线平台，推动政务信息系统整合，优化政务流程，促进政务服务跨地区、跨部门、跨层级数据共享和业务协同。

二是强化消费者权益保护。推进消费维权制度建设，加快《中华人民共和国消费者权益保护法实施条例》修订。健全消费者公益诉讼制度，支持消费者协会行使公益性诉讼权利。简化消费争议处理程序，完善小额消费纠纷司法程序和在线解决机制，畅通投诉举报渠道，探索建立维权处理结果消费者反馈评价机制。

### （四）推进高水平的市场制度型开放

一是有序扩大服务市场开放。完善外资准入前国民待遇加负面清单管理制度，合理缩减外商投资准入负面清单，破除各种市场准入隐性壁垒，支持外资加大创新投入力度，营造内外资企业一视同仁、公平竞争的市场环境。

二是加强资质、标准等与国际通行规则的对接。强化内外贸法律法规、监管体制、经营资质、质量标准、检验检疫、认证认可等相衔接，推进消费品和服务国内外标准接轨，加大国际标准采用力度，在重点领域积极推行高端品质认证。

三是强化高水平制度型开放的法治保障。进一步清理、修改、废止与《中华人民共和国外商投资法》不符的法律法规、规范性文件。将各地特别是多样化开放平台实践探索的成熟经验，及时上升到法律法规层面予以固化和强化。对存在空白需要法律制度支撑的，要及时研究制定；对出现的新情况新问题，一时看不清的，要划出底线，给出相对明确的预期。

### （五）强化高效能的新型市场监管体系

一是加强综合协同监管。健全行业监管部门与综合监管部门的协调机制，加强政府部门间涉企信息统一归集共享，完善“互联网＋监管”。健全对新业态、新模式的包容审慎监管制度，实行分类监管，加强和规范事中事后监管，建立健全价格监管规则。

二是完善依法诚信的自律机制和监管机制。完善市场主体信用承诺、信用修复和异议处理机制，在税收管理、进出口等更多领域深入实施信用分级分类监管，根据监管对象信用状况采取差异化监管措施。

三是健全社会监督机制。充分发挥行业协会商会作用，推动行业协会商会完善行业经营自律规范、公约，规范会员行为，鼓励行业协会商会制定发布产品和服务标准。强化市场专业化服务组织的监督作用，发挥公众和舆论监督作用。

执笔人：王微　刘涛

专题十

# 以更高水平对外开放推进现代化建设

对外开放是全面建设社会主义现代化国家的重要动力。百年未有之大变局下，国际经济格局正在深刻变革，我国与世界关系也在发生变化，机遇和挑战均前所未有。未来 15 年，经济全球化将进入深度调整期，必须从统筹两个大局出发，进一步统筹发展与安全，推动更高水平开放、互利共赢合作，因势利导、趋利避害，推动构建新发展格局，更好服务高质量发展和中国式现代化建设。

## 一、未来 15 年全球化将进入深度调整期

经济全球化的发展来到了历史性的十字路口，这是机遇，也是考验。未来 15 年，经济全球化深入发展仍是不可逆转的历史大势，但国际秩序也将进入前所未有的重大调整期、重构期。

### （一）全球化遭遇逆流，但不断深化的方向不会根本改变

发展趋势上，一是经济全球化为各国做大共同利益、寻求共同发展提供新动力。据世界银行统计，1990—2019 年全球经济总量从 22.6 万亿美元增长到 87.7 万亿美元，2022 年达到 101.6 万亿美元。发达国家与发展中国家在参与经济全球化进程中，均获得不同程度的经济增长与国民福利。二

是服务贸易成为经济全球化新动力。疫情前的2008—2019年，全球服务贸易出口增长52.4%，远高于全球货物出口增长的17.1%，服务贸易占全球贸易总额的比重预计到2040年将提升至近40%。三是数字贸易方兴未艾。全球跨境电商市场规模年均增长近30%。展望未来，制造业服务化将不断深化，服务效率对制造业国际竞争力的影响越来越大；服务数字化快速推进，跨境电子商务、数字服务贸易、数字化服务外包等新的服务贸易模式和业态快速发展，将为服务贸易发展提供新动力，占全球贸易比重将持续提升。

治理理念上，更加注重合作共赢、兼顾效率与公平。未来，经济全球化要求各国坚持合作共赢理念，坚持求同存异、聚同化异，着力解决公平公正问题；坚持协同联动，打造开放共赢的合作模式；坚持公平包容，打造平衡普惠的发展模式，让经济全球化进程更有活力、更加包容、更可持续，让世界各国共享经济全球化发展成果。

推动力上，数字化和绿色发展两大转型成为全球化新引擎。以数字经济、人工智能、物联网、区块链等为代表的新技术将成为经济全球化新的底层驱动力，数字技术已引发国际贸易规模、内容、结构、速度等重大变化。2021年，全球47个有统计的国家数字经济规模为38.1万亿美元，占GDP比重达到45%；国际贸易的交易主体将由最终产品贸易、中间产品贸易发展到数字贸易，全球数字服务贸易（出口）规模达3.86万亿美元，占服务贸易比重达到63.6%，主导地位进一步得到巩固。世界贸易组织（WTO）预计，到2030年，数字技术将促进全球贸易量年均增长1.8%~2.0%，服务贸易占全球贸易的比重将由2016年的21%提高至33%。

产业链布局上，区域化、短链化、近岸化、友岸化趋势逐步增强。与上一轮全球化主要由发达经济体主导不同，新冠疫情与乌克兰危机促使发达经济体更加重视供应链的韧性与安全。同时，越南、印度等新兴经济体积极承接国际产业、资本转移，力求在新的国际产业分工格局中取得新优势。2021 年麦肯锡全球研究院报告预计，全球企业可能在未来 5 年内将其全球生产的 1/4 转移到新的国家，其中超过一半的制药和服装生产会转移到新的国家，受影响的商品总价值在 2.9 万亿 ~4.6 万亿美元，约为 2018 年全球商品出口的 16%~26%。

实现路径上，区域经济合作制度性安排加快推进，全球治理体系变革进入加速调整期。通过区域贸易安排，主要国家推动国际经贸规则重构，谈判焦点议题从消减“边境上”关税和贸易壁垒深入到“边境后”规则规制。截至 2022 年底，正在生效实施的区域贸易协定有 357 个。与此同时，全球性挑战增多，加强全球治理、推进全球经济治理体系变革的重要性和紧迫性增强。

### （二）经济全球化10年来遭受“三轮打击”，不确定性将拖累国际贸易和跨境投资

全球经济增长低迷还将持续一段时间。近年来，世界贸易和跨境投资持续萎缩，叠加新冠疫情冲击，给国际化生产与供应链稳定带来巨大不确定性。据 WTO 统计，全球货物贸易出口从 2018 年的 19.55 万亿美元降至 2020 年的 17.58 万亿美元，2022 年虽达 25 万亿美元，但国际组织预计 2023 年全球贸易增速为 1.7%，低于此前十余年的平均增速。据联合国贸易与发展会议统计，2020 年全球直接投资大幅萎缩 42%，降至 1 万亿美元，2022 年也仅恢复到 1.3 万亿美元。

2022 年，《经济学人》曾刊文称，继特朗普发动贸易战和新冠疫情暴发之后，乌克兰危机给全球化带来了 10 年来“第三次打击”。美国彼得森国际经济研究所所长波森发表《全球化的终结？俄乌战争如何影响世界》，认为过去 20 年民粹主义和对中国的围堵遏制等两大趋势严重侵

蚀了全球化，乌克兰危机使经济全球化面临更大挑战。《华盛顿邮报》刊文指出，“30 多年来所向披靡的全球化进一步退缩，已走到尽头”。其依据是，在全球化顶峰（super-globalization）时，全球出口一度相当于国内生产总值（GDP）的 31%，2008 年后该比值持续下滑，2020 年已降至 26%。WTO 数据显示，贸易战和相互加征关税，已经使关税与非关税壁垒所覆盖的全球贸易额从 2010 年的 1260 亿美元攀升至 2021 年的 1.5 万亿美元。

## 二、国际经济格局深刻变革的新趋势

### （一）全球经济增长格局演变，大国实力对比发生变化

发展中经济体总体经济体量将逼近发达经济体。过去 30 年，新兴经济体抓住全球化发展机遇，在全球贸易和跨境直接投资中的份额明显上升。货物贸易方面，美、欧、日占全球出口的比重从 1990 年的 64% 降至 2020 年的 45%，进口比重也从 66% 降至 49%。跨境投资方面，三大发达经济体占全球对外直接投资存量的比重从 1990 年的 85% 降至 2019 年的 64%，占全球存量比重从 65% 降至 57%。同期，发展中经济体经济、贸易和投资的全球占比均比 20 世纪 90 年代提高 18~20 个百分点左右，对世界经济增长的贡献率达到 80%，成为全球经济增长的主要动力。预计到 2035 年，将达到全球 GDP 的 50%~55%，国际经济格局趋向多元。

未来国际力量对比“东升西降”特征明显。当前，欧洲和美洲 GDP 总量接近世界 GDP 总量的 58%，亚洲约占 37%。预计到 2035 年，亚太地区将成为全球经济最活跃的地区和增长的引领力量，全球经济重心由欧美向亚洲转移的趋势将延续，美国的综合实力难以撼动，“多强”之间实力对比将出现变化。从人均 GDP、金融、军事、综合实力等方面看，美国仍将

保持超级大国地位；日、德、法、英等依然是重要的经济强国，但地位将有所下降；中国和印度的地位将显著提高。

全球化遇阻可能导致发展中经济体遭受巨大冲击。2008 年国际金融危机后，新兴经济体快速崛起，有西方学者提出“增长趋同论”（Economic Convergence）。但随着地缘冲突加剧和保护主义抬头，疫后复苏进程受阻，世界经济前景进一步恶化，发展中经济体可能面临更大冲击，进而减缓发展与追赶进程。若市场信心下降和发达国家货币政策效应外溢，新兴市场面临资本大规模外流风险，财政、通胀和贸易逆差压力加大，部分地区将面临粮食安全问题和大面积债务违约累积风险。

### （二）维护供应链安全和经济主权意识普遍增强，将深刻影响全球贸易投资格局，加剧对区域供应链枢纽地位的争夺

国际形势动荡变化，更多国家和企业日益重视关键技术、产业链供应链的稳定与安全，推动跨国企业供应链多元化调整、降低对单一供应商的依赖，确保稳定供应、提升议价能力。为此，兼顾效率与安全将成为应对不确定性风险的重要选择，生产布局多元化影响服务业和复杂价值链制造业的贸易和投资，对区域供应链新枢纽地位的争夺将更趋激烈。

未来，国际经贸规则重塑将受到地缘政治博弈和国家安全竞争等因素的影响，给我国现代化建设的外部环境带来更大不确定性。

### （三）数字化转型与绿色发展促进产业变革加快推进

数字化转型与绿色发展对国际贸易投资的方式和结构产生重大影响。一是数字技术的广泛应用为数字贸易发展打开广阔空间。据市场研究机构 Zion 预测，全球跨境电商零售额（B2C）将在 2027 年达到 4.2 万亿美元，年均复合增长率高达 28.4%；同时，跨境数字服务贸易将对服务业跨境直

接投资产生一定替代作用。二是引发“关键生产要素”变迁，深刻改变各国比较优势。发达国家可能借助在芯片、人工智能、生物科技等方面的领先地位，降低对发展中国家低成本劳动力的依赖；新兴经济体也可能借助科技革命推动产业变革的机会，在部分领域加快建立竞争优势。三是低碳绿色发展影响不容忽视。欧盟制定单边“碳边境调节机制”（CBAM），试图将国内碳中和进程延伸至国际经贸及规则领域，一系列新规将对国际贸易和跨境投资产生重要影响；以碳税为代表的高标准环保要求可能成为新的绿色贸易壁垒，抬升发展中国家环保成本，弱化其成本优势；各国意见难以统一，也可能引发新的贸易摩擦。

国际经济格局的演变，将取决于新兴经济体把握两大新机遇的能力，取决于能否抢抓机遇、培育自身新兴产业的国际竞争力。如果能够建立参与国际合作竞争的新优势，就可能延续经济的快速增长势头，继续提升在全球贸易投资格局中的地位。反之，如果应对失当，则可能错失新产业发展的巨大机遇。

## 三、全球经贸规则重构带来前所未有的机遇与挑战

全球经济治理体系正在进行深刻的制度改革与规则重构。虽然各方意愿强烈，但改革必将经历一个长期、艰巨而复杂的过程。未来国际秩序重塑能否朝着更加公平、更加普惠的方向演进，将对中国现代化建设的外部环境带来深刻的影响。既要高度重视全球经济治理体系改革与规则重构呈现的新特点、新趋势，也须清醒看待可能带来的新机遇与新挑战。

从机遇看，全面对标高标准国际经贸规则新趋势，有利于我国推进市场化改革，进一步优化营商环境，提升市场经济效率，推动构建国内

国际双循环相互促进的新发展格局。在现代化进程中，我国构建新发展格局、推动高质量发展，积极参与国际经贸规则，特别是数字贸易和绿色发展的规则构建，有利于维护良好的国际环境，在公平公正合理的制度环境下加速培育国际合作竞争新优势，助力提升我国参与全球经济治理的能力。

从挑战看，多边贸易体制弱化，全球经贸规则趋向碎片化，贸易投资保护主义抬头，摩擦争端加剧，将大幅增加各国开放成本和风险，各国若采取更加谨慎的策略，跨国投资与全球化经营的制度环境不确定性将上升，影响全球价值链效率，不利于维护开放型世界经济发展。同时，我国现代化进程中改革开放承压显著加大，维护外部环境和平稳定的难度和复杂性大大增加。

## 四、对我国统筹发展与安全提出更高要求

### （一）全球性风险上升，安全问题日益突出

从全球看，主要体现在：一是大国博弈加剧叠加地缘政治冲突风险，国际格局与经济秩序正经历深刻变革，集团化阵营化对抗趋势增强。二是环境风险日益突出，主要是应对气候变化行动不足、生态环境破坏、自然资源危机和极端天气频发等。三是信息安全与网络安全风险的普遍性和潜在破坏程度不断加大，数字鸿沟和网络不平等威胁全球经济健康发展。

在全球化背景下，世界各国经济发展与利益相互交融。一方面，任何一个国家的内部安全短板都可能导致外部风险大量涌入；任何一个国家的安全风险积累到一定程度，又可能外溢成区域性甚至蔓延成全球性安全问题。另一方面，各类安全问题、矛盾风险相互交织、相互作用，可能形成共振、引发系统性风险。

### （二）各国高度关注经济安全，采取多种新政策工具

首先，各国从经济效率优先转向兼顾效率与安全。世界经济结构性矛盾未根本解决，国际形势复杂多变，地缘政治博弈、供应链安全自主成为各国关注重点，乌克兰危机加剧世界的撕裂对抗，各国经济发展中的安全风险上升，安全关切进一步强化。

其次，国家安全利益向非传统安全领域拓展。如与全球流行病有关的全球公共卫生安全、与科技创新有关的网络空间安全、与全球气候及环境变化有关的生态安全等问题风险更加突出，一旦出现问题，对全球经济和贸易投资的影响将迅速扩大。

最后，各国维护安全的目标手段多元、约束强度增加。一是更加重视在国际协定中的安全条款。除 WTO 的安全例外条款，在区域贸易制度安排和国际投资协定中，安全例外条款从传统安全领域迅速向非传统安全领域拓展，在数据流动、网络安全、知识产权保护和环境标准等方面提出更多高标准规则，纪律条款数量不断增加，内容日趋丰富，约束力也显著增强。二是持续加严外资安全审查。美、欧、日等发达经济体普遍收紧外资安全审查制度，覆盖范围突破传统涉及国家安全的行业，将关键技术、基础设施、网络信息以及公共卫生等领域纳入考量范围，持续降低启动审查的最低门槛。三是以维护本国就业为核心强化贸易投资保护措施，提高进口关税、严控外籍劳工配额等限制性措施大幅增加。四是加强数据跨境流动、本地存储与网络安全监管，多国加强对大型科技企业、平台公司和跨境数据安全流动的管控，欧盟甚至提出维护“数字主权”。五是频繁使用制裁与反制裁手段。特别是乌克兰危机爆发后，美、欧等对俄进行全方位制裁，俄罗斯也在多个领域实施激烈的反制裁措施，影响向其他国家延伸，国际经济、贸易与金融秩序面临巨大冲击。

## 五、加快现代化建设，需要推进更高水平开放

### （一）抢抓新一轮科技革命产业变革机遇，需要更高水平开放

基于新一代信息技术的数字经济蓬勃发展，深刻塑造经济系统的生产、消费、流通等诸多环节，不断催生新的运营模式和商业形态，成为世界经济发展的重要趋势。目前，世界各国都将发展数字经济作为推动产业转型、经济结构优化以及国家综合竞争力提升的重要举措，聚焦数字技术创新、人工智能、产业数字化、数字产业化发展以及数字贸易国际规则制定等领域加大投资力度。我国推进现代化建设，需要进一步深化规则、规制、管理、标准等制度型开放，打造国际化、市场化、法治化的营商环境，营造更具吸引力的贸易投资环境，提升国际规则制定话语权，通过统筹“引进来”和“走出去”增强在全球范围内配置高端资源的能力，保持与世界科技创新前沿同步、产业发展前沿同步、企业先进管理运营同步，推进制造强国、贸易强国、投资强国、创新强国建设。

### （二）推动市场化改革与制度创新，需要更高水平开放

推进现代化建设需要深化改革，以进一步完善市场机制、释放市场主体活力、提升市场运行效率。目前，我国改革进入深水区，需要发挥高水平开放的促进作用，推进改革深化和制度集成创新，加快建设高度开放、公平竞争、依法行政、运行高效的社会主义市场经济体制，以更大力度的改革创新促进自身发展和实力提升。

### （三）努力营造和平稳定的外部环境，需要更高水平开放

面对日益错综复杂的国际形势和不断增加的各类风险挑战，中国不会关上开放的大门。新发展格局绝不是封闭的国内循环，而是开放的国内

国际双循环，要以更高水平开放打造国际合作和竞争新优势，要以国际循环提升国内大循环效率。顺势而为，扩大高水平开放，充分发挥我国完善产业体系和超大规模市场的优势和吸引力，加强与相关国家的互利共赢合作，做大共同利益，将有利于构建和平友好、安全稳定的国际关系。

### （四）不发展是最大的安全威胁，高质量发展需要更高水平开放

统筹发展和安全，不是把发展摆在次要位置，而是要在确保安全的同时努力推动高质量发展。只有坚定不移扩大开放，在高水平开放中提高国际竞争合作能力，才能提升发展质量，打牢抵御风险的能力基础。只有开放融合在一起，利益绑定在一起，形成"你中有我、我中有你"，才能实现更高水平、更高层次的安全。这就要求我们立足百年未有之大变局把握外部安全形势，坚持底线思维，推动更高水平开放，以自身的确定性应对外部环境的不确定性。

## 六、以更高水平开放和高效精准监管，实现发展与安全的有机统一

党的二十大报告指出，中国式现代化是走和平发展道路的现代化。面对错综复杂、日益严峻的国际形势，要坚持对外开放的基本国策不动摇，积极践行全球发展倡议和全球安全倡议，以更高水平开放应对现代化进程中面临的各种挑战，在坚定维护世界和平与发展中谋求自身发展，以自身发展更好维护世界和平与发展。

### （一）要明确更高水平开放的内涵与安全要求

现代化建设进程中，更高水平的开放是更大范围、更宽领域、更深

层次的制度型开放，是更加深入、更加全面、更加系统的全方位开放。为此，要实现开放方式的创新、开放格局的优化、开放发展质量的提升，更要深化与各国的经贸利益融合。同时，要以总体国家安全观为引领，加快形成与国际通行规则相衔接的制度体系和监管模式，加快构建互利共赢、多元平衡、安全高效的开放型经济新体制。

### （二）要处理好两方面的关系

推进更高水平开放，既要注意防范化解系统性风险，守住安全底线，又要增强机遇意识，通过扩大开放加快构建新发展格局、推动高质量发展。

一是坚持自主开放与协定开放协同共进，以高水平自主开放支撑高标准协定开放，以高标准协定开放引领自主改革与开放。二是坚持自立自强与对外合作共赢相辅相成，推动开放式创新、联动式发展，拓展国际合作发展空间。在动荡变革、不确定因素增多的环境下，要坚持问题导向和目标导向有机结合，发挥试点的先行先试作用，为全面积极稳妥扩大开放探路、积累经验，同时抢抓发展新机遇，打造国际竞争合作新高地。

### （三）要顺应经济全球化大势调整开放战略

今天，中国已深度融入经济全球化和国际分工体系，中国的发展离不开世界，现代化建设进程的安全必须是在开放条件下的安全。

面对经济全球化深入发展和外部环境的不确定、不稳定，要把握好以下三个关键点：一是坚定不移地扩大开放，在高水平开放中提高国际竞争力，充分发挥两个市场、两种资源的联动效应，做强抵御风险的能力基础。二是充分认识数字转型与绿色发展的重要性、紧迫性，深化改革、扩大开放，抢抓新一轮科技革命、产业变革的新机遇，实现我国经济发展质量的进一步跃升。三是坚定推动构建开放型世界经济。要坚持维护多边贸易体制，积极参与国际规则重构，加快构建高水平自由贸易区网络，广泛参与多双边、区域经贸合作机制，积极拓展与发达经济体、发展中经济体的互利共赢合作，携手应对全球风险与挑战，推进全球治理体系向更加开放、自由、公平、普惠的方向发展，推动形成更加紧密稳定的国际循环体系、稳定有利的外部环境。

### （四）创新监管思路和机制，以科学精准监管实现“管得好”

以总体国家安全观为指导，遵循“管得好才能放得开、放得开才能发展好”的基本理念，围绕推进更高水平开放和高质量发展需要，推动开放、安全、发展的有机统一与高效协调。

一方面，要全面对标高水平国际规则，进一步融入全球经济体系。坚持以开放包容、互利共赢推进利益共同体建设，筑牢共同安全根基，实现更高水平的安全。

另一方面，树立共同、综合、合作、可持续的安全观，充分利用新技术手段，积极创新监管模式，完善风险防控制度设计与体系建设；要加强产业、网络、信息等监测与预警，精准筑牢安全防线、有效防范各类风险叠加联动；要不断增强自身竞争能力、开放监管能力、安全维护能力、风险承受能力，以科学监管、协同监管、精准监管和高效监管，真正做到“管得好”，维护现代化建设外部环境的稳定与安全。

执笔人：张琦　罗雨泽　吕刚

赵福军　高庆鹏　许宏强

专题十一

# 以完善金融制度和规则体系作为防控金融风险、维护金融安全的有效途径

全面建设社会主义现代化国家新征程中，金融稳定面临金融化程度提升、经济转型加速、大国博弈加剧三大结构性挑战，防控金融风险、维护金融安全面临更加严峻复杂的形势任务。与20年前乃至10年前相比，当前金融复杂度、金融参与资源配置的广度和深度大幅提升，金融不稳定的负溢出效应和风险防控难度均明显加大。同时，增长阶段转换、快速城镇化接近尾声、数字化绿色化转型加快，直接对金融稳定带来重大挑战，房地产、地方政府债务、中小金融机构、绿色转型、外部冲击等领域风险暴露压力将持续加大。此外，我国经济的快速崛起将对全球政治经济格局带来深远影响，国际利益格局调整背景下，来自外部的打压遏制随时可能升级，守住不发生系统性风险的底线面临改革开放的前40年不曾有过的金融安全挑战。

长期来看，重大金融风险和金融安全隐患是结构性和体制性因素共同作用的结果。国内金融制度和规则体系以及国际金融治理体系仍存在诸多不完善的地方，是结构性和体制性因素持续威胁经济金融稳定的主要诱因。在新发展阶段，防控金融风险、维护金融安全，重在完善金融制度和规则体系，充分发挥制度的力量以对冲结构性挑战，持续提升防控金融风险和维护金融安全的能力。

# 一、新征程中防控金融风险和维护金融安全形势严峻

## （一）新征程中我国面临的主要金融风险点

重大金融风险攻坚战以来，金融过度膨胀、自我循环、违法违规无序扩张等乱象得到了较好治理，金融风险总体上正在从金融体系内生的风险向外生风险转变。经济运行中存在的结构性问题将成为主要风险源，宏观杠杆率持续较快上升风险、房地产领域风险、地方政府债务风险、中小金融机构风险、低碳转型引发的金融风险和外部冲击风险不容忽视。

### 1. 宏观杠杆率持续较快上升的风险

经历2008—2016年加杠杆和疫情加杠杆后，我国宏观杠杆率（债务余额与国内生产总值之比）已处于较高水平，2021年年末达到297.2%，与美国、英国水平大致相当（见图11-1），远高于新兴经济体。宏观杠杆率上升，背后是经济增长越来越依赖信贷扩张。考虑到经济增长阶段转换背景下稳增长压力还在持续，人口老龄化背景下社保负担将持续加大，房地产市场存量房比重上升背景下，新增债务对国内生产总值拉动效应减弱，未来较长一段时间我国仍将面临宏观杠杆率高位上升的风险。

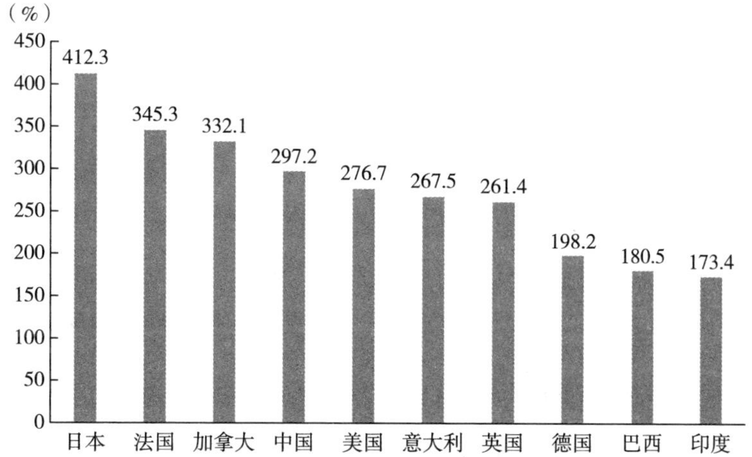


**图11-1　2021年年末前十大经济体宏观杠杆率**

资料来源：国际清算银行。

宏观杠杆率持续较快上升风险集中体现为居民部门快速加杠杆风险。居民部门杠杆自偿性差、与资产价格的关联性高、风险传染性强、处置手段少，更易加剧金融脆弱性，是经济金融危机的重要诱发因素。居民部门债务以消费为主要目的、自偿性差，资产形成主要以房产等不动产形式存在，短期内杠杆率的快速上升极易推高房价、催生经济泡沫。居民部门债务风险传染性强，局部区域居民债务特别是个人住房贷款违约，容易经由信心渠道向整个房地产市场传染，还会通过抵押物价值和再融资能力下降传递到金融部门和企业部门。2021 年年末，我国居民部门杠杆率已达 72.2%，超过日本、德国、法国等经济体，与美国水平差距已不大（见图 11–2）。居民部门杠杆率高位上升，既容易加剧房地产与实体经济失衡，导致经济泡沫化，也会导致金融房地产化，大幅推高金融风险。

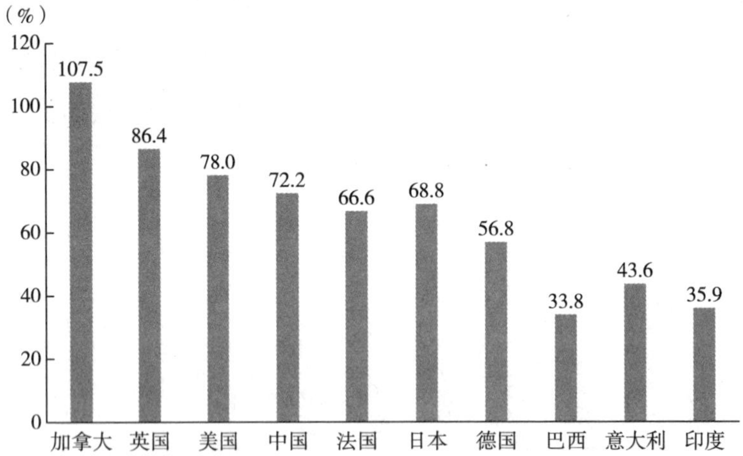


**图11-2　2021年年末前十大经济体居民部门杠杆率**

资料来源：中国数据来源于中国人民银行，其他国家数据来源于国际清算银行。

### 2. 地方政府债务风险

国际金融危机以来我国政府部门杠杆率变化的突出特征是，稳增长式政府加杠杆通常体现为地方政府加杠杆[①]，地方政府债务快速扩张。2022 年 9 月末，我国地方政府显性债务已达 34.7 万亿元，隐性债务规模体量也较大。未来一段时间，经济转型和风险防控下稳增长压力可能长期持续，地方政府债务特别是高成本、低透明度和不规范隐性债务总量很可能继续膨胀，从而对经济金融体系造成严重冲击。

地方政府债务与地方金融风险存在相互溢出效应。相当一部分地方政府债务实际由地方商业银行持有，若出现债务违约有可能重创地方金融体系，尤其是在财政实力较为脆弱的地区。同时，地区经济和信用环境分化、房地产发展阶段转换下土地财政的不可持续性，可能导致部分地区融资平台违约（如城投债违约），进而引发金融体系对地方政府融资平台的一致性收缩行为。2021 年以来，城投债到期兑付压力明显加大，违约风险持续上升。一旦出现地方政府债务无序违约，造成地方政府债务风险与地方金融风险相互溢出、相互放大，可能诱发严重的区域性、系统性财政金融风险。

地方政府债务风险易与经济下行风险相互叠加，可能造成局部地区经济系统性风险。当前我国经济下行压力较大，在东北、中西部地区表现尤为明显。若出现地方政府债务违约，将极大地恶化地方融资环境和金融生态，导致金融系统无法正常发挥"造血"功能，影响实体经济正常运转，形成实体经济下行、地方政府债务风险暴露的负向螺旋。

**3. 房地产领域风险**

历史上多次系统性金融风险均由资产泡沫引发。一旦资产泡沫破裂，易引发金融系统大幅震荡，造成大量实体部门财富损失，对经济发展活力造成明显冲击。当前我国资产泡沫主要集中于房地产市场。房地产在国民

① 与中国不同，美国和德国的稳增长式加杠杆主要是联邦政府或中央政府加杠杆。

经济中占有重要位置，历史上包括次贷危机在内的多起金融危机均由房地产市场风险引起。

一方面，我国房地产开发企业债务存量较大，短期内化解难度大。据估算，截至2021年年末，全国房地产开发企业有息负债总额约16.7万亿元，占国内生产总值比重高达14.5%。部分头部高负债房企债务危机爆发既有企业盲目扩张的原因，也有行业趋势性调整的原因，反映我国正进入房地产领域风险高发阶段。

另一方面，我国部分地区经济增长对房地产依赖度较高，在未来房地产企业融资趋紧的趋势下，容易引发经济、财政、金融风险叠加。当前部分房企流动性风险和偿付能力风险交织，房企债务风险已进入向全行业、产业链上下游和部分金融领域外溢的阶段。房地产高增长时期，土地和住房价格有上涨预期，房企债务风险化解可以利用时间换取空间。随着宏观经济和房地产市场的预期转弱，房企债务风险持续既会增加单个企业的化解成本，也会外溢到金融和经济体系，拖累宏观经济增长。

**4. 中小金融机构风险**

新冠疫情冲击叠加区域经济形势、市场竞争、内部治理等因素影响，金融机构的信用风险和市场风险不断累积。中小金融机构是金融体系中最为脆弱的一环，易成为大规模金融风险的导火索。

一是经济下行压力加大导致中小金融机构信贷业务萎缩，同时利差收入减少进一步降低了盈利能力和风险抵御能力。2020年以来疫情导致的违约压力可能具有滞后性，后期金融机构坏账率存在上升压力，部分中小金融机构风险还有可能进一步加大。

二是中小金融机构贷款区域集中度较高，受区域经济增长影响显著。对于经济转型困难、经济增速大幅下降的地区，中小金融机构的风险压力尤为突出。

三是农村地区中小金融机构的经济生态环境明显不如城市地区，以农村信用社为主的农村金融机构发展状况普遍不佳。根据中国人民银行发布的 2021 年《中国金融稳定报告》，2021 年第二季度对 4400 家银行业金融机构的评级结果显示，8–D 级的高风险金融机构有 422 家，占比 9.6%，主要集中在农村中小金融机构。农合机构（农商行、农信社、农合行）和村镇银行风险最高，其数量分别为 271 家和 122 家，占全部高风险机构的 93%。

四是中小金融机构治理机制不完善，产生了诸多金融乱象。前期部分中小金融机构存在大股东操纵、内部人控制及超常冒进式发展等问题，积累的一系列风险短期内难以化解。

**5. 低碳转型带来的金融风险**

与发达国家相比，我国碳达峰碳中和时间更紧、任务更重，对行业冲击范围更广、强度更高，从而可能带来大规模金融风险。

一是低碳转型过程中，大量存量高碳资产加速折旧，在正常使用寿命结束前不再产生经济效益，成为“搁浅资产”，造成金融机构风险敞口。一旦在低碳转型进程中没有协调好金融系统的吸收损失能力与转型速度，就容易引发区域性、行业性风险。

二是在碳排放指标约束下，碳价格上升会推高企业生产成本，恶化相关行业经营状况，加大信用违约风险。在绿色转型目标下，金融行业可能削减对传统能源行业信贷支持，同时市场对传统能源行业的需求也将逐步下降。传统能源行业（如煤电、石油等）企业还需支付额外的成本购买碳配额，盈利能力减弱，可能引发信用评级下调、融资成本上升，甚至无法融到资金，进而引发银行坏账、债券违约及股权估值下降等问题。

三是绿色金融发展过程中，可能推动有关新兴产业非理性繁荣引发经济金融风险。据多个机构初步估算，我国实施“双碳”战略所需投资为150万亿~300万亿元。如此大规模的“绿色”投资，在给经济增长带来新机遇的同时，也可能引发相关行业的投资过度，造成经济社会资源的浪费。部分资金还有可能以支持“双碳”战略之名，行非“绿色”投资之实，引起绿色金融领域的金融乱象。

**6. 外部冲击风险**

随着我国经济开放程度不断提高，金融体系与外部联系将更加密切。外部经济金融危机及大型经济体宏观政策调整产生的溢出效应均会对我国金融体系正常运转产生冲击，引发相关风险。

一是外部爆发经济金融危机传导至国内，引发我国金融市场共振。如2008年国际金融危机通过贸易、金融市场等渠道对我国经济形成了全面的冲击。通过产业联动效应引发出口急剧下滑、房市低迷、股市暴跌、库存积聚、外贸品价格急跌、外贸型企业倒闭等，严重冲击了我国实体经济。美国量化宽松政策下美元持续贬值，一些国际投机资本涌入国内，助涨资产泡沫形成风险隐患，影响我国金融体系稳定。

二是美国等发达经济体宏观经济政策调整对我国金融市场产生冲击。新冠疫情以来，美国等发达经济体相继开启大规模量化宽松政策。全球流动性宽松下，资本大量流入我国及其他新兴经济体。2022年以来，随着美欧货币政策转向，全球流动性收紧，未来我国可能继续面临跨境资本流出压力。如在2014年美国退出量化宽松后，相继引发新兴经济体金融市场资产抛售，不少国家股市、汇市、债市接连下跌。

### （二）新征程中我国金融安全面临的主要挑战

当前世界百年未有之大变局加速演进，国际力量对比深刻调整。与此同时，受世纪疫情、逆全球化思潮等影响，世界进入新的动荡变革期，我国金融安全面临的外部挑战增多。从金融体系运行环节来看，我国在海外资本形成、资产定价、资产变现、资本安全、国际支付清算等环节存在较大风险隐患。

### 1. 金融基础设施挑战

我国国际支付清算系统、金融软硬件等基础设施对外依赖性高，一旦被制裁，极端情况下，可能面临较大冲击。

一是国际支付清算系统存在被制裁风险。当前我国跨境支付清算对环球银行金融电信协会（SWIFT）依赖度较高。而历史上 SWIFT 多次被用作金融制裁工具，如在美国主导下，SWIFT 先后将朝鲜、伊朗、俄罗斯等剔除，对相关国家经济金融运行造成极大冲击。短期内，国际支付清算系统对 SWIFT 等国际金融基础设施的依赖难以改变，我国将持续面临“断联”风险。

二是金融软硬件设备安全风险。我国金融软硬件设备的国产化程度较低，未形成我国掌控的应用生态系统。在核心技术、关键设备和操作系统上整体性的自主研发能力不强，国内信息安全难以得到根本保证。少数具备国际竞争力的企业，如华为、中兴等因外部制裁影响，创新研发能力在很大程度上受到制约。

### 2. 海外资产安全挑战

海外资产的安全性是特定国家或主体参与国际金融市场活动的基本要求。从国际投资头寸表看，当前我国海外资产总额已超过 9 万亿美元。海外资产安全问题既关系到我国海外财富的保值增值，也易与国内金融市场形成连锁反应。

一是海外资产冻结风险。“冷战”结束以来，西方国家将金融资产冻结作为对外制裁的重要手段，如“冷战”后美国先后对 13 个国家央行进行的 16 次资产冻结[①]。近年来一些西方国家频繁借“人权”等议题干涉我国内政，未来不排除极端情形下借此对我国实施金融资产冻结。

---

① 具体为古巴、伊朗、利比亚、巴拿马、伊拉克、南联盟、缅甸、苏丹、委内瑞拉、朝鲜、叙利亚、阿富汗、俄罗斯。

二是“一带一路”资产安全风险。部分西方国家无端指责我国“一带一路”倡议存在各种问题，试图扰乱我国对外经济合作。美国、欧盟分别推出“重建更美好世界”方案和“全球门户”战略，加大对我国“一带一路”倡议的竞争。此外，受新冠疫情冲击、全球经济增长乏力影响，“一带一路”沿线国家债务脆弱性进一步增加，短期内难以恢复。我国在“一带一路”沿线国家的投资风险增加。

三是海外机构经营安全问题。我国金融机构、关键领域高技术企业在美国、欧洲等地均设有相关分支机构，虽然努力做到守法经营，但是也面临各类“合规”风险。例如，一旦被列入“特别指定国民清单”（SDN），相关市场主体资产将被冻结。

### 3. 国际资本市场投融资渠道安全挑战

国际资本市场是我国企业的重要投融资渠道，一旦被阻断，既会制约境内资本形成和资本交易，也会导致境内外存量资本流动性骤降，引发次生风险。

一是我国境外上市公司面临境外监管“新规”压力。如2021年3月，美国证券交易委员会正式通过《外国公司问责法案》最终规则，要求在美国上市的外国公司提供审计底稿，否则将面临退市风险。未来我国优质企业海外上市可能面临更多类似监管“新规”，对我国企业在国际市场融资产生影响。

二是国际资本市场动荡向境内传导引发内外联动。中资美元债市场已成为中资企业特别是房地产和城投机构的重要融资通道。2021年8月恒大地产债务问题升级后，标普、穆迪相继下调相关中资地产主体信用评级，对中资美元债市场形成明显冲击。未来类似事件有可能引发中资发债主体流动性风险和信用风险相互强化，造成中资美元债市场融资枯竭，并通过弱质企业将市场风险蔓延至国内债券市场引发系统性风险。

### 4. 金融数据安全挑战

海量数据的产生与流动已成为全球经济发展与贸易增长的新引擎。当前数据跨境流动日益频繁，数据安全风险也不断增大，正成为大国博弈的新地带。

一是部分发达经济体意图成立“小范围”跨国数据联盟。如2021年4月，G7国家数字与技术部长级会议发布声明，声称确保互联网安全和开放，“任何改善网络安全的措施都必须支持开放和民主社会的价值观，并尊重人权和基本自由”，刻意构建将非盟友国家排除在外的跨国数据联盟。

二是部分发达经济体不断强化数据出境的“长臂管辖”。如美国政府通过制定“受控非密”信息清单，界定了“重要数据”的范围，其中包括农业、关键基础设施、出口控制、金融等17个门类。在2019年《外国投资风险审查现代化法案》中，美国进一步扩大了“涵盖交易”范围，不仅涉及“关键技术”“关键基础设施”，还涉及“关键或敏感数据”，并明确将保存或收集美国公民敏感个人数据的外资背景公司纳入审查范围。

### 5. 金融规则和标准制定挑战

在数字货币和去中心化金融等新兴金融科技领域，我国面临发达国家的激烈竞争、施压。

一是央行数字货币领域。2020年10月，国际清算银行联合7个发达经济体中央银行[①]发布第一份关于中央银行数字货币（CBDC）报告《中央银行数字货币：基本原理和核心特征》，企图树立CBDC发行的三大标准，构筑技术壁垒。这在一定程度上会在未来挤压我国央行数字货币的流通空间。

二是绿色规则制定领域。2021年7月14日，欧盟委员会公布了包括

---

① 具体为加拿大银行、英格兰银行、日本银行、欧洲中央银行、美国联邦储备系统、瑞典中央银行、瑞士国家银行。

“碳边境调整机制”（CABM）在内的一揽子气候政策，加快推进碳边境税。美国也在积极研究碳减排相关规则，力图主导绿色规则制定。虽然未来我国有望成为全球最大的绿色金融市场，但对国际市场的影响力还不够。

## 二、当前金融制度和规则体系中存在的主要不足

对内而言，不足之处主要体现为现有金融制度和规则体系与新发展阶段金融发展存在不适配的风险，导致存量风险无法妥善解决、增量风险无法有效防控。对外而言，不足之处主要体现为国际金融治理改革滞后，导致我国金融发展空间被挤压，维护金融安全能力受制约。

### （一）促进直接金融发展的制度体系仍需完善

长期以来，我国形成了银行主导的间接金融占主导地位的金融体系格局，直接金融发展不足。截至 2022 年 10 月末，贷款在社会融资存量中占比达 61.5%[①]，而债券、股票、资产支持证券等直接融资渠道的资金又有相当一部分来自银行体系，实际上的间接金融比重更高。间接金融主导下，金融风险大量集中于银行体系内，无法有效分散。银行系统资金主要来源于居民储蓄，风险偏好较低，投放需满足相对保守的风控、合规审核要求，偏好于主体信用等级较高的国有企业、城投公司或其他具有政府信用支持的企业，不利于支持民营企业、小微企业和创新型企业发展。这一方面导致了金融体系对实体经济支持不足，另一方面也导致银行信贷资源过度集中于地方政府债务和房地产领域，强化了地方政府债务风险、房地产风险、金融系统风险共振的可能性。

① 中国人民银行：《社会融资规模存量统计表》，2022年10月。

### （二）地方政府债务存在体制性积累动力

国有企业的优惠政策、地方政府的发展责任与软预算约束、金融机构的所有制偏好以及中央政府的最后兜底预期共同导致地方政府债务持续积累。国有企业一直以来因承担诸多社会责任而享有实质上的信贷优惠政策。地方政府一方面须承担地方经济发展任务，包括基础设施建设和公共服务提供，另一方面又缺乏足够的财政收入和正规渠道资金支持，于是产生了各种“创新”型融资渠道，如地方政府融资平台、政府投资基金、政府购买服务等均成为政府获取资金的渠道，积累了大量地方政府隐性债务。金融机构存在体制性偏好，即更愿意为国有企业和地方政府提供金融服务，主要因为拥有国资或政府背景的交易伙伴或多或少能绑定政府信用做最后兜底，助长了国有企业和地方政府的“扩张”动力。社会普遍预期，当地方政府债务存在爆雷风险时，中央政府往往会出于防范系统性风险出面救助。虽然救助方式和惩罚措施存在不确定性，但最终仍对地方政府举债形成了一定程度的隐性担保。

### （三）金融创新与变革下金融监管效能不足

在大型金融集团多元化经营、金融行业间界限日益模糊、金融科技迅猛发展的背景下，金融功能的现实边界日益模糊，交叉、分层、重构成为常态。基于机构和业务的传统金融认知模式被颠覆，相应的风险防控体系不能再有效监测、管理和化解新形势下的金融风险。互联网金融、类金融、金融综合经营、资产管理市场的快速发展冲击着以分业、机构和人的准入管理为主的金融监管体系。金融体系的创新和转型将持续导致金融与实体经济、金融业务与监管出现割裂，潜藏安全问题。此外，叠加管理制度（包括宏观调控、监管和税收制度等）的不平衡，易产生监管真空，会不断诱发金融机构市场套利行为。

### （四）高水平开放型经济相关配套制度不健全

一是我国境内金融市场新兴加转轨特征明显，存在体制机制性障碍。根据《全球资本市场竞争力报告（2020）》[①]，中国资本市场规模类指标排名居前，而法治指数、营商便利等质量类指数排名靠后，国际竞争力与发达国家有明显差距。

二是境内金融市场的定价能力有待提高，主业服务能力不足，国际投资者参与度较低。能否对新兴科技企业给出合理估值是衡量市场定价能力的标志。当前具有全球影响力的新兴科技公司仍集中在境外主要交易所上市，美国纳斯达克股票交易所仍然是新兴高科技企业的上市首选地。2022 年 9 月末，境外投资者在中国债券、股票市场的持有比重分别为 2.4% 和 4.4%，不仅明显低于发达国家，也低于一些主要新兴市场国家。

三是我国资本项目开放度与金砖国家、经合组织国家相比仍存在差距。从限制项目数量看，根据经合组织《资本流动自由化准则》，我国保留清单项目 12 大类 50 项资本交易限制，仍显著多于经合组织国家，如经合组织中限制措施最多的国家土耳其，共保留 10 大类 26 项资本交易限制。此外，我国交易环节开放程度低于汇兑环节，主要因证券投资、直接投资等再交易环节存在多头管理现象，涉及证监会、发展改革委、中国人民银行、商务部等多个部门，既增加了市场主体办理业务的复杂性，又降低了市场主体对跨境资本交易便利程度的满意度。

### （五）国际金融治理体系不合理

当前国际金融治理体系主要形成于“二战”后，由西方国家主导制

---

① 上海交通大学上海高级金融学院和上海证券交易所资本市场研究所联合发布。

定，虽然在战后 70 多年中不断演变和发展，但仍优先维系欧美发达国家利益。21 世纪以来，尤其是 2008 年国际金融危机后，随着世界格局的发展和国际经济力量对比的演变，现行治理体系的缺陷和不足日益凸显。尤其以发达国家和发展中国家在国际金融治理机构中的话语权、代表性的不平衡问题最为突出，发达国家始终占据主导地位。以金融危机救助机制为例，新兴经济体危机救助能力远远不足，大多只有向国际货币基金组织求助一条途径，而发达国家能够受到全球和区域层面的多层次覆盖。不合理的国际金融治理体系导致我国金融外部发展空间持续受限，承担美欧宏观政策外溢成本。

## 三、思路和建议

### （一）主要思路

#### 1. 对金融“效率”和“安全”进行再平衡，把金融安全放在更加重要位置

在较长一段时期内，限于发展阶段和所处环境，我国金融体系发展路径并未充分考虑金融安全问题，提升金融体系效率是主要目标。未来，随着我国综合国力的进一步提升，面临的外部竞争压力也将进一步加大，金融安全应放在更加突出的位置。在构建新发展格局中，应致力于金融领域实现自立自强和安全可控。

#### 2. 坚持底线思维，积极主动化解风险和维护金融安全

我国具有经济规模超大、发展潜力足、韧性强等显著优势，具有在发展中化解金融风险和维护金融安全的能力。但也要看到，宏观高杠杆风险、房地产市场风险、地方政府债务风险不断累积，叠加外部冲击和金融安全风险后，可能诱发系统性风险。对此，应坚持底线思维，积极主动化

解风险，与风险赛跑，化大震为小震；同时，未雨绸缪，久久为功，着力提升维护金融安全的能力。

**3. 以完善金融制度和规则为重点，提升化解风险和维护金融安全能力**

一方面，对内要着力推进金融改革，形成金融、房地产、实体经济的良性循环，健全金融风险防范化解机制。另一方面，要推动国际金融治理变革。应根据国际货币体系多元化演进趋势，尤其是紧密跟踪国际金融领域出现的新趋势，推动建立更具代表性或适应国际经济格局变迁的国际金融体系。

### （二）政策建议

**1. 深化金融供给侧结构性改革，完善金融系统顶层设计**

强化反垄断和防止资本无序扩张，维护市场公平竞争环境。加快构建多层次资本市场，推动普惠金融发展，形成金融精准滴灌机制。在传统金融领域更加精准有效地处置重点领域风险，拆解交叉金融业务风险，有序化解地方债务风险。加快推进内地构建多层次资本市场，有序承接境外上市公司返回境内融资需求。鼓励企业境外融资目的地多元化、分散化，避免形成对单一市场过度依赖。推进绿色金融发展，实现绿色金融发展与金融业去杠杆相协调，防止绿色项目杠杆率过高、资本空转和“漂绿”问题，做好产能预警与风险监测，保障绿色发展转型稳步推进。

**2. 加快建立健全金融风险防范化解机制**

建立符合中国特色的中央银行制度，完善货币政策、宏观审慎和微观监管三支柱金融稳定框架，建立风险处置资源、手段保障机制，强化监管协调，提升金融监管效能。完善房地产金融宏观审慎管理制度，避免居民部门快速加杠杆，防控房地产市场风险。建立地方党政主要领导负责的财政金融风险处置机制，有序打破城投债“刚性兑付”，强化财政纪律、金融监管、国资管理、审计监督，遏制地方政府债务过快膨胀。加强中央对地方中小金融机构风险处置支持，完善中小金融机构公司治理，建立资本持续补充机制。

**3. 有序推进人民币国际化，构建以人民币为核心的国际投融资体系**

加强账户体系、支付清算体系等人民币国际化基础设施建设，积极推进人民币国际化和数字人民币使用，大力促进与“一带一路”、东盟有关国家的本币结算。加强我国与贸易伙伴的货币互换，扩大人民币在贸易和金融领域的使用范围，构建面向全球的国际投融资体系。

**4. 构建与高水平开放型经济相匹配的跨境资本流动管理体系，统筹对外开放与安全**

一方面，要继续提升跨境贸易投资的便利化水平，不断提升资本市场开放水平，引导外资流入服务于国内大循环，提升国内金融市场的国际影响力。另一方面，应守住我国金融开放的风险底线，不断完善“宏观审慎+微观监管”两位一体管理框架，建立重点机构和主体监测机制，严厉打击外汇违法违规活动，探索更加丰富的宏观审慎手段加强跨境资本流动逆周期调节，如探索完善对银行及企业债权债务的宏观审慎监管标准、对部分跨境证券交易的投资收益及资金征税等宏观审慎管理手段，做好应对跨境资金异常流动的预案。

**5. 研究探索建立金融制裁预警体系与反制裁政策储备**

研究探索建立我国反制裁体系，完善我国对外金融制裁的法律法规，作好相关政策储备。建立贯通外交、金融、商务等领域的外部经济金融制裁预警机制，构建信息系统共享平台。全面摸清我国海外资产底数，做好极端情形下的应对方案。

### 6. 加强区域金融合作，提升应对外部金融制裁能力

重点扩大与东亚、东盟、欧盟金融合作，扩大双边贸易中的本币结算比例，建设区域性支付结算体系。在区域经济合作谈判中，加大金融合作分量，推动金融市场互相开放。深化“一带一路”沿线国家金融合作，加强丝路基金、亚投行等区域性国际金融机构作用。完善清迈协议、金砖国家应急储备安排等现有货币稳定机制。积极参与区域金融合作。

### 7. 推动国际金融治理体系变革，提升发展中国家在现有国际金融治理体系中的地位和作用

积极参与现行国际金融治理体系，持续推动国际货币基金组织、世界银行等改革，为发展中国家争取更多投票权和话语权，推动国际金融组织雇员和高管来源多元化。抓住疫情后全球格局加速调整的长期机遇，提升我国在全球的金融影响力。要以周边地区为重点，积极推动区域性经贸合作，加强区域性金融合作和治理，建立更加适合新兴市场国家利益的新型国际金融治理体系。

执笔人：贺洋　朱鸿鸣　吴振宇

专题十二

# 提高政府治理能力，有效应对未来发展中的各种风险挑战

习近平总书记指出：“当今世界正经历百年未有之大变局，国际形势复杂多变，改革发展稳定、内政外交国防、治党治国治军各方面任务之繁重前所未有，我们面临的风险挑战之严峻前所未有。这些风险挑战，有的来自国内，有的来自国际，有的来自经济社会领域，有的来自自然界。我们要打赢防范化解重大风险攻坚战，必须坚持和完善中国特色社会主义制度、推进国家治理体系和治理能力现代化，运用制度威力应对风险挑战的冲击。”①

政府治理体系和治理能力是国家治理体系和治理能力的重要组成部分，也是整个国家治理体系和治理能力发挥作用的重要保障。我国正处于实现中华民族伟大复兴的关键时期，在实现中华民族伟大复兴的历史进程中面临云谲波诡的国际形势和艰巨繁重的改革发展任务。我们既要高度警惕“黑天鹅”事件，也要防范“灰犀牛”事件；既要有防范风险的预警，也要有应对和化解风险挑战的举措；既要打好防范和抵御风险的有准备之仗，也要打好化险为夷、转危为机的战略主动仗。只有增强忧患意识，提

---

① 《习近平：关于〈中共中央关于坚持和完善中国特色社会主义制度 推进国家治理体系和治理能力现代化若干重大问题的决定〉的说明》，求是网2019年11月5日，http：//www.qstheory.cn/zdwz/2019-11/05/c_1125196044.htm。

高防控能力，运用制度优势着力防范化解重大风险，才能真正保持经济持续健康发展和社会大局稳定。党的十九届四中全会《决定》指出："战胜前进道路上的各种风险挑战，必须在坚持和完善中国特色社会主义制度、推进国家治理体系和治理能力现代化上下更大功夫。"为此，要切实增强政府治理能力，充分发挥制度优势，把制度优势转化为治理效能，以制度优势和治理效能有效应对各种风险挑战。

本专题着重讨论在我国基本实现社会主义现代化的过程中，如何提高政府治理能力以有效应对未来发展中的各种风险挑战。首先，探讨政府治理能力的定义和内涵，以及政府治理体系和治理能力在整个国家治理体系和治理能力中的地位和作用，并分析在我国基本实现社会主义现代化的过程中为何需要提高政府治理能力以防范应对风险；其次，讨论如何提高政府治理能力以应对经济和社会领域的具体风险；最后，就如何健全风险应对机制、有效应对未来发展中各种风险挑战进行分析。

## 一、提高政府治理能力是应对现代化过程中风险挑战的重要保障

### （一）政府治理体系和治理能力在整个国家治理体系和治理能力中具有重要地位和作用

党的十九届四中全会审议通过的《中共中央关于坚持和完善中国特色社会主义制度 推进国家治理体系和治理能力现代化若干重大问题的决定》明确提出，"坚持和完善中国特色社会主义行政体制，构建职责明确、依法行政的政府治理体系"。国家治理体系是在党领导下管理国家的制度体系，包括经济、政治、文化、社会、生态文明和党的建设等领域的一整套国家制度。国家治理能力是运用国家制度管理社会各方面事务的能力，包括改革发

展稳定、内政外交国防、治党治国治军等各个方面。各级行政机关承担着按照党和国家决策部署推动经济社会发展、管理社会事务、服务人民群众的重大职责。政府治理体系和治理能力是政府制度及其执行能力的集中体现。

政府治理体系和治理能力在整个国家治理体系和治理能力中占据重要地位，政府治理能力对国家整体治理能力的发挥具有重大影响，是其他领域和其他层面国家治理能力发挥作用的基础条件。党和国家的各项重要决策部署需要各级行政机关去贯彻和落实；全国人大及其常委会制定的法律和作出的重大决定需要各级行政机关去执行和实施；人民群众对美好生活的向往需要各级行政机关通过履职行为去助其实现。执政党的执政能力、立法机关的立法能力、监察机关的监督能力、司法机关的司法能力的实现都有赖于政府治理能力的保障。没有政府治理体系的有效运作，就没有国家治理体系的有效运行。政府治理能力的强弱是决定所有其他国家治理能力能否顺畅实现和充分发挥作用的关键因素。

政府治理能力的构成要素可以从多个方面来考察。从内容上来划分，可分为政府政治治理能力、经济治理能力、文化治理能力、社会治理能力等；从我国政府当前履行的主要职能来划分，则可以分为经济调节能力、市场监管能力、社会管理能力、公共服务能力等；按照政府治理过程来看，政府治理能力包含决策和计划能力、执行能力、监督能力等。①

衡量政府治理能力强弱的标准主要有三个方面：一是政府的权威性，即政府能在多大程度上得到各方面的支持；二是政府的有效性，即政府能在多大程度上贯彻其政策政令；三是政府的适应性，即政府能在多大程度上通过自我调整以应对新环境新形势的挑战。②

---

① 易学志：《善治视野下政府治理能力基本要素探析》，《辽宁行政学院学报》2009年第11（4）期。

② 刘广磊、任泽伟：《关于政府治理能力的研究评述》，《中共乐山市委党校学报》2011年第13（5）期。

### （二）应对未来的风险挑战必须提高政府治理能力

在基本实现社会主义现代化的过程中，我国面临着一系列风险和挑战。当今世界经历着百年未有之大变局，新冠疫情的全球大流行使这个大变局加速变化，保护主义、单边主义抬头，世界经济低迷，全球产业链和供应链因非经济因素而面临冲击，国际经济、科技、文化、安全、政治等格局都在发生深刻调整，世界进入动荡变革期。今后一个时期，我国将面对更多逆风逆水的外部环境，必须做好应对一系列新的风险挑战的准备。习近平总书记指出："真正实现社会和谐稳定、国家长治久安，还是要靠制度，靠我们在国家治理上的高超能力，靠高素质干部队伍。我们要更好发挥中国特色社会主义制度的优越性，必须从各个领域推进国家治理体系和治理能力现代化。"①

我国在基本实现社会主义现代化过程中所遇的风险多种多样，所需提高的政府治理能力也涉及方方面面，难以在一篇报告中展开事无巨细的论述。为突出重点，以下将着重围绕经济、社会和政府自身三个领域，以防范和化解经济风险、社会风险、政策决策和执行风险为目标，讨论如何提高相关的政府治理能力以有效应对相应的风险。

## 二、增强政府经济治理能力以防范和化解经济风险

增强政府经济治理能力，是实现政府治理体系和治理能力现代化的客观要求，是构建高水平社会主义市场经济体制的重要组成部分，也是防范经济领域风险的必要举措。增强政府经济治理能力，要正确认识社会主义市场经济体制本质特征和市场经济一般规律，认真总结历史经验，合理借鉴国外有益做法，不断完善经济调控工具，提高宏观决策能力和科学化

---

① 习近平：《切实把思想统一到党的十八届三中全会精神上来》，《求是》2014年第1期。

水平。

### （一）增强经济安全的风险预警和防控能力

在我国基本实现社会主义现代化的过程中，经济领域风险挑战不容忽视，重大突发事件需要高度警惕，潜在矛盾积累必须加以防范，经济生活中的短板效应和瓶颈制约亟待化解。必须持续加强经济安全工作，实现重要产业、基础设施、战略资源、重大科技等关键领域安全可控。要进一步加大经济安全风险预警机制建设力度，深化对各种风险的评估研判，完善经济安全风险预警监测体系，提高动态监测和实时预警能力，综合运用调查信息、统计资料、部门工作记录开展监测分析和预测预警，把经济风险隐患消除在萌芽状态。要完善经济安全风险防控体系，加强统筹协调，明确防控任务，综合应对挑战。要继续加强经济安全保障能力建设，以推动相关重点任务和重大项目落地实施为抓手，着力提高重点产业支撑能力、经济动员能力、社会政策托底能力、重大冲击应对能力，为防范和控制经济安全风险提供有力支撑和保障。

### （二）提升宏观经济的风险监测和防控能力

加强基于大数据的宏观经济监测预警能力建设，进一步完善宏观经济景气预报体系，逐步实现宏观经济信息管理的网络化和智能化。加强跨部门跨地区信息交流共享，强化各领域苗头性、倾向性、潜在性问题研判。加强风险防范和应对处置能力，重点加强财政、金融、房地产、重要资源、生态环境等方面的风险防控。建立外部风险冲击预判预警制度，加强不同领域监测预警系统的协同联动。充分运用现代信息技术最新成果，扩大其在创新政府管理和服务方式中的应用。加快建立宏观经济治理基础数据库，建设全国一体化大数据共享交换平台，发挥互联网、大数据、云计算、区块链、人工智能等现代技术手段的辅助决策作用，实现对经济运行动态和结构变化的实时跟踪，增强时效性和精准度，为改善宏观经济治理和防范宏观经济风险提供有力支撑。

### （三）提高经济政策制定和执行能力，守住不发生系统性经济风险底线

完善经济政策的综合协调机制，使经济治理目标制定和政策手段运用保持连贯和协同，加强部门之间的协调，充分发挥经济综合部门的统筹协调作用，实现财政、货币、就业、环保等各项政策手段的优化组合。加强对经济政策的动态管理，把预期管理作为宏观经济治理的重要内容，针对新情况、新问题不断加以调整完善，适时适度进行预调微调，增强政策连续性、应变性、可预期性。加强中央和地方之间的协调，中央层面在搞好经济政策顶层设计的同时，充分考虑地方实际和差异性，有效激发地方积极性；地方层面强化对经济政策的理解和传导，提高执行落实能力。完善金融运行、金融治理、金融监管、金融调控体系，规范金融运行发展。保持货币、股票、债券、外汇和房地产市场稳定。坚持实施稳健的货币政策，保持流动性合理充裕，处理好稳增长、稳就业和防风险的关系，稳定宏观杠杆率，减少和消除风险隐患；有针对性地做好债务处置工作，稳妥有序化解债市风险；稳妥有序化解地方政府债务风险，保障财政金融安全。

### （四）提高与更高水平开放相匹配的监管和风险防控能力

目前，我国已成为世界第二大经济体、最大货物出口国、第二大货物进口国、第二大对外直接投资国、最大外汇储备国、最大国内旅游市场和国际游客来源国。我国企业在海外投资形成的资产规模迅速扩大，我国公

民出境人数迅速增加。要保护海外我国公民和法人安全，完善领事保护工作机制，健全促进和保障境外投资的法律、政策和服务体系，保护我国海外金融、石油、矿产、海运和其他商业利益。要推进企业“走出去”安全保障体系建设，加强对进出口贸易重要运输线路、海外投资重要建设项目的安全保障。坚持共商共建共享，促进政策沟通、设施联通、贸易畅通、资金融通、民心相通，高质量推进“一带一路”共建，在深化合作发展中保障建设安全。要强化安全保障协调，落实工作责任制，开展安全风险评估，加强动态监测和预警，推进风险预警预防、行动保障、信息化保障、政策保障、法律保障等能力建设，加强对外安全合作，把我国海外利益保护和风险防范落到实处。

## 三、增强政府社会治理能力以防范和化解社会风险

坚持和完善共建共治共享的社会治理制度，是推进社会治理现代化的重要制度，对坚持和完善中国特色社会主义制度，维护国家安全、社会安定、人民安宁具有重要意义。党的十九大提出“完善党委领导、政府负责、社会协同、公众参与、法治保障的社会治理体制”，党的十九届四中全会进一步提出“完善党委领导、政府负责、民主协商、社会协同、公众参与、法治保障、科技支撑的社会治理体系，建设人人有责、人人尽责、人人享有的社会治理共同体”。我国社会主要矛盾已经转化为人民日益增长的美好生活需要和不平衡不充分的发展之间的矛盾，人民不仅对物质文化生活提出了更高要求，而且在民主、法治、公平、正义、安全、环境等方面的要求日益增长，更加重视知情权、参与权、表达权、监督权。必须增强政府社会治理能力，聚焦人民期待的增长点，找准各方利益的结合点，更好满足人民群众多层次、差异化、个性化的需求，不

断增强人民群众获得感、幸福感、安全感。现代社会是高风险社会，风险的跨界性增强、传导快，容易形成风险综合体，迫切需要提高政府社会治理能力，整合优化各类社会资源，从事前、事中、事后的整体视角进行防范，从源头、传导、转化等关键环节进行化解，形成互信、互助、互担的整体防控链，提高风险防范化解的前瞻性、系统性、协同性。

### （一）建立联动融合、集约高效的政府负责体制

政府在社会治理中作用发挥如何，直接关系社会治理效能强弱。要以推进国家机构职能体系优化为着力点，完善政府治理体制机制。横向上，要建立信息互通、资源共享、工作联动的机制，实现社会治理资源整合、力量融合、功能聚合、手段综合。纵向上，要打造上层统筹有力、中层运转高效、基层做强做实的治理体系，提高快速响应、精准落地能力。加强市场监管、质量监管、安全监管，完善基本公共服务体系。运用法治方式和现代科技加强源头治理、动态管理和应急处置，推进社会治理精细化。

### （二）完善社会治安防控体系，增强政府社会治理的整体效能

完善社会治安防控体系，要立足整体防控、协同防控、精准防控，有效整合资源力量，形成问题联治、工作联动、平安联创的工作机制，提高预测、预警、预防各类风险能力。提高社会治安立体化、法治化、专业化、智能化水平。要打造点线面均衡布局、网上网下交汇融合、人防物防技防有机结合、打防管控一体化的社会治安防控新格局。着力创新专业思维、专业方法、专业技术，把大数据、云计算、物联网、人工智能作为推动社会治安防控工作创新发展的强大引擎。

### （三）健全公共安全体制，提高政府应急管理能力

完善和落实安全生产责任和管理制度，坚持党政同责、一岗双责、失职追责，建立公共安全隐患排查和安全预防控制体系。构建统一指挥、专常兼备、反应灵敏、上下联动的应急管理体制，优化政府应急管理能力体系，推动应急管理从静态管理、职能管理向动态管理、综合管理转变，从灾害应对向风险管理转变，提高防灾救灾减灾能力。要完善集中统一、高效权威的国家安全领导体制，健全安全法律制度体系，建立健全安全风险研判、防控协同、防范化解机制，增强政府安全能力。

### （四）增强基层政府的社会治理能力，构建基层社会治理新格局

社会治理工作最坚实的力量支撑在基层，最突出的矛盾和问题也在基层，必须把抓基层打基础作为长远之计、固本之策。要发挥基层政府桥头堡功能，坚持和发展新时代“枫桥经验”，把风险和矛盾化解在基层、化解在萌芽状态。坚持重心下移、力量下沉、资源下投，建立健全富有活力和效率的新型基层政府治理体系。向基层放权赋能，制定权责清单，进一步厘清不同层级、部门、岗位之间的职责边界，把更多行政执法管理和公共服务职权下放到乡镇街道。构建网格化管理、精细化服务、信息化支撑、开放共享的基层政府管理服务平台。

## 四、建立健全风险应对机制

提高政府治理能力，应对未来发展中的各种风险挑战，必须提高政府驾驭经济全球化背景下市场经济发展的能力，应对社会结构变化、新技术革命带来的治理方面的挑战，要全面建设与网络化开放社会相适应的现代治理体系。

### （一）加快数字政府建设，强化数据资源安全保护，防范数字化时代的各类风险

随着经济社会持续快速发展，传统的治理模式已越来越难以适应现代治理的需要，必须依托现代信息技术变革治理理念和治理手段，全面提升政府治理效能。加快数字化发展，不仅可以掀起政府部门科学化精准化的效能革命，还能在深化“放管服”改革、优化营商环境、更大激发市场活力和社会创造力等方面发挥更大作用，为政府治理理念、治理结构、运行机制、行为模式及资源配置等带来深层次的结构性变化，有力助推国家治理体系和治理能力现代化。

数据安全是防范各类风险的前提，推动数字化发展必须强化数据安全保障。要加快数据安全法规制度建设，加强金融、能源、电力、通信、交通等领域关键信息基础设施安全保护，强化国家关键数据资源保护能力，增强数据安全预警和溯源能力。建立政府和企业数据安全信息共享机制，提升全天候全方位安全态势感知和持续防护能力。完善数据分类分级安全保护制度，制定数据隐私保护和安全审查制度，加强政务数据、企业商业秘密和个人信息保护。

### （二）从保持现代化进程的平稳性出发，把建立健全高效应对各种突发事件体制机制作为焦点任务

要分析各类突发风险所具有的共同特征，对国内社会领域突发风险、公共卫生领域突发风险、有全局性影响的重大自然灾害、系统性金融风险等重大突发事件建立各种风险防范预案，准备相应的政策工具。要完善突发公共卫生事件监测预警处置机制，健全应急救援、医疗救治、科技支撑、物资保障体系，提高应对突发公共卫生事件能力。要健全和完善国家安全防控和治理体系，推动相关安全立法，识别和防范网络、太空、极

地、深海等领域潜在的安全风险。要加强网络安全风险评估和审查。加强网络安全基础设施建设，强化跨领域网络安全信息共享和工作协同，提升网络安全威胁发现、监测预警、应急指挥、攻击溯源能力。

### （三）建立应对风险的超前研判和预警、预案的科学编制和动态调整、迅速响应、应急能力建设、善后处理五大机制

要健全国家安全审查和监管制度，加强国家安全执法力量，强化风险意识和底线思维，针对经济运行中周期性和突发性等不同情形，分类研究政策措施，形成综合性应对预案和专项应对预案。统筹建立风险研判机制、政策风险评估机制、风险防控协同机制、风险防控责任机制，加强统筹协调，明确防控任务，精准决策发力，综合应对挑战。要健全危机应对体系，做到危机预警、应急指挥、现场处置、恢复重建、事后评估无缝对接，积极引导舆论信息和社会预期。

执笔人：宣晓伟

## 参考文献

[1] 易学志. 善治视野下政府治理能力基本要素探析[J]. 辽宁行政学院学报，2009，11（4）：11-12.

[2] 刘广磊，任泽伟. 关于政府治理能力的研究评述[J]. 中共乐山市委党校学报，2011，13（5）：50-53+58.

[3] 中国行政管理学会课题组.强化政府社会管理职能 提高政府社会治理能力[J]. 中国行政管理，2005，4（3）：79-83.

[4] 姜明安，张璁. 完善国家行政体制　提高政府治理能力[N]. 人民日报，2020-02-04（10）.

[5]《中共中央关于坚持和完善中国特色社会主义制度 推进国家治理体系和治理能力现代化若干重大问题的决定》辅导读本[M]. 北京：人民出版社，2019.

[6]《中共中央关于制定国民经济和社会发展第十四个五年规划和二〇三五年远景目标的建议》辅导读本[M]. 北京：人民出版社，2020.

专题十三

# 拉美国家现代化经验与教训

## ——从“拉美奇迹”到“拉美陷阱”

在现代化后发国家和地区中，拉丁美洲（以下简称“拉美”）地区是起步较早、起效较快、成就也较大的。19世纪初，拉美地区就开始了民族独立运动，并同时开启了其现代化进程；“二战”后，拉美地区民族独立运动达到高潮，其现代化进程也取得辉煌的成就，创造了“拉美奇迹”，成为现代化后发国家的典范。

1982年之后，拉美地区实施过分依赖外债的“负债增长”战略，将发展的主动权完全交给西方大型跨国公司，从而导致殖民经济和经济结构单一化，经济发展严重受控于跨国公司和受国际市场的波动影响，时常处于低端出口制成品市场饱和、外债危机频发境地；同时，严重忽视本国本土经济和中小企业的发展，严重忽视本国企业实用技术的创新和现代企业制度的建立，国内市场和中等收入群体均难以形成，从而导致其现代化进程受阻甚至倒退，并长期停留在中等收入国家的水平上，至今也还没有看到走出困境的希望，这就是所谓的经济发展的拉美化现象，并被称为“拉美陷阱”。从“拉美奇迹”到“拉美陷阱”，其经验和教训十分深刻。

# 一、历史上拉美国家现代化发展的三个阶段

## （一）初级产品出口导向阶段

“二战”之前，拉美地区工业化已经起步，依托其丰富的能矿资源，正确地选择了能源原材料等初级产品出口战略，经济得到较快发展。

拉美地区早期的发展，离不开其丰富的能矿资源和为热带作物及温带农牧产品提供发展条件的自然气候和土地资源。拉美各国可根据其所依赖的初级产品类型大致分成三个类别：一是依靠热带农作物出口的国家，如巴西、古巴和哥伦比亚等国。这些国家早期依靠蔗糖或烟草作为主要的出口产品，从19世纪中叶开始逐渐转向新型热带经济作物，如咖啡、可可和橡胶。二是依靠温带农牧产品出口的国家，以阿根廷为典型。阿根廷通过大力发展畜牧业，尽可能发挥其国内自然地理环境的优势，通过肉类、农产品和羊毛的出口实现了经济的迅速发展。三是依靠矿产品出口的国家，如墨西哥、智利等。这些国家早期较为依赖贵金属资源的出口，但自19世纪末20世纪初开始，初级产品的出口变得更加多样化。[①] 例如，智利在1880—1920年开启了“硝石时代”，而墨西哥则选择在20世纪初发展农业并提升农产品在出口中的份额，以降低其对贵金属出口的依赖。[②] 值得注意的是，许多拉美国家依赖的初级产品出口类别会随着其发展进入不同阶段而发生改变。以委内瑞拉为例，其在1870—1926年以咖啡、可可和黄金三种初级产品作为发展的中心，而在1926年以后，石油迅速主导了委内瑞拉的出口。1926年，委内瑞拉的石油出口超过了农产品出口，占出口总值的64%。到1936年，委内瑞拉90%的

---

① 林被甸：《拉美国家对现代化道路的探索》，《北京大学学报（哲学社会科学版）》1992年第6期。

② 韩琦主编《世界现代化历程：拉美卷》，江苏人民出版社2012年版。

出口总值都是由石油出口创造的。

19 世纪晚期，经济自由主义盛行导致了拉美地区的初级产品出口出现了惊人增长。拉美地区的“欧洲派”推行经济自由主义，崇尚自由贸易，并认为效法英国的自由放任主义就能令拉美地区实现迅速发展。作为结果，拉美地区的对外贸易在 19 世纪后半叶出现了惊人的增长。1870—1884 年，拉美地区的对外贸易额增长了约 43%，远超同时期英国的增长水平（27.2%）。[①] 拉美地区的“欧洲化”政策在一定程度上帮助其摆脱了过去西班牙和葡萄牙的统治遗留下来的影响，并使其经济紧密地和国际贸易市场联系在一起。[②]

同时，拉美地区各国也希望借助来自欧洲和美国的先进技术提升基础设施水平，实现进一步的发展。在这些技术中，对拉美地区产生最重大影响的是铁路技术。自 1852 年智利第一条铁路铺设以来，一股修建铁路的热潮席卷了拉美地区。南美各国的铁路总长度从 1870 年的不到 2000 英里迅速增长到了 1900 年的 2.6 万英里。这些铁路打通了拉美地区初级产品产地和对外贸易港口之间的交通线，促进了自由贸易的增长。修建铁路所需的大量钢材也为拉美国家早期的工业化提供了市场。

以初级产品为特征的出口战略帮助拉美地区实现了长期的经济增长。然而，这种增长并没有改变拉美各国经济畸形增长的局面。由于过度依赖初级产品的出口，拉美地区始终位于由欧美主导的工业经济圈的外围。拉美国家不仅没有出现像美国一样独立的工业化进程，反而对欧洲工业国家的依赖性不断加深。拉美地区的“欧洲派”政治家专注于对欧洲的工业化进行盲目的模仿，却忽视了农业的发展和土地制度的改革，导致工业化缺

---

① 林被甸：《拉美国家对现代化道路的探索》，《北京大学学报（哲学社会科学版）》1992年第6期。

② 尹朝安：《拉美发展模式的制度分析》，《拉丁美洲研究》2005年第3期。

乏必要的前提和动力。拉美地区仅有的早期工业化几乎完全由出口带动，因而极易受到工业国需求变化的影响。这些初级产品出口战略的弊端在1929年世界经济危机中显露无遗。工业国家经济的萧条和贸易保护主义的兴起对严重依赖初级产品出口的拉美发展模式造成严重影响，因而迫使拉美国家放弃自由放任主义，转向其他类型的现代化战略。

### （二）进口替代阶段

在“二战”后初期形成的全球化格局下（有“大萧条”时期工业化国家为解决国内资本过剩而实施的资本输出战略的影响），拉美地区开始大规模引进外资，实施模仿技术、进口替代战略，进一步促进了拉美地区产业升级，创造了“拉美奇迹”。

1929年世界经济“大萧条”对拉美各国依赖初级产品出口的经济模式造成了严重打击。初级产品价格大幅下降以及与欧洲工业国进出口贸易的急剧减少都使拉美各国意识到无法依靠初级产品出口实现现代化。以“咖啡经济”著称的巴西，在“大萧条”期间咖啡出口价格和出口收入都下降了超过60%。1928—1938年巴西出口量减少31.1%，进口量下降63.8%。依赖农牧产品出口的阿根廷同样受到了“大萧条”的严重影响。仅1930—1931年，阿根廷的出口就下降了1/3。1929—1931年，阿根廷的国内生产总值下降了14%，粮食产量减少了20%，阿根廷的货币比索也贬值接近1/4。以矿业为主的智利也是这场世界经济危机的主要受害者之一。1929年智利的出口值为22.93亿金比索，但到1932年这一数值已经下降到2.82亿金比索。随着出口和外国投资的减少，智利矿业受到沉重打击，到1932年矿业生产已经下降了超过50%，且有10万多名矿业工人面临失业难题。①

① 韩琦主编《世界现代化历程：拉美卷》，江苏人民出版社2012年版。

随着初级产品出口战略遭受重创，拉美各国被迫开始探索新的发展模式。除世界经济危机之外，还有两个外部因素为拉美现代化的探索提供了条件。其一是世界经济重心从欧洲向北美转移。进入20世纪后，美国逐渐成为世界上最强大的工业国家。与欧洲殖民帝国相比，美国自然资源较为丰富，对初级产品进口的依赖程度较低。进入20世纪30年代，富兰克林·罗斯福推行的“睦邻政策”在收敛了美国对拉美地区的干预的同时，也进一步限制了欧洲国家对拉美各国的影响力，因而使拉美各国对新现代化道路的探索免于因为外部势力的干扰而夭折。其二是“二战”在对欧洲各国工业造成沉重打击的同时，没有直接波及拉美地区。因此，在“二战”及战后初期，欧洲各国的工业制成品出口减少，为拉美各国发展本国工业提供了动机，而免受战争摧残则为拉美地区的工业化提供了优势条件。

以世界经济“大萧条”为分水岭，拉美各国逐渐放弃其原本依赖初级产品出口的发展战略，并相继推行“进口替代”的工业化模式以促进国家的现代化。拉美国家对进口替代工业化的早期探索往往并非刻意的。“二战”导致的工业制成品出口的减少，使拉美国家不得不发展本国工业以填补国内工业品供需缺口。同时，拉美各国国内的民族主义者也提出，一味地依赖国际市场不利于国家发展稳定的、独立的经济。拉美地区若想改变沦为欧洲工业国商业殖民地的境况，必须优先发展本土的民族工业。以巴西和阿根廷为首的拉美国家在“二战”后决定延续“大萧条”和“二战”期间重视国内需求，发展国内工业和制造业的策略，并在将这种策略与国际贸易理论和“拉美发展主义”相结合后，正式形成了进口替代工业化战略。[①] 拉美各国推行的进口替代战略主要有以下共同特征：一是加强国家

① 韩琦主编《世界现代化历程：拉美卷》，江苏人民出版社2012年版。

对工业化的支持和干预，并由政府设立的专门机构对工业化进行领导和战略规划；二是在关键工业领域建立大型国有企业，加强国家对经济的直接指导与参与；三是通过国家投资加强基础设施建设，为国内工业发展提供有利条件；四是通过优惠的税收政策和低利率鼓励国内资本对民族工业进行投资；五是通过关税和技术等贸易壁垒限制外国工业制成品的进口，以保护尚处于发展早期的国内民族工业；六是通过差别化的汇率，在限制工业制成品进口的同时，降低了引进外国设备和生产资料的成本。

进口替代战略使拉美各国进入了一段高速发展期。1950—1965 年，拉美地区的平均生产总值增长率达到了 5.2%。[①]1960 年，拉美制造业占国内生产总值的比例为 20.8%，远低于发达工业国家的 28.7%；到 1970 年，制造业在拉美国家经济中的份额达到 24.2%，与发达工业国家的差距大大缩小，并遥遥领先于非洲、东亚和南亚等几个制造业占比低于 20% 的地区。[②] 拉美各国进口占国内生产总值的比重从 20 世纪 50 年代开始下降，到 60 年代中期已由 13% 下降到 8.5%。[③] 这一变化说明拉美各国国内工业体系愈发成熟，对外国工业制成品的依赖程度显著降低，工业化程度有了显著提升。[④]

然而，进口替代战略在促进了拉美地区现代化的同时，也造成了许多新的问题。首先，由于进口替代战略强调利用国内需求，工业增长速度受到国内市场需求增长速度的限制，无法形成规模效应。其次，进口替代战略鼓励发展的工业往往专注于投资先进的技术和设备，以节省劳动力的开销，因而无法提供足够的就业岗位。在资本密集型产业逐渐取代劳动密

① 林被甸：《拉美国家对现代化道路的探索》，《北京大学学报（哲学社会科学版）》1992年第6期。

② [美]约翰·希恩：《拉丁美洲的发展模式：贫穷、压制与经济策略》，杨洁译，中国社会科学出版社2020年版。

③④ 林被甸：《拉美国家对现代化道路的探索》，《北京大学学报（哲学社会科学版）》1992年第6期。

集型产业的拉美地区，一旦经济增长速度放缓，失业就成为必须面对的难题。最后，由于工业制成品主要用于满足国内需求，拉美各国出口结构严重失衡。1962 年，拉美地区的平均工业产品占总商品出口的份额仅为 5.1%，且巴西和阿根廷两大较早实施进口替代战略的国家该项数据仅为 3.2%。① 初级产品的出口收入无法填补拉美各国为实现工业化而进口外国先进设备和生产资料所需的开销，因而导致严重的外汇短缺。受到这些方面的影响，许多拉美国家的发展在 20 世纪 60 年代进入停滞阶段，最终导致社会不稳定和政局动荡。

### （三）制成品出口导向阶段

20 世纪 70 年代，是拉美国家现代化发展的黄金时期，在前一段时期进口替代战略发展的基础上，工业化水平大大提升，为实施制成品出口的“雁行战略”提供了条件，经济得到进一步发展，并达到中等收入国家水平。

通过实施进口替代战略，拉美国家的工业化水平得到了明显提升。然而，进口替代工业化模式依赖国内需求，缺乏竞争活力的特点让许多拉美国家经济发展陷入了困境。到 20 世纪 60 年代中期和 70 年代，许多率先推行进口替代战略的拉美国家都面临着严重的经济问题和社会问题。在墨西哥，畸形城市化导致的失业问题愈发严重。由于进口替代战略的实施，大量农村人口进入大城市以希求更高的收入水平。以墨西哥城为例，1930 年时墨西哥城的人口为 100 万人，到 1970 年已经增加到 910 万人。② 然而，通过进口替代战略得以发展的本国工业大多为资本密集型产业，因而只能

---

① [美]约翰·希恩：《拉丁美洲的发展模式：贫穷、压制与经济策略》，杨洁译，中国社会科学出版社2020年版。

② 韩琦主编《世界现代化历程：拉美卷》，江苏人民出版社2012年版。

吸收新增城市劳动力的 10% ~ 15%。[①] 作为后果，墨西哥出现了惊人的高失业率。到 20 世纪 70 年代中期，墨西哥公开的失业率为 10%，但实际失业率在 20% 左右，且有高达 40% 的劳动力处于未充分就业状态。[②]同样作为进口替代战略先行者的巴西，也在同一时期面临着出口结构严重失衡、劳动生产率提高缓慢等问题。

为了应对新出现的挑战，拉美各国决定再一次改变现代化策略，从进口替代工业化模式逐渐转型成制成品出口导向发展模式。20 世纪 60 年代中期，巴西在经历了军人政变后，决定在原本进口替代战略的基础上进行改良，提出了外向型进口替代发展战略。这种外向型进口替代战略将国家工业化的重心从内部需求转移到外部需求，强调“出口即出路”，通过扩大出口和改善商品出口多样性来推动经济发展。同时，巴西外向型进口替代战略也强调充分利用外国资本，发展国内优势工业，确立“拳头”产业，以制造业、采矿业、钢铁业等具有比较优势的产业作为重点，带动其他产业发展。通过对进口替代战略从“内向型”到“外向型”的改良，巴西在 20 世纪 60 年代末至 70 年代初实现了高速发展。1968—1973 年，巴西的国内生产总值年均增长率达到 10.1% 以上，工业年均增长率达到 12.2%，使巴西一举成为世界工业大国，创造了“巴西经济奇迹”。

然而，巴西外向型进口替代战略仍然没有解决进口替代模式中存在的问题，例如，对外国技术和设备的依赖以及因出口构成中缺乏工业制成品而导致的结构性失衡和外汇短缺等。到 20 世纪 70 年代中期，拉美各国再一次面对机构改革的难题。智利率先提出要从进口替代发展战略过渡到新模式，即出口导向发展模式。出口导向发展模式强调要重视工业制成品的出口，以外部需求作为工业现代化的驱动力，提高企业的国际竞争力并走

①② 韩琦主编《世界现代化历程：拉美卷》，江苏人民出版社2012年版。

向国际市场。为了促进制成品出口，拉美工业需要根据国际市场的选择尽可能发挥比较优势，实现生产专门化。为了让市场重新支配经济发展，国家只对经济进行有限干涉，并减少对国内工业的保护政策和资助，降低关税，通过国际竞争让经济重新焕发活力。通过实施制成品出口战略，拉美各国减少了经济增长对国内需求的依赖性，并使出口多样性显著提升。1962 年，拉美地区出口工业制成品占总商品出口的份额仅为 5.1%，到 1980 年，这一数值已经提升到 22.2%。其中，巴西从 3.2% 提升到 38.6%，智利从 3.7% 提升到 20.2%，墨西哥从 15.6% 提升到 39.6%，阿根廷从 3.2% 提升到 23.2%。[①] 到 20 世纪 70 年代末，拉美各国经济已从 70 年代中期的发展停滞中复苏，并进入一段短暂的繁荣期。据世界银行数据显示，智利在 1972—1975 年出现了负增长，并在 1975 年经历了严重的经济衰退，国内生产总值下降了 12.9%。但随着制成品出口战略的实施，智利经济发展逐渐回归正轨，并在 1977—1980 年实现了高速发展，连续 4 年国内生产总值增速超过 7.7%。同样面临结构性难题的墨西哥，在 1972 年后经济增长速度连续 5 年放缓，从 1972 年的 8.2% 下降到 1977 年的 3.4%。随着出口经济重新得到重视，墨西哥同样在 20 世纪 70 年代末期进入一段快速增长期。在 1978—1981 年，墨西哥国内生产总值实现了连续 4 年高于 8.5% 的高速增长。

然而，制成品出口战略无法解决拉美国家现代化面临的根本性问题。首先，对外国资本和技术的依赖仍然存在，甚至愈加严重。在初级产品价格逐渐降低的大前提下，拉美地区通过制成品出口得到的外汇仍然无法平衡引进外国设备所需的巨大开销，政府不得不通过借债以获取发展所需的资本，最终引发了 20 世纪 80 年代严重的拉美外债危机。其次，制成品出

① [美]约翰·希恩：《拉丁美洲的发展模式：贫穷、压制与经济策略》，杨洁译，中国社会科学出版社2020年版。

口战略所提倡的减少贸易保护和政府干涉，在许多拉美国家出现了“去工业化”现象。制成品出口战略的实施，让拉美国家工业企业不得不面临来自国际市场的激烈竞争，许多国内企业被迫倒闭。以智利为例，在为推行制成品出口战略所进行的改革期间，智利国内破产的企业达到了4000家。[①]1970年，拉美地区制造业占国内总产值的比例为24.25%，到1981年已减少到20.7%。[②]在20世纪80年代的债务危机中，拉美制造业的年均增长率仅为0.1%，是受到影响最为严重的经济部门。[③]

## 二、拉美国家跌入“拉美陷阱”的五大教训

20世纪80年代以来，拉美国家转变了制成品出口导向战略，放弃了继续不断提升制成品档次的正确战略。在发达国家诱导下，拉美国家继续实施严重依赖外债发展经济的错误战略，严重忽视了产业技术升级和创新，而且还过分依赖西方发达国家的资金和市场。其结果就是，随着发达国家初级制成品市场的饱和，拉美国家大好的现代化发展势头迅速消失，并很快跌入“拉美陷阱”的深渊，时至今日都还没有从这种困境中走出来的迹象。总结其教训大体可归纳为以下五个方面。

### （一）发展方式转换滞后，发展后劲不足，结构调整与升级不及时

20世纪80年代以来，拉美国家发展方式转换滞后，发展后劲严重不足，长期停滞在中低端产品的制造上（这些产品进入门槛低、竞争者众，

①③　苏振兴、张勇：《从“进口替代”到“出口导向”：拉美国家工业化模式的转型》，《拉丁美洲研究》2011年第4期。

②　[美]约翰·希恩：《拉丁美洲的发展模式：贫穷、压制与经济策略》，杨洁译，中国社会科学出版社2020年版。

一旦市场饱和就将迅速失去发展前途和优势）。这同时也是西方发达国家产业转移不系统、有意不配套、不全面转移的结果。

拉美国家早期初级产品出口导向、进口替代和制成品出口导向取得巨大成就，但也产生了严重依赖发达国家的发展惯性和模式，自我发展能力的提升和发展方式的转换受到忽视，在向高收入国家迈进的过程中，必然受到发达国家的严重制约甚至刻意的阻碍。

自20世纪70年代中期开始，由于进口替代战略局限性愈发明显，拉美各国实施制成品出口导向战略。制成品出口导向战略强调，要尽可能减少政府对市场的干预，发挥拉美各国的“静态比较优势”，即能矿自然资源优势。因此，拉美国家放弃了对国内工业的保护，并将发展重心转移到依靠自然资源和非熟练劳动力的基础工业上。此外，由于制成品出口战略强调“小政府，大市场”，许多拉美国家减少了在科技创新领域的投入，阻碍了知识密集型的高端产品的研发和生产。以同时期经历了经济高速发展和现代化的韩国作为对比，1970—2000年，韩国“研发密集型”产业在所有制造业中所占的比重从10.7%提升到了60%，增加了近50个百分点；而在1970年“研发密集型”产业占比接近韩国两倍的拉美地区，在2000年该项数据仅为28.3%，仅仅增加了约7个百分点。[①] 事实上，早在20世纪50年代后期，专注于中低端产品（非耐用消费品）生产的拉美国家就已经感受到这种模式的弊端，尤其是国内市场较小的国家，如乌拉圭、智利和阿根廷，一旦国内市场饱和，在国家过度保护下缺乏竞争力的拉美民族工业难以在国际市场上与外国工业竞争，经济发展就陷入困境。[②] 尽管这三个国家通过推动地区经济一体化和鼓励出口等方式帮助经济复苏，但

---

① 贾根良、于占东：《自主创新与国家体系：对拉美教训的理论分析》，《天津社会科学》2006年第6期。

② 苏振兴、张勇：《拉美经济增长方式转变与现代化进程的曲折性》，《拉丁美洲研究》2011年第5期。

工业产业结构的根本性问题仍然没有得到解决。尽管在 20 世纪 60 年代有些拉美国家尝试推动产业结构重点从中低端产品向高端产品转移，但在制成品出口战略取代进口替代战略后，这些结构调整也逐渐被中止了。

除了国内工业产业结构升级不及时之外，拉美国家强调自由贸易和国际市场作用的战略吸引了大量跨国公司，并对经济现代化起了反效果。20 世纪 90 年代，为了从 20 世纪 80 年代的债务危机中复苏，许多拉美国家接受了西方“新自由主义”改革理念，希望通过开放自由市场恢复经济发展。为了开放国内市场，拉美各国相继放松了对外资进入国内市场的限制。然而，外资的进入并没能让拉美地区实现可持续发展，反而对拉美经济造成了负面影响。跨国公司的大量涌入对拉美各国的本国工业造成了极大冲击。外国企业进驻拉美地区，通常是希望借助拉美地区非熟练劳动力的价格优势，降低生产成本。为了最大化利润，许多跨国企业在产业转移的过程中对生产环节进行了分割，将技术创新部门和工程服务留在位于发达国家的总部，再从海外市场获取生产资料，转移到拉美国家的只有较为依赖非熟练劳动力的装配环节。这样的产业转移所产生的附加值较低，也没有对拉美国家的技术创新产生促进作用。许多外国资本选择以企业接管的形式进入拉美市场，即直接收购拉美国家现有的企业。这样的外国投资既没有开发新的市场领域，也没有给拉美国家国内企业提供学习技术的机会，甚至会挤压国内投资的空间。公司被收购的拉美企业家，要么成为外国资本的代理管理者，要么被迫成为退休人员，失去了为国家现代化作出贡献的机会。[①] 外资的涌入还抬高了拉美国家货币的币值，让本就缺乏国际竞争力的拉美民族工业更难在出口中抢占份额，最终导致拉美各国进口

① [美]约翰·希恩：《拉丁美洲的发展模式：贫穷、压制与经济策略》，杨洁译，中国社会科学出版社2020年版。

增长速度超过出口，在20世纪90年代普遍出现了贸易逆差增大的情况。[①]外国资本在进入拉美国家后所赚取的利润外流回到发达国家，对拉美地区增加就业和建设基础配套设施等方面的贡献有限。[②]拉美地区受到外国资本关注较多的几个国家，如墨西哥、巴西和阿根廷，都在20世纪90年代或21世纪初经历了经济危机（1994年墨西哥金融危机、1999年巴西货币危机和2001年阿根廷经济危机），证明了发达国家产业向拉美地区不全面转移对拉美地区的经济稳定性造成了负面影响。

### （二）宏观调控多次失误

20世纪80年代，拉美国家国际收支严重失衡，外债失控，尤其是货币政策失误，带来多次严重的通货膨胀。

外债问题自拉美各国实施进口替代工业化战略以来，就一直是威胁拉美地区发展可持续性的不稳定因素。由于进口替代工业化强调重视国内需求，拉美地区生产的工业制成品几乎全部流入国内市场。到1962年，绝大部分拉美国家的出口中初级产品占总出口的90%以上。与此同时，为了实现进口替代，拉美民族工业大量引进外国设备，因而导致严重的外汇短缺。到20世纪70年代中期，由于世界石油价格飙升，国际资本流动性过剩，市场上出现了大量低利率贷款。拉美各国秉持着“高投资，高增长”的理念，试图大举外债以刺激发展。1973年拉美地区外债总共为428亿美元，到1977年增加到1073亿美元，1980年增加到2210亿美元，1982年超过了3000亿美元。[③]以墨西哥为例，由于墨西哥在20世纪70年代发现

---

① 苏振兴、张勇：《拉美经济增长方式转变与现代化进程的曲折性》，《拉丁美洲研究》2011年第5期。

② 吴国平：《拉美国家经济改革的经验教训》，《拉丁美洲研究》2003年第6期。

③ 林被甸：《拉美国家对现代化道路的探索》，《北京大学学报（哲学社会科学版）》1992年第6期。

了大量石油，政府在大力发展石油部门的同时，也增加了投资和工业制成品的进口。作为结果，石油出口赚取外汇的速度无法赶上进口增长消耗外汇的速度，以致在 1977—1981 年墨西哥的贸易赤字高达 164 亿美元。① 墨西哥政府不得不大量借债以填补外汇缺口，偿付利息。1978—1981 年，墨西哥在实现经济增长率达到 8.5% 的同时，债务总额增长了约 20 倍。② 到 20 世纪 70 年代末，拉美国家所积累的债务早已超出了本国经济偿还能力。这种由进口替代工业化模式的缺陷所产生的国际贸易收支不平衡和过度举债，是 20 世纪 80 年代拉美国家深陷外债危机的根本原因。

20 世纪 70 年代末，受到伊朗革命等国际形势影响，世界油价飙升。为了控制通货膨胀，西方发达国家实行了货币紧缩政策，导致国际利率上升，借贷成本在短时间内上升 42%。1982 年，由于外汇储备不足，墨西哥无力支付高达 800 亿美元的债务，宣布停止偿债。之后，有 16 个拉美国家相继宣布停止偿债。作为回应，大部分银行不再向拉美各国提供跨境贷款。失去了贷款这一主要平衡外汇手段，拉美各国的现代化进程不得不陷入停滞。由于外汇储备枯竭，拉美国家不得不让本国货币贬值。1982 年墨西哥货币比索与美元的比价为 12∶1，到 1989 年比索的不断贬值已经让这一比例增大到 2300∶1。经济增长的停滞和货币的贬值更是加重了本就严重困扰着拉美地区的通货膨胀问题。仅 1982—1983 年，阿根廷的通货膨胀率就增加了 80%，巴西的通货膨胀率增加了 116%，秘鲁的通货膨胀率增加了 50%，乌拉圭的通货膨胀率则增加了 40%。除通货膨胀以外，债务危机还导致严重的资本外流，国内企业纷纷倒闭，地区失业率飙升。债务危机期间，拉美地区的平均失业率超过 15%，人民生活水平严重下降。与此

---

① 韩琦主编《世界现代化历程：拉美卷》，江苏人民出版社2012年版。

② 孙立、薛永昭：《拉美国家债务危机的成因及对中国的启示》，《长春市委党校学报》2003年第4期。

同时，拉美经济的增长也彻底陷入了停滞。20 世纪 80 年代，拉美地区的国内生产总值年均增长仅有 1.1%。以巴西为例，在 1981—1990 年间，有 5 年出现了经济负增长。[①] 同期，阿根廷出现了 4 年经济负增长，墨西哥则有 3 年经济负增长。在拉美各国经济中，工业受到的影响较为严重，在危机期间年均工业产值增长率仅为 0.5%。[②] 由于在债务危机期间拉美地区发展和现代化进程几乎停滞，20 世纪 80 年代也被称为拉美“失去的 10 年”。

### （三）农业和社会发展严重不足，城镇化过度超前工业化

拉美地区农业现代化进程慢且不成功。实施了土地高度集中的大农场发展战略，但农业生产手段现代化程度低、产出效率不高；同时，还使大量中小农户破产，被迫进入城镇，而城镇工业发展不足，又被迫成为贫民窟；此外，工业化和社会公共服务严重不足，难以解决广大民众的就业需求问题，城镇发展基础设施严重滞后，出现过度城镇化现象。

除了产业结构和债务问题外，拉美地区进口替代工业化模式还存在着片面追求工业化、忽视农业和社会配套设施的发展、导致农业生产效率低下和畸形城市化的问题。拉美地区农业曾在初级产品出口时期作为许多国家主要的发展驱动力。然而，随着拉美各国实施进口替代工业化，政府专注于为发展中的拉美民族工业保驾护航，从而忽视了农业发展的重要性。缺乏有效的土地改革是拉美地区农业生产效率低下的一个主要原因。“二战”后的拉美地区，绝大部分的土地掌握在大农场主手中，普通农民要么没有土地，要么土地太小以至于无法让小农场主摆脱贫困。1950 年，在拉

① 韩琦主编《世界现代化历程：拉美卷》，江苏人民出版社2012年版。

② 孙立、薛永昭：《拉美国家债务危机的成因及中国的启示》，《长春市委党校学报》2003年第4期。

美地区占有土地较多的 9.5% 的人占据了 90% 的土地。[①] 这些大农场主往往倾向于采用资本集中和土地集中的生产方式，在每单位面积土地上投入的劳动力远少于小农场主和自耕农。因此，不平衡的土地分配导致拉美国家农业剩余劳动力增加，让大量的农业人口需要非农就业以维持生计。

在拉美国家，公共政策往往无法使土地的分配更加公平，因为在政府官员和议员中有许多人就是大庄园主出身。由既得利益者主导的政府在面临土地改革问题时自然难以下定决心或付出实际行动。市场调节也无法影响土地分配的格局，因为小农场主和自耕农的收入完全不足以购买享受着诸多政治和经济特权的大庄园主手中的土地。在这种情况下，拉美地区农业长期由大庄园主主导，最终导致每单位面积生产效率低下、提供就业机会较少等问题。大庄园主生产模式对拉美国家的国际收支也产生了负面影响。由于劳动力投入较少，生产效率低下，许多拉美国家在工业现代化进程中逐渐沦为缺粮国，不得不消耗外汇从国外进口粮食。[②] 以墨西哥为例，在“二战”后早期，墨西哥的农业产能和出口明显高于其他拉美国家。然而，到了 20 世纪 70 年代，墨西哥的食品出口显著减少，连作为墨西哥传统食品的玉米和豆类作物都逐渐依赖进口。除粮食进口之外，由于大农场主倾向于资本集中型的生产方式，大庄园往往需要引进大量外国设备用于农业生产，这进一步加深了拉美国家外汇短缺的困境。

农业发展停滞还带来另一个问题，就是畸形城市化。由于土地被掌握在小部分大庄园主手中，农业就业岗位增长缓慢，大量农村人口被迫从事非农业工作以维持生计。20 世纪 30 年代的世界经济“大萧条”后，由于实施了进口替代战略，拉美各国主要城市制造业增长迅速，基础设施

---

① [美]约翰·希恩：《拉丁美洲的发展模式：贫穷、压制与经济策略》，杨洁译，中国社会科学出版社2020年版。

② 林被甸：《拉美国家对现代化道路的探索》，《北京大学学报（哲学社会科学版）》1992年第6期。

建设水平明显提升，大量农村人口涌入工业中心以寻求更好的就业机会。1925—1975 年，拉美地区的城市化比例从 25% 增加到了 61.2%，增长幅度为 36.2 个百分点，远超世界平均值的 17.4%。① 然而，由于进口替代工业化下发展的拉美工业多为资本集中产业，依赖先进外国技术和设备，工业增长为拉美地区创造就业机会的速度远不如农村人口迁入城市的速度和城市人口自然增长的速度。许多拉美国家政府并未预料到如此迅速的城市化，导致政府准备不足，无法为迅速增长的城市人口提供相应的住房和福利保障。大量在城市无法进入制造业、在农村又无法从事农业工作的劳动力，最终选择留在大城市周边依靠非正规就业维持生计。这些人大都在基础设施匮乏、政府监管能力较差的城市边缘地区非法占有土地，搭建简陋住房，久而久之形成了大规模的"贫民窟"。根据 2011 年的统计数据，拉美地区居住在贫民窟的人口高达 1.11 亿人，占城市总人口的 24%。墨西哥城有 500 多个贫民窟，居住人口达到约 400 万人；巴西里约热内卢有 1020 个贫民窟，居住人口达到 200 万人，圣保罗市同样有超过 150 万人居住在贫民窟中。② 这些居住在贫民窟的城市人口大多在通过非正规就业维持生计，收入水平较低，且缺乏有效的劳动保护和社会保障。由于拉美国家的迅速城市化对大城市基础设施造成了极大负担，产生了大量失业人口和依赖非正规就业的贫民窟人口，使贫困问题愈加严峻，因此这种与现代化和工业化速度不相匹配的城市化被称为"过度城市化"。

### （四）收入差距过大，民生事业落后，社会矛盾较大

收入分配极度不均衡是拉美地区现代化进程中遭遇的另一大难题。在拉美地区通过实施进口替代战略促进经济稳定增长的时期，社会贫富差距

---

①② 杜凤姣、宁越敏：《拉美地区的城市化、城市问题及治理经验》，《国际城市规划》2015年第S1期。

就较为悬殊。在20世纪50年代至70年代，由于拉美国家政府片面强调工业增长，忽视社会全面发展，拉美地区在促进工业化进程的同时未能解决高失业率和高贫困率等问题，被总结为“高增长率可以与就业形势恶化、贫困等问题并存”①。在这段时期，拉美国家中较早实施进口替代战略推动工业化进程的国家，反而面临着更严峻的收入分配问题。从1960年至1970年，巴西60%低收入阶层收入所占全国收入比重从25%降低到了21%，60%低收入阶层实际收入年均增长率仅为1.2%，远低于全国平均水平3.1%。同样较早实施进口替代战略推动工业化的墨西哥，在1963—1975年，60%低收入阶层收入占全国收入的比重从22%降低到20%，60%低收入阶层实际收入年增长率仅有2.4%，明显低于全国平均水平3.2%。②除直接收入差距以外，不公平的福利制度也使拉美地区的社会不平等更加严重。在进口替代战略时期，许多拉美国家的社会保障优先覆盖了军人、公务员和工业产业管理者等原本就社会地位较高、生活质量较好的群体，而社会中的贫困者则往往在最后才被社会保障覆盖到，且缴费较高，从社会保障中得到的福利较少。因此，尽管拉美国家在推进工业现代化的同时效仿西方国家建立了一套社会保障制度，但这种制度不仅没有减轻社会不平等，反而导致逆向的再分配效应，让人民生活水平的不平等更加严重了。③

20世纪80年代，受到债务危机的影响，拉美地区的经济增长陷入停滞，社会问题进一步恶化。为了解决进口替代战略带来的结构性难题，许多拉美国家进行了“新自由主义改革”，对经济进行了私有化，强调通过市场调节改善产业结构，发挥比较优势，促进经济发展。然而，私有化经

---

①② 苏振兴：《增长、分配与社会分化——对拉美国家社会贫富分化问题的考察》，《拉丁美洲研究》2005年第1期。

③ 房连泉：《社会分化、贫富差距与社会保障——拉美国家福利体制变革的经验教训》，《拉丁美洲研究》2008年第2期。

济进一步加剧了收入分配的不平等现象。拉美国家中与当权者关系密切的财团低价收购了大量原本由政府控制的重要产业中的国有资产，从公共财富中获取了巨额收益。而普通工人阶层在改革过程中面临着不断提高的被裁风险，许多原本为国有企业工作的工人沦为失业人员，让社会生活水平的差距进一步拉大。在劳动力市场的“新自由主义”改革消除了许多对于企业而言不利的因素，如取消集体谈判制度、放宽解雇限制、减少解雇补偿、劳工合同灵活化等。这些改革降低了企业解雇员工的成本，产生了更多的结构性失业，并使企业管理者和工人阶级之间的收入不平等更加严重。① 20 世纪八九十年代，巴西、阿根廷和墨西哥收入都明显向少数人集中。1979—1996 年，巴西收入前 10% 的城市家庭收入在城市总收入中所占比重从 39.1% 提升到 44.3%，而后 60% 的城市家庭收入在城市总收入中所占比重从 24% 降到了 21%。在墨西哥，1984—1998 年收入前 10% 的城市家庭的收入占比从 25.8% 大幅提升到 34.8%，而后 60% 的城市家庭收入占比从 37% 减少到 30.9%。阿根廷在 1980—1997 年收入前 10% 的城市家庭收入占比从 30.9% 提升到 35.8%，而后 60% 的城市家庭收入占比则从 33.1% 减少到 28.3%。拉美国家的基尼系数变化同样反映出“新自由主义”改革对拉美地区收入分配造成的负面影响。在改革后，智利的城市家庭基尼系数从 20 世纪 70 年代中期的 0.44 增加到 80 年代中期的 0.55。墨西哥的基尼系数从 80 年代中期的 0.47 增加到 90 年代中期的 0.54。阿根廷的基尼系数则从 80 年代中期的 0.41 增加到 90 年代中期的 0.49，甚至在 21 世纪初爆发的经济危机影响下升至接近 0.6。收入分配不均导致拉美国家内部社会分化严重，矛盾不断激化，增加了政治不稳定性，成为影响拉美地区现代化进程的重大不利因素。

---

① 陈平：《制度、政策与收入分配——拉美收入分配问题的历史演变及其对中国的启示》，《拉丁美洲研究》2008年第2期。

### （五）可持续发展受到忽视

拥有大量森林资源、能矿资源的拉美地区是全球生态环境资源最丰富的地区之一。然而，在拉美国家寻求推进工业化、现代化的过程中，生态环境遭到了严重破坏，对拉美地区的可持续发展造成了诸多阻碍。来自发达国家的高污染产业转移也对拉美地区的环境产生了许多负面影响。发达国家通过将高污染的工业产业向外部转移减小了自身面临的生态环境压力，却让片面追求发展的拉美地区的生态环境付出了代价。①

目前，拉美地区主要面临三大生态问题。第一是拉美地区森林资源受到大面积破坏。拉美地区是全球森林资源最丰富的地区，在土地占全球的14%、人口不超过全球10%的情况下，拥有世界森林面积的22%。跨越8个拉美国家的亚马孙热带雨林是世界上最大的热带雨林。然而，自20世纪以来，拉美的森林面积一直在缩小，尤其在1990年以后更是成为世界毁林的重灾区。在1990—2005年，拉美地区森林面积减少6450.6万公顷，占其森林总面积的7%。拉美地区森林资源遭到严重破坏，主要是由过度取材、过度开垦以及缺乏对森林资源有效的治理和保护所致。尽管许多拉美国家，如巴西，已经通过出台专门的法律、设立自然保护区或者激励人工植林以加强对森林的治理，但拉美地区森林资源仍然在遭到持续的破坏。这种毁林现象的影响将不只局限在拉美地区内部，因为一旦世界上最大的雨林、也是最大碳库的亚马孙雨林遭到破坏，全球森林碳汇将会受到严重影响，气候变暖的速度可能会大大加快。

第二是淡水污染。拉美地区是全球淡水资源最丰富的地区。拉美地区在人口占全球约8.5%的情况下，拥有全球超过15%的淡水资源。然而，受到拉美地区“过度城市化”的影响，许多拉美城市污水处理基础设施未

① 黄鹂、蔡弘：《拉美国家生态环境变迁及其对中国的启示》，《北京林业大学学报（社会科学版）》2015年第2期。

能与迅速增长的城市人口匹配，大量未经处理的生活污水、工业污水和废弃污染物直接排向淡水水体，导致水质恶化，水污染严重。尤其是居住在贫民窟的家庭缺少基本的配套设施，生活垃圾与污水直接排向河流，严重污染了水源。1980 年，巴西有 50% 的住房没有下水道设施，有 24% 的家庭没有自来水管道。2001 年，阿根廷仍然有 27.6% 的住房没有室内自来水管道，超过一半的住房没有下水道设施。严重的水污染对拉美人民的水安全造成了严重威胁。根据联合国的报告，拉美地区仅 40% 的污水进行过低水平的处理，剩余的污水都在毫无处理的情况下直接流入水体。水体污染让拉美地区患消化道疾病的风险增加了 90%，也成为伤寒、肝炎、霍乱、痢疾等传染病传播的最常见途径。在 1991 年拉美地区暴发的导致 130 万人患病、1.2 万人死亡的大规模霍乱，就是水体污染和水处理设施不完善导致的清洁自来水不足带来的灾难性后果。①

第三是空气污染。由于拉美地区在进口替代工业化和接受发达国家产业转移的过程中发展了许多高污染工业，经济增长让机动车保有量迅速增加，拉美国家空气中排放的有害气体迅速增加。1970—1997 年，巴西圣保罗市的人口增加了 2 倍，而汽车保有量则增加了 6 倍。② 在 21 世纪初，拉美国家受到空气污染影响的居民超过 8000 万人，每年有 230 万名儿童因为空气污染而患上慢性呼吸道疾病。③2004 年联合国环境署在墨西哥城发布的报告指出，在随后的 20 年中，拉美地区平均每年可能有超过 14 万人因空气污染而死亡。④

①②④ 程晶：《城市化进程中拉美国家城市环保的经验及教训》，《世界历史》2007年第6期。

③ 黄鹂、蔡弘：《拉美国家生态环境变迁及其对中国的启示》，《北京林业大学学报（社会科学版）》2015年第2期。

## 三、对我国的若干启示

当前中国正处于现代化的关键历史时期，全面建设社会主义现代化国家新征程已经开启，如何避免拉美国家“中等收入陷阱”、成功实现现代化是国家发展的重要议题。通过对拉美国家现代化历程中的经验和教训进行研究，可以为中国的现代化得到以下若干启示。

### （一）注重结构调整与升级，补齐农业和社会发展短板，强化可持续发展，努力实现全面发展

要以国内经济整体发展为主，以“五位一体”为总体布局形成经济、政治、社会、文化和生态全面均衡协调发展新局面，促进中国特色社会主义市场经济体系的不断完善。

一是促进国内经济发展，形成双循环发展新格局。拉美地区在初级产品出口战略时期和进口替代战略后期面临的困难，证明了制成品出口对国家经济可持续发展的重要性。要坚持改革开放以来中国积极融入国际大循环的趋势，进一步扩大对外开放，继续提升中国制成品的国际竞争力；同时，以外向型经济带动国内大循环的发展，充分利用国内需求，促进产业结构转型，提升抵御外部风险的能力，让双循环相互促进，实现从高速增长向高质量增长的转变。

二是在形成双循环发展新格局的同时，强调“五位一体”总体布局，注重全面发展，在积极推进经济建设的同时，也要重视政治建设、文化建设、社会建设和生态文明建设。拉美地区在进口替代战略时期过分注重经济建设，盲目追求工业化，导致许多严重的社会问题，如过度城市化、收入分配极端不均衡、贫困问题迟迟无法解决等。同时，许多拉美国家缺乏有效的政治建设，没有以人民对美好生活的向往作为目标，政治权力长期

被大庄园主和其他特权阶级掌握，迟迟无法推行有效的土地改革，忽视作为民生基本的农业的发展，在工业化过程中盲目追求先进技术，却并未考虑资本集中型产业创造就业较少的问题，导致拉美经济发展不平衡，失业率和非正规就业率极高。生态文明建设上，拉美国家的工业化过程带来了严重的森林破坏、水污染和空气污染问题，对拉美地区可持续发展造成了负面影响。中国在建设社会主义现代化国家的新征程中，要以"五位一体"为总体布局，推动全面发展，让经济、社会、文化、生态和政治全面均衡协调发展，通过稳定的社会环境、健全的制度、持续优化的生态环境和不断发扬的中国文化为高质量发展保驾护航。

三是推动建设社会主义市场经济，形成政府与市场关系新突破，以市场和政府有机结合的新经济机制促进高质量发展。拉美国家在进口替代战略时期，忽视市场的作用，过度保护国内工业，导致拉美工业缺乏国际竞争力，无法在国际市场中与外国竞争，出口结构长期以初级产品为主，在国内市场饱和后失去了发展驱动力。在"新自由主义"改革时期，拉美国家又过分迷信市场，忽视了政府调控在经济发展中不可或缺的地位，导致拉美地区出现了去工业化现象，收入分配愈发不均，失业率高涨。中国特色社会主义市场经济既要发挥由市场配置经济资源的高效率，又要发挥社会主义政治体制的作用，完善市场体系，对市场行为进行监管，有效防范市场经济可能带来的弊端，让有效市场和有为政府能够充分结合，形成适应高质量发展模式的新经济运行机制。

### （二）强化发展方式转换，防止发展后劲不足，努力增强创新引领发展

要强化自我发展能力建设，牢牢掌握发展主动权，不断增强发展后劲，以重视由科技创新、经济社会结构创新和体制创新组成的创新发展理

念，以创新驱动国家现代化，实现高质量、可持续的发展。

一是要以科技创新为引领，不断提升和增强全面发展的动力和活力。在拉美地区现代化历程中，缺乏自主创新，对外国先进技术和设备依赖程度高是一直未能得到解决的难题。引进外国的先进技术设备意味着需要花费大量的外汇，而出口过于依赖初级产品的拉美各国又难以通过出口补充足够的外汇，只能举债发展，最终爆发了 20 世纪 80 年代的拉美债务危机。与发达国家相比，我国在创新研发领域的投入还有很大的提升空间。2013 年，我国研发费用占国内生产总值的比重为 2.01%，低于美国的 2.725% 和韩国的 4.149%。[①] 近年来，我国对科技创新的投入明显提升，与其他创新大国之间研发投入差距也逐渐缩小。根据经济合作与发展组织（以下简称“经合组织”）的数据，2010 年我国研发费用占国内生产总值的比重为 1.714%，比经合组织国家的平均水平低了 0.538 个百分点。到 2019 年，我国的研发费用占国内生产总值的比重已经提高到了 2.235%，与经合组织国家的平均水平之间的差距也缩小了 0.24 个百分点。要实现高质量、可持续的发展，必须强调科技创新的重要性，以自主创新驱动生产力的发展，让经济发展的模式从生产要素投入型增长转变为创新型增长。

二是要以经济社会结构创新为引导，对社会生产要素的配置进行优化，确保国内产业结构能够最大化发挥我国的比较优势。拉美国家在实施进口替代战略时，受到大庄园主等既得利益集团的阻碍，对土地的改革始终浮于表面，最终未能公平地分配土地资源，导致拉美地区农业逐渐落后，许多国家从主要产粮国变为粮食进口国。要实现高质量、可持续的发展，必须坚定推动有益于提升生产效率的经济社会结构创新，促进科技与社会经济发展的深度融合。

---

① 李天国、沈铭辉：《中等收入陷阱的成因及启示:基于拉美与韩国经验的比较》，《拉丁美洲研究》2018年第4期。

三是要以体制创新为引擎，不断优化和完善全面发展的经营环境。在拉美地区的现代化进程中，一直缺乏一种能为可持续发展保驾护航的稳定的政治经济体制。不断发生的政变和不断变化的经济体制都对拉美地区的发展造成了阻碍。在我国开启全面建设社会主义现代化国家新征程的当下，充分发挥中国特色社会主义体制的优势，为全面发展提供稳定的环境，是现代化的重头戏。要深化体制改革，推进体制创新，更好地发挥政府的作用，在统筹协调全面发展的同时，给予善于创新、重视创新的企业更多的支持，让企业在有监管的市场竞争中提升自身竞争力，在良好的经营环境中为全面发展作出贡献。

### （三）进一步完善经济发展的宏观微观协调机制，努力增强宏观微观调控有效性

从宏观调整看，进入新常态以来，我国经济增长已处于长期下行的“L 形”状态，这是我国经济进入高质量发展新阶段的必然趋势，也是世界各国工业化城镇化发展共同经历的必然过程。拉美国家面对这样的宏观经济形势，缺乏有效应对，错误和漏洞百出，我们应该认真总结其教训，努力加以避免。为此，我们需要进一步完善经济发展宏观微观协调机制，努力增强宏观微观调控有效性。一是及时、精准和有效地实施系列配套性反周期财政货币政策，确保经济增长处在合理的、能保障我国未来基本实现社会主义现代化和建成社会主义现代化强国宏伟目标实现的中高速增长区间。二是货币政策要更加精准和谨慎，既要有效及时满足经济健康发展对流动性的需求，又要切实防范通货膨胀的潜在威胁，保障人民财产和收入不受损失，维护社会安全与稳定。三是审慎财政政策要更加精准和及时，重点要投向全面发展中的短板，如科技领域的“卡脖子”难题、尚未现代化的农业关键环节、社会民生短板、新型基础

设施、生态环境修复与治理等。

拉美国家发展的另一大症结在于不同领域之间缺少有效的整体协调机制，农业和工业发展不均衡，城镇化严重超前发展，初级产品产业和制造业间相互掣肘，生态治理与经济发展目标常常冲突，导致治理效率低下，社会矛盾频发。我国要在推动国家治理体系和治理能力现代化的同时，在经济、政治、文化、社会、生态文明等各发展领域间建立起有效的协调机制，让各领域的体制机制和法律法规形成一个有机整体，相辅相成。

### （四）有效调控收入差距，补齐民生短板，舒缓社会矛盾，不断强化包容与和谐发展

要进一步明确实现共同富裕的最终目标，不断强化包容与和谐发展的顶层设计，对共同富裕最终目标、结构优化与布局以及成果共享机制进行完善和提升。

一是要进一步明确共同富裕最终目标和全面发展顶层设计的重大意义，强调民生福祉是发展的根本目的，不断促进人的全面发展和全体人民的共同富裕。拉美国家在现代化历程中片面重视工业化和经济发展，没有让人民在发展过程中享有获得感，反而因为宏观决策失误或改革不力导致失业率高涨，财富分配愈发不均，违背了以人民为中心的发展思想。中国特色社会主义是全面发展的社会主义，我国的现代化不能忽视人民的需要，要时刻强调共同富裕是发展的最终目标，并加强全面发展的顶层设计，坚定推行改革，确保这一最终目标能够逐步得到实现。

二是要进一步完善全面发展结构优化新布局。拉美国家在现代化历程中数次错过了进行结构优化的重要节点。进口替代战略时期拉美国家未能完成工业发展重心从中低端制成品生产向高端技术型产品生产的转型，出口结构单一，始终依赖初级产品作为出口收入来源，导致国际收支严重不

平衡。“新自由主义”改革时期，拉美国家减少国家对市场的干预和对本国企业的保护，导致大量本国企业倒闭，形成了一股拉美地区的“去工业化”浪潮。此外，拉美国家还在接受发达国家产业转移时让大量的外国高污染企业转移到拉美地区，导致严重的生态问题。我国要实现全面发展，必须重视经济结构、产业结构和社会结构的优化，加快产业转型，重视制度创新，推进社会体制改革，优化城乡结构，加强基层治理，形成符合全面发展需求的结构优化新布局。

三是要确立和强化全面发展成果的共享机制。收入分配不均衡可以说是拉美地区现代化历程中最为严重的社会问题。尽管许多拉美国家的人均收入都早早达到了中等水平，但贫穷、贫民窟、高失业率和非正规就业率等，都表明拉美国家的经济发展并未能提升所有人民的福祉。我国要实现包容与和谐发展，就必须确保全面发展的成果能够更多更公平地惠及全体人民。要坚持社会公正、排除阻碍广大劳动者分享发展成果的障碍，维护好人民的基本利益。在经济上、法律上、教育上、生态环境上实施的改革都要以人民为核心。在2020年脱贫攻坚战取得全面胜利的基础上，确保全体人民在向共同富裕的终极目标稳步前进的同时，能够享受科技进步带来的便利、法治完善带来的公正和生态文明建设带来的绿水青山。

执笔人：刘勇　陈贝灏[①]

① 陈贝灏，美国华盛顿大学硕士研究生。

专题十四

# 现代化前沿国家当前现代化过程中存在的问题及原因

美国、英国、德国、法国等现代化前沿国家，在其现代化历史上曾取得辉煌成就，迄今仍然是经济发达国家，但当前表现出创新活力减退、经济增长乏力、社会割裂、国家能力下降等突出问题，值得研究和重视。

## 一、现代化前沿国家当前普遍存在的严重问题

### （一）创新活力减退，经济增长乏力

#### 1. 创新的组织能力下降，创新缺乏现象级成果

欧美国家的科研机构越来越倾向于低风险的研究，年轻科学家难以获得经费，建立自己的实验室。1980 年，美国国立卫生研究院的大部分研究津贴都给了三十八九岁的科学家，其中 31~33 岁的科学家拿到了近 10% 的津贴。到了 2006 年，津贴的获得者大都年近五旬，30 岁出头的科学家仅获得津贴的 1%。世界知识产权组织发布的《2021 年全球创新指数报告》显示，北美洲和欧洲虽然继续在全球创新格局中领先，但东南亚、东亚和大洋洲的创新表现与领先者的差距缩小，中国等部分中等收入经济体迎头赶上并正在改变创新格局，中国在 2021 年的创新排名较上一年前进 2 位，位

居第12位。此外，欧美等发达经济体近年来也很少产生能够带来较大经济社会变革的创新成果，难以重塑经济产业链条，创造显著的经济社会效益。

**2. 经济增长陷入长期低迷，经济转型方向迷失**

欧美等发达经济体金融秩序的混乱引起了2008年的世界金融危机，此后，欧美等发达经济体长期陷入低迷，经济增速堪忧。美、英、德、法四国经济在2009年全部为负增长，此后有很长时间增速在2%以下，其中，德国和法国在2012年和2013年的增速都在1%以下，可视为停滞。新冠疫情暴发之后，欧美等发达经济体由于国家能力缺失，无法有效应对新冠疫情的冲击。在2020年，美、英、德、法四国都出现了很大程度的负增长，其增长率分别为–3.4%、–9.8%、–4.9%和–8.1%，即使是以国民素质高、制造业强著称的德国也不能幸免，找不到转型发展、恢复竞争力的路径和办法。

### （二）严重的社会分裂

**1. 阶层的分裂**

现代化前沿国家的阶层分裂首先表现为收入差距的不断扩大。英、法、德、美四国的基尼系数在近30年来基本呈上升趋势，到2018年，英、法、德三国的基尼系数均在国际警戒线0.4左右，而美国则达到了0.486，超过了警戒线（见图14–1）。

不断上升的基尼系数意味着阶层分化的扩大，高收入或者说成功的家庭趋向稳定，对于子女教育等方面的投入高，父母的成功成为代际传递，在一定的程度上这样的家庭可谓享有一切，可以说是“王朝式的家庭”[①]。而在低收入或者说失败的家庭，成年人的受教育程度低、技能过时、家庭

① [英]保罗·科利尔：《资本主义的未来》，上海三联书店2020年版，第154页。

结构不稳定，同样存在着代际传递的现象，成为“分崩离析的家庭”。家庭和阶层的极化产生了严重的社会问题。即使是中产阶级，其状态也堪忧，面临崩溃的风险。普林斯顿大学经济学教授克鲁格曼曾指出，经济增长的收益流向了中产阶级的上层和富豪阶层，中产阶级逐渐失去社会重心的位置。许多中产阶级家庭为了维持生活水平，夫妇不得不双双出来工作，而且即使夫妇双双工作也很难维持体面的生活。

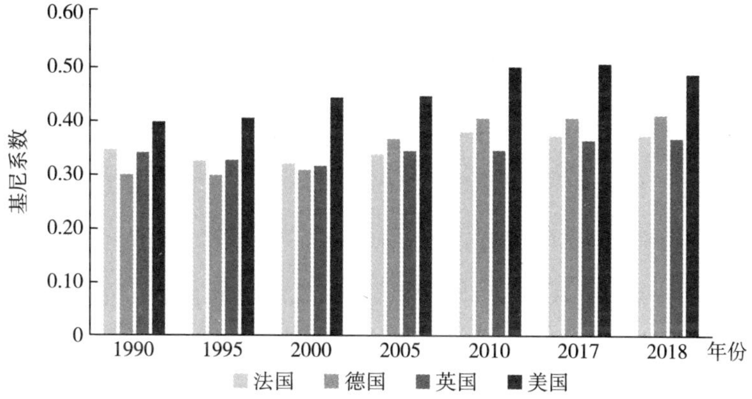


**图14-1　美、英、德、法四国的基尼系数**

资料来源：世界收入不平等数据库（WIID，2020）。

在美、英、德、法等国，阶层的分化不仅体现在收入方面，也体现在教育等服务方面，如美国从一开始就把教育进行了分化，高端的职业被富有的人牢牢地把握着，公立学校培养出来的大部分还是普通的劳动者。不仅如此，现代化前沿国家的阶层固化非常严重。美国智库皮尤研究中心的一个社会流动性研究项目发现，在过去40年的时间里，真正实现了阶层跨越即超越了父母阶层的不到1/3，而16%的人的收入和财富比父母在同样年龄时要少，即掉到了下一个阶层。

**2. 地域的分裂：繁荣的大城市与其他地区**

英国经济学家科利尔在《资本主义的未来》一书中记述了其亲身经历的繁荣大都市与破败的地方城市之间新出现的地理裂痕。1997年，英国除伦敦之外的地区经济总量是伦敦的 4.5 倍，而到 2015 年则下降为 3.3 倍；他还记载了家乡谢菲尔德从辉煌的钢铁城市逐步衰败、公共设施毁损、失业率和犯罪率快速上升的情景。美国经济学家萨默斯在《一次横穿美国的旅程》文章中描绘了美国中部乡村与东西海岸的巨大差异，其看到的大部分土地无人居住，也没有什么经济用途，很多都是无法耕种甚至无法放牧的谷地和山脉。

以人均国内生产总值（GDP）观察，也可以明显发现美国各州的差距。在美国所有 51 个州和特区中，人均 GDP 最高的是华盛顿哥伦比亚特区，2017 年 GDP 为 1310 亿美元，人口数量为 69.4 万人，人均 GDP 高达 188761 美元，但是由于华盛顿是首都，很多行政方面的 GDP 被计算在内，人均 GDP 就变得很高，因此不具备代表性。人均 GDP 排名第二位的纽约州为 77940 美元。人均 GDP 排名第三位的马萨诸塞州为 76890 美元。人均 GDP 最少的为密西西比州，仅为 37434 美元，不到纽约州的一半。

### 3. 家庭组织的破坏

西方国家传统上存在一家三代的“核心家庭”或“道德家庭”（ethical family）的家庭组织结构，构成中间一代的夫妻负有对子女和父母的双重义务，整个家庭有相对稳定的价值体系，但该家庭结构自 20 世纪 80 年代逐步遭到侵蚀，并被彻底破坏。家庭义务被打破，过多地让渡于个人权利，离婚率高企，从三代人的义务结构上讲，意味着在中老年时期缺乏配偶和家人的照顾，而只能交由社会化管理，这意味着更高的交易成本，保持有尊严的生活的成本高企。而对于子女教育而言，高收入和受教育程度高的家庭采用的精心培育的新教育方式的支出大增。不得不说，婚姻的解体加剧了美国的贫富分化，无疑极大地加剧了欧美社会的割裂。

### 4. 失范的企业行为

西方企业的行为越来越精明、自私、贪婪，很大一部分企业沦落为大股东和少数高管牟利的工具。按照西方企业理论，企业的控制权或剩余索取权应该授予最后承担风险的人，但随着时代的变迁和要素禀赋的变化，最后承担企业风险的人已经多元化了，而不仅是投入资本的人，其中，企业的长期员工首当其冲。此外，企业的客户以及企业所在社区都将受到巨大冲击。然而，在西方的现实企业中，首席执行官（CEO）的薪酬越来越高，在过去的30年里，英国企业CEO的薪酬从普通员工的30倍上升到150倍，美国则更为离谱，从20倍上升到了230倍[①]；与此同时，企业财务造假等经营丑闻不断。

**5. 严重的种族冲突**

20世纪60年代以来兴起的多元文化主义在欧洲有很大进展。到20世纪末，来自不同国家、不同族群、不同文化背景的移民，共同生活于欧洲社会，特别是西欧。但进入21世纪以来，伴随着数以百万计的穆斯林移民大举进入欧洲，2014年在欧盟的穆斯林移民已达2000万~2300万人，约占总人口的5%~6%。预计到2050年，这一比例将达到20%。[②]曾被欧洲人引以为豪的欧洲多元文化主义，不断遭受着极端恐怖主义、族群分裂和文化冲突的强有力冲击。欧洲国家不断爆发的恐怖袭击事件清楚地表明欧洲多元文化主义正面临着前所未有的严峻挑战。

## 二、现代化前沿国家普遍存在严重问题的原因

### （一）失控的人口变化

种族与移民等问题导致了现代化前沿国家失控的种族冲突。外来移民总量位居世界第一的国家依然是美国，达到4580万人。在1990—2013

① 保罗·科利尔：《资本主义的未来》，上海三联书店2020年版，第83页。

② 宋全成：《族群分裂与宗教冲突：欧洲多元文化主义面临严峻挑战》，《求是学刊》2014年第6期。美国皮尤研究中心：《欧洲穆斯林人口增长报告》，2017年。

年，美国外来移民数量的净增加值为2300万人，年均增量约为100万人。[①] 移民为美国带来了大量的高素质人才，使美国人口结构保持年轻化，但日趋多样化的人口结构使美国社会变成族裔问题越来越突出的社会，曾经被认为是主流的盎格鲁—新教文化受到伊斯兰等文化的冲击，白人保守势力大搞“恐惧政治”以维护他们在政治上的统治地位。

### （二）难以调和的价值观

美国的大量移民可能导致美国从一个由白人主宰和塑造的社会转变为一个全球人拼凑的社会，这将引起价值观念的深刻变化，使社会凝聚力进一步丧失，引起混乱，甚至造成潜在的分裂。所谓“瓦斯普”（WASP，信奉新教的盎格鲁－撒克逊白人）精英的忧虑与恐惧就是其具体表现。人口和价值观的多元化仅仅是其现象之一，最为根本的是欧美等现代化前沿国家已经丧失了融合多种价值观和文化的能力和环境。首先，在经济发展和创新能力上，现代化前沿国家已没有当初的活力，难以实现不同价值观的愿望。其次，现代化前沿国家不同社群间的沟通机制缺乏。在欧美国家可以看到，不同收入阶层、不同种族的家庭和人群越来越在居住空间上分离，所谓富人区和贫民窟的空间隔离现象严重，欧美传统意义上的社区沟通体制在协调不同种族、不同价值观方面的作用丧失殆尽。

### （三）低效的决策程序

一种民主政治制度好不好，关键要看实效。随着欧美党派的意识形态化程度日益加深，政党政治极化愈演愈烈，而且从政治精英蔓延至社会公众，选民呈现明显的认知极化，投票模式更具强党派性。欧美国家的党派政治导致了效率极度低下，2020年新冠疫情在欧美国家的暴发和扩散就充

---

① 孔祥永：《希望与恐惧：美国人口的悖论》，《美国研究》2014年第5期。

分暴露了其制度性缺陷。以美国为例，美国国会、联邦政府决策缓慢且成本高，州政府的执行效果差，导致疫情严重失控。

### （四）较弱的执行能力

现代化前沿国家大量存在的边境问题、非法移民问题、疫情大暴发、枪支滥用等问题充分显示了其孱弱的执行能力。较弱的执行能力有其更为根本的原因，即联邦制国家的困境。联邦制国家的基本特征是联邦政府与州政府之间的分权，但通常只是对联邦政府和州政府之间的权力平衡设置了底线。而现代社会的政府管理事务愈加复杂，无论是事前还是事后，都不可能清晰划分联邦、州和地方政府的权责边界，因而常常出现没有最终责任者的现象，最后导致相互推诿，不能从根本上保障普通公民的利益。

现代化前沿国家存在的问题及诸多体制上的弊端，其根源在于现代化前沿国家的民主体制已经落后于时代要求。现代化前沿国家传统的精英政治有悖民主实质、金钱政治掩盖政治平等、否决政治阻碍有效治理、短视政治损害民生福祉。

## 三、现代化前沿国家普遍存在严重问题的启示

当前现代化前沿国家碰到严重问题，陷入发展困境，这带来了多方面的教训，给人们诸多启示，主要有如下四个方面。

### （一）做强主流文化阵地

人是经济社会发展的原动力，也是经济社会发展的目的，人口增加、多种族的共存本是人类发展的内在要求，在现代化前沿国家却成为一个问题所在。但仔细观察和思考会发现，多种族的存在和大量移民的进入只是

表面现象，其内在本质是缺乏统一的核心价值观，导致文化冲突、宗教冲突，价值观难以调和，这就对西方发达国家提出了如何构筑核心价值观并用核心价值观统一多个族群思想的课题，这也是全人类值得思索的话题。

### （二）建立科学高效的决策体系

现代化前沿国家的决策效率低下缘于其落后的决策体制。当前，美、英、法、德等国的民主决策体系陷入了残酷的党争，否定政治盛行，个人利益、小团体利益凌驾于社会公共利益之上，不能及时有效地形成有利于社会的决策，这一点在应对新冠疫情过程中暴露无遗，必须学习世界先进文明，建立既充分民主又适当集中的制度，改变决策效率低下的状况。

### （三）提高政府决策执行能力

现代化前沿国家的体制在历史上曾发挥了巨大作用，促进了西方国家的经济社会发展，但未能与时俱进、及时改革，而是沉迷于原有的政党轮替幻觉、一人一票的民主陷阱，谋一己之私败坏民主的根基，乃至放弃了民主需要妥协与和解、协商与合作的根本路径，试图用暴力冲突来代替民主决策，这更进一步导致民主秩序的混乱。必须彻底改革现在欧美等国将民主用来做摆设的装饰品的做法，提高政府决策执行能力，让民主体制能够真正帮助人民解决问题。

### （四）严防利益集团干预国家决策和执行过程

当前现代化前沿国家不能有效应对解决西方国家所面临的问题和困境，其政府及其组成部门和人员的执行能力欠佳是一个重要的原因。这一方面是由于当前现代化前沿国家缺乏优秀的政党、政治领导人和高素质的干部队伍；另一方面是由于利益集团尤其是资本利益集团对国家决策和执行过程的干预，如欧美国家的“金钱选票”“金钱民主”对国家和社会的方方面面造成了极大的伤害。因此，应该从根本上建立起杜绝利益集团尤其是资本利益集团干预国家决策和执行过程的制度，彻底消除这类现象。

执笔人：刘云中

## 参考文献


[1] 何旗，江映瑶.美国政党政治祛魅与镜鉴：基于民主政治实效的分析[J]. 统一战线学研究，2021（3）：90–98.

[2] 孔祥永. 希望与恐惧: 美国人口的悖论[J]. 美国研究，2014（5）：24–46.

[3] 宋全成. 族群分裂与宗教冲突：欧洲多元文化主义面临严峻挑战[J]. 求是学刊，2014（6）：185–191.

[4] 王绍光. 所谓“现代民主的精髓”的真相[N]. 北京日报, 2016–11–14（20）.

[5] 祁峰，高策.从中美疫情防控对比中看资本主义制度及价值观缺陷[J]. 天津师范大学学报（社会科学版），2021（4）：64–69.

[6] 保罗・科利尔. 资本主义的未来[M]. 上海：上海三联书店，2020.

专题十五

# 日韩现代化经验与启示

20世纪，日本和韩国在短短二三十年里实现了西方历时几百年的现代化，经济腾飞，综合国力快速提升，进入1960年以来全球101个追赶经济体中迈过高收入门槛的13个经济体之列。[①] 从1945年“二战”战败到1952年美军撤离，再到1968年日本国内生产总值（GDP）超过1000亿美元，日本在短短20多年里实现了从战后一片废墟到成为世界第二大经济体的飞跃，并在此后维持第二大经济体长达40多年，直至2010年被我国取代，其飞快的经济发展速度甚至在20世纪80年代让世界第一大经济体美国受到威胁。而韩国在遭受了“二战”、朝鲜战争等战争冲击后，从1961年朴正熙军事政府登台，到1996年成为发达国家[②]，历经30多年高速增长期，从全球最贫穷的国家之一步入发达国家之列。日本战后经济奇迹、韩国“汉江奇迹”让世界震惊于东亚的快速发展，成为全球现代化进程中辉煌的篇章（见图15-1）。尽管高速增长期后日韩经济增速放缓，日本甚至出现所谓“失去的30年”，但日韩至今仍是东亚领先的现代化国家，其现代化经验值得我国借鉴。

---

① 世界银行和国务院发展研究中心联合课题组：《2030年的中国：建设现代、和谐、有创造力的社会》，中国财政经济出版社2013年版。

② 此为世界银行认可标准，同年韩国加入经济合作与发展组织。

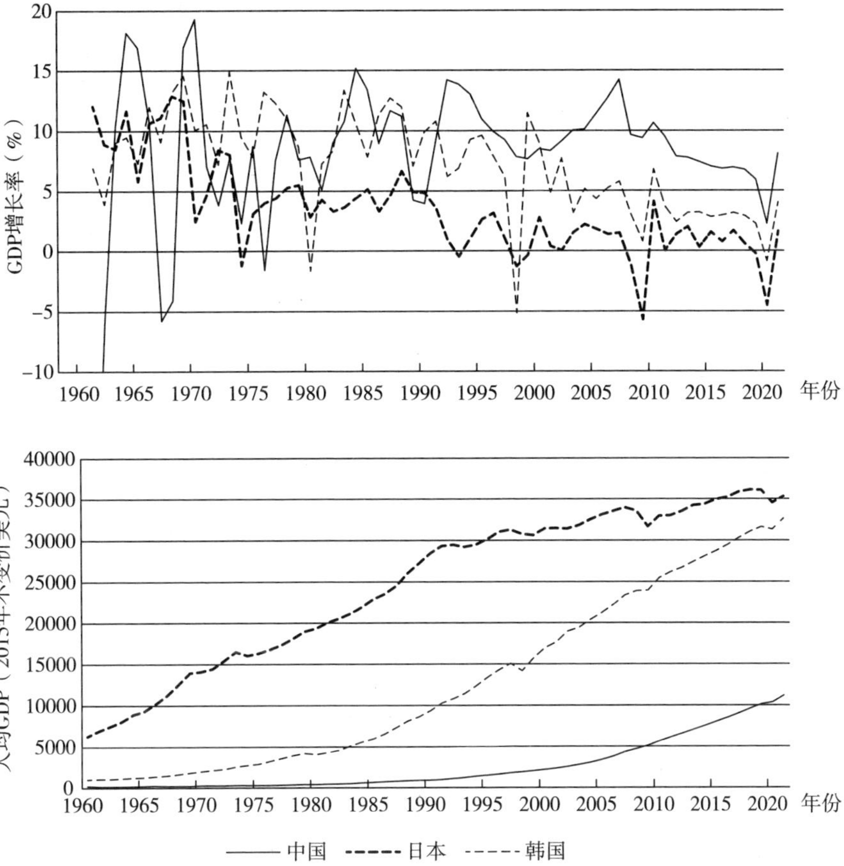


**图15-1 1960年以来中、日、韩三国GDP增长率和人均GDP走势**

资料来源：世界银行。

## 一、日韩现代化经验值得我国借鉴的依据

### （一）相似的战后经济水平

在经历了“二战”后，中国、日本、韩国①三国经济均遭受严重打击。日本的广岛、长崎被美军的原子弹几乎夷为平地；中国在“二战”后

① 1945年“二战”结束后，朝鲜光复，北方和南方分别得到苏联和美国支持。1948年，大韩民国（简称“韩国”）第一共和国、朝鲜民主主义人民共和国（简称“朝鲜”）政府分别成立。

又经历解放战争，陷入一穷二白的境地；刚刚摆脱日本殖民地身份的韩国又爆发朝鲜战争，沦为全球最贫困的国家之一。在中、日、韩三国现代化真正起步前，如以链式购买力平价（2017 年美元）计，日本 1950 年人均 GDP 为 2805 美元，韩国 1960 年人均 GDP 为 1256 美元，中国 1977 年人均 GDP 为 1424 美元[①]，三国现代化的经济起点相当。

### （二）相似的压缩式快速发展历程

西方的现代化经历了几百年的摸索过程，但对于中、日、韩三国而言，"二战" 结束至今尚不足 80 年，要想在这几十年里实现现代化，就必须进行后发追赶，实现压缩式的快速发展。1951—1973 年的日本、1961—1996 年的韩国以及 1978—2013 年的中国，年均经济增长率均高达 9% 左右。因此，中国与日韩类似，都维持了长达二三十年的经济高速增长期。

### （三）起步更早、水平更高的现代化

由于现代化起步更早，日本、韩国先后于 1987 年、1996 年步入高收入国家行列，目前相较于中国实现了更高水平的现代化。同时，由于日韩更早进行现代化，所以中国当前面临的诸多问题，如增长放缓、人口老龄化、区域发展不平衡、城乡差距大、居民收入不平等、环境污染等，也是日韩现代化过程中已遭遇的问题。如将 1960 年以来中、日、韩三国的经济增速和人均 GDP 水平的关系进行比较，当我国的人均 GDP 水平处于日韩历史相当水平时，我国的经济增速也与日韩相当（见图 15–2）。因此，现代化起步更早、水平更高的日韩的今天，或许是我国未来现代化发展可能面临的图景。

---

① 根据Feenstra 等（2015）、佩恩表10.0版（Penn World Table 10.0）计算。

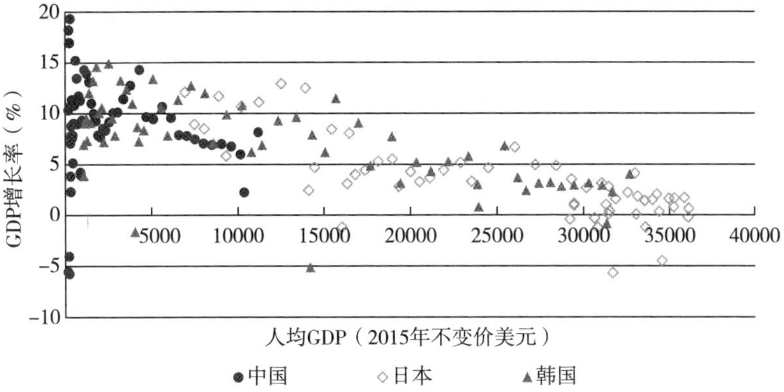


**图15-2　1960年以来中、日、韩三国GDP增长率与人均GDP关系**

资料来源：世界银行。

### （四）相似的东亚文化

中、日、韩三国具有相似的文化基础。相较于西方文化，东亚文化在家庭、社会、集体等问题上更加看重亲缘关系、家庭、子女教育等，在个人品质方面更加崇尚勤劳、忠诚、勤俭节约。这些文化特征使中、日、韩三国相较于欧美，更加将养老视为家庭责任，重视教育，积极就业，热衷储蓄。这对国家社会保障、教育、就业、储蓄等方面具有重要影响，为中、日、韩三国的经济发展提供了潜力巨大的人力资本和资金禀赋，减小了国家的养老负担。因此，相似的东亚文化使我国在多个维度上拥有与日韩类似的经济发展禀赋条件。

基于以上原因，日韩现代化的经验值得我国借鉴。在和我国具有相似的战后经济水平和东亚文化的条件下，日韩通过压缩式快速发展在短时间内实现了更高水平的现代化，其间取得了很多成果，也为现代化进程中可能出现的问题提供了不少解决方案。当然，日韩的现代化当前也面临一些尚未解决的问题，值得我们关注、反思、总结，从而避免尚未发生的问题、及时修正已出现的问题，更好地促进我国在新发展阶段的社会主义现代化强国建设。

## 二、日本现代化主要举措

### （一）促进产业发展

日本政府积极制定产业政策，引导帮助产业发展。在中央政府里，经济企划厅负责把各省厅和民间企业对将来的预测加以汇总，对整个经济界提出指导方针；各省厅每年发表白皮书，就主管领域重要问题制定远景规划。其中，通产省立足经济长远规划，引导资本集中到将来能使日本发挥国际竞争力的领域：20世纪60年代后期，日本工资水平赶上西欧时，通产省将资本从劳动密集型产业引导集中至资本密集型产业，1973年石油危机后，通产省着重推进服务行业、信息和知识产业，而非能源消费型产业；20世纪70年代后期，日本提出“技术立国”目标，积极开拓新能源技术、工业机器人、生物工程等新产业领域。[①] 通产省分类指导行业发展，对有前景的新兴行业，在必要时提供资本、土地、外汇、技术和市场保证等方面支持；对受到外部冲击而蒙受损失的行业，进行援助促其恢复；对萧条但不至于破产的行业，帮助企业结成“萧条卡特尔”，行业内所有企业平均减产；对亏损行业，帮助其合并或停办。此外，通产省还在反垄断维护自由竞争、减少工业生产环境污染、应对国外出口限制、帮助国内企业应对贸易自由化带来的国外企业竞争等方面积极作为，全面提升日本产业的竞争力。

### （二）统筹城乡关系

为解决城镇化快速推进下的乡村衰退问题，日本在政府领导下开展“乡村振兴”运动，通过“振兴八法”明确中长期发展目标，提出发展规划和战略举措。针对乡村空心化、过疏化问题，日本政府采用町村合并政

① 国务院发展研究中心：《“十四五”时期促进区域间产业梯度转移政策研究》，载国家发展改革委《“十四五”规划战略研究》，人民出版社2021年版。

策，相继颁布《过疏地域对策紧急措置法》（1970年）、《过疏地域振兴特别措置法》（1980年）、《过疏地域活性化特别措置法》（1990年）等法规，从产业振兴、公共交通通信、教育文化设施、生活设施等方面促进过疏地域发展。针对农业人才匮乏问题，日本政府实施保护和孵化农业骨干农户政策，对潜力骨干农户提供技能培训、资金援助，以税收优惠等方式提倡农业企业和组织吸纳潜力骨干农户，同时也通过乡村振兴支援队制度为乡村输送人才。针对产业发展问题，日本政府自20世纪末开始以促进农产品“地产地消”为战略核心，推进农业“六次产业化”，实现产地加工、产地直销、旅游消费等以农业为基础的三产结合发展形态。同时农业协会也为成员农户提供采购销售、信贷服务、技术支持、社会保障等全方位服务，将分散经营的农民与全国统一市场紧密联系。

### （三）注重分配公平

日本从收入、财政、社会保障三个角度着力促进社会分配公平。在收入角度，日本企业分配制度以终身雇佣制为基础，具体包含以下四项制度：一是年功序列工资制度，工资由工龄决定，与职位关系不大；二是较为完善的津贴福利分配制度，强调让员工感受家庭式温暖；三是较低的经理报酬制度，同等规模的企业经理人员收入约为欧美经理人员收入的一半；四是限制分红的股利分配制度，股利支付率一般比美国低30%。在20世纪90年代经济衰退后，日本为激励员工积极性，在一定程度上改革了收入分配制度，但仍较欧美国家更加注重员工利益和收入分配均衡。在财政角度，日本政府重视运用税收手段调节收入分配，并在各级政府财力分配中注重中央财政的地位，以便利中央财政补助。同时，政府在财政补助时强调向弱势群体倾斜，例如，在补贴被迫停业的萧条行业就业人员时，对大企业员工补贴工资的1/3，而对中小企业员工补贴工资的2/3。在社会保障方面，日本重视通过立法将其制度化，并在具体实施中区分不同收入阶层的支付能力，设计相对公平的社会保障金负担比率。

### （四）重视人才培养

对于学校教育，日本政府致力于推动高质量的平均发展教育。文部省制定翔实的教学方针，对教科书执行审批制度，从而对教学内容和质量进行把关。同时，国家对贫困偏僻地区的学校编制特别预算，以缩小其与发达地区之间的教育水平差距。对于职业内部人才培养，日本政府和企业都非常重视。政府内部，在通过严格考试选拔高学历人才后，会安排调研、进修、邀请外国专家交流等活动培养精英官员。企业内部，基于终身雇佣制，企业愿意投入大量精力培养雇员，雇员也得以在工作中深耕积累专业技术知识。对于社会教育，日本报纸、电视等教育频道保持高质量内容输出，促进知识在全社会传播。

### （五）利用外部条件

作为一个国土面积狭小、资源匮乏、人口密集的岛国，日本的发展充分利用了国际市场、产业转移、美国支持等外部条件。在国际市场方面，日本以进口原材料、加工出口的模式，弥补原材料和内需短板，为自身经济发展争取更大空间。在产业转移方面，20 世纪五六十年代日本利用美国率先进行产业升级、集中发展资本和技术密集型产业的时机，凭借劳动力成本优势，承接了钢铁、纺织等传统产业，大大加快了工业化进程。其后，日本又在七八十年代承接美国的技术密集型产业，90 年代后承接美国的知识和技术密集型产业[①]，实现自身产业转型升级。在美国支持方面，作为“冷战”时期美国抵御苏联的桥头堡，日本在“二战”后的经济重建得到了美国的大量援助，朝鲜战争爆发后又成为美国的军备后援及军事基地，

---

① 中国人民大学应用经济学院：《“十四五”时期促进区域间产业梯度转移政策研究》，载国家发展改革委《“十四五”规划战略研究》，人民出版社2021年版。

此后长期与美国维持同盟关系，展开经济、科研、军事等多方面合作。

## 三、韩国现代化主要举措

### （一）促进产业发展

韩国政府在不同时期制定经济建设计划[①]，并相应采取各有侧重的产业政策。20 世纪 60 年代以前，韩国采取进口替代政策，配合高汇率，依靠海外援助和为联合国军队提供物流服务所获收益来支持必要进口。60 年代，韩国转变为出口导向政策，通过税收减免、优惠性融资、便利原料获取、韩元贬值等方式为制造业出口企业提升国际竞争力。70 年代，振兴重化工业计划启动，产业政策由面向所有出口企业转为面向指定企业，向重化工业倾斜。在基于国际经验详细计划哪种重化工业应被建立、应建规模和地址后，韩国政府指定单个企业（多为财阀）落实计划，对其提供税收减免、优惠性融资和配套基础设施，消除制度壁垒。尽管 80 年代后韩国开始改变部门倾斜性政策，但财阀势力的扩大和总统直选制度下政治对财阀的依赖，使产业政策越来越多地受到政治和寻租行为驱动，更加侧重于为财阀消除制度壁垒。

### （二）统筹城乡关系

由于在“一五”计划和“二五”计划中工农业发展严重失衡、城乡收入差距扩大，韩国自 20 世纪 70 年代初开展“新村运动”。在基础设施建设方面，政府投入财政资金，大力改善农村基础设施条件和农民居住环

---

① 1962—1981年实施经济开发五年计划，1982—1992年实施经济社会发展五年计划，1993—1996年实施新经济五年计划。其后一段时间里韩国不再实施经济社会发展五年计划，直至2009年韩国政府宣布了第一个绿色增长五年计划（2009—2013年）。

境：一方面，为所有村庄免费提供建筑材料，用于修建桥梁、公共浴室、河堤、村级公路等；另一方面，采取中央政府出资 55%、地方政府出资 30% 和农户出资 15% 的联合出资形式，帮助农户建设住房。在产业发展方面，政府积极引导农村产业结构优化：对于农业，促进向“高层次产业结构”转变，鼓励农民发展畜牧业、农产品加工业和特色农业，集中生产高附加值农产品；对于工业，通过政府投资、政府贷款和村庄集资的方式建立“新村工厂”，推动农村的工业化发展；对于服务业，政府以行政援助、项目运作为主要方式发展农业观光，并建立“一人一村”专家咨询系统，加强部门协调。在社会保障方面，韩国建立城乡一体化的社会保障制度。对于养老保障，国家规定农民 65 岁后无偿将土地交给他人耕种，根据耕种面积给予补贴；对于医疗保险，韩国 1963 年颁布《医疗保险法》并自 1998 年起在全国农村强制实施，覆盖 90% 的农民，其余 10% 贫农由政府负担医疗救济费用。同时，农业协会也为乡村提供金融服务。

### （三）改善分配失衡

韩国在早期发展中以效率优先，分配失衡情况较为突出，具体表现为三个方面：一是劳动者和企业之间分配失衡，居民收入增长率与经济增长率差距过大，经济活动附加值更多流入企业；二是居民收入分配失衡，尤其是工资收入存在显著的两极分化；三是企业分配失衡，社会财富和经济支持向财阀集中倾斜。意识到分配失衡的严重性后，韩国政府积极采取针对性措施。一是提高劳动报酬以改善劳动者和企业之间分配失衡，在 1985—1995 年大幅提高制造业平均工资；二是提高税制累进性以调节居民收入分配失衡，完善房产税制度，对资本利得课税，重课遗产税；三是改革企业部门结构以扭转企业分配失衡，缓解产能过剩、负债高企和财阀垄断问题。

### （四）吸引人才回流

韩国曾由于经济发展滞后出现大量人才流失，为遏制这一现象，韩国政府自20世纪六七十年代开始就多管齐下，积极招揽海外人才。具体举措包括以下四项：一是完善科技基地建设，20世纪70年代建立韩国高等科学院（KAIS）和大德科技园，吸引海外科研人员；二是建立人才网络信息库，在发达国家组织韩国高层次人才专业协会，加强海外与本土高科技人才交流，吸引人才回流；三是实施“双国籍”和便利工作签证移民政策，允许国际优秀人才在不放弃国籍的同时享受国民同等待遇；四是完善人才评估，政府成立韩国科学技术研究院（KIST），专门负责海外人才的评估与引进工作。

### （五）利用外部条件

作为一个资源禀赋有限的国家，韩国同样充分利用了外部条件发展国内经济。在国际市场方面，韩国很早就奠定了对外贸易的政策基础。在产业转移方面，韩国主要承接来自美、日产业升级过程中的产业外移，先后于20世纪五六十年代承接劳动密集型、部分资本密集型产业，七八十年代承接资本密集型产业,90年代后承接知识和技术密集型产业[①]，由此快速建成国内产业体系。在美国支持方面，韩国在朝鲜战争后得到了美国大量物资援助，政府通过出售援助性物资以及为主要由美国人组成的联合国军队提供后援物流支持来获得发展资金，此后与美国维持长期紧密联系。

## 四、日韩现代化经验的异同

### （一）共同经验

比较分析日本和韩国现代化举措的特点，我们可得出其现代化进程中

① 中国人民大学应用经济学院：《“十四五”时期促进区域间产业梯度转移政策研究》，载国家发展改革委《“十四五”规划战略研究》，人民出版社2021年版。

的共同经验。

**1. 积极推行产业政策，引导经济发展**

日韩在经济发展过程中都积极地进行了中长期发展规划，推行了选择性产业政策，通过研究与自身禀赋相近的现代化国家发展道路，选择有前景的新兴行业推行税收减免、融资优惠等产业政策，从而顺利实现了从农业到轻工业，再到重化工业，及至精密电子工业的产业结构现代化升级。

**2. 统筹城乡协调发展，缩小城乡差距**

面对城镇化进程中出现的发展不平衡问题，日韩积极从农业、农村、农民角度着手协调城乡发展。在农业方面，日韩采取了以农业为基础的三产结合发展方式，提升农村收入水平，缩小城乡收入差距。在农村方面，日韩大力改善农村基础设施条件，优化农村居民生活环境，从而提升农民生活质量。在农民方面，日韩都在政府和农业协会的共同努力下，不断完善社会保障服务，实现社会保障城乡一体化。

**3. 重视人力资本投入，提升人才质量**

日韩在现代化过程中都高度重视人力资本的投入。日本通过政府、企业、社会等多主体营造全民学习氛围，提升全民文化素质。韩国则积极完善科技基地建设和人才网络，着力提升人才评估和服务水平，吸引海外人才回流。在这些举措下，日韩的人力资本水平不断提升。20 世纪 90 年代，日韩 25 岁以上人口的平均受教育年限已达 9 年，且此后仍持续保持增长态势。这为日韩的现代化提供了优质管理人才和技术人才。

**4. 充分利用外部技术、资金、市场，拓展发展空间**

受资源禀赋限制，日韩仅凭自身难以形成巨大发展空间，因此两国发展充分利用了外部条件。在要素投入方面，日韩通过引入外国先进技术和资金，并在引进技术的基础上加以研究改造，从而实现自身的技术创新和产业升级。在产品市场方面，日韩通过出口导向政策，开拓海外市场，从而拓展了自身的发展空间。但值得注意的是，这种做法也会造成国内经济对外部条件的高度依赖。日本在面临与美国的贸易冲突时采取避让策略，日韩在 20 世纪 90 年代经济危机时暴露的脆弱性，都表明依赖外部条件会降低经济发展的自主可控性。

### （二）主要差异

日本和韩国的现代化举措也在一些方面存在显著差异，由此呈现不同的现代化特征，为我们提供了经验与启示。具体而言，日韩的现代化举措主要差异有以下两点。

#### 1. 产业政策的对象不同

日本政府实施产业政策的对象是特定行业，在确定了具有前景的新兴行业后，针对整个行业实行支持政策，促其在公平竞争的环境下快速发展。当个别企业规模过大、占据垄断地位时，政府还会加以干预，以维护自由竞争。韩国政府的产业政策则在 20 世纪 70 年代后具有“选择与集中”特点，在选定计划支持的行业后，集中至单个实力雄厚的财阀落实计划，给予其特殊优惠政策和垄断性资源。因此，相较于日本政府为相应行业创造优良的发展环境，韩国政府则是将政策对相应行业的财阀倾斜，为财阀创造了相较于中小企业的竞争优势，由此导致国家经济发展高度依赖财阀，出现经济权力化问题。

#### 2. 在经济高速发展期对公平分配的重视程度不同

在经济高速发展期（20 世纪 50 年代至 70 年代），日本注重公平分配，在政府和企业的共同努力下，形成了收入、财政、社会保障多维并举的分配制度，有效减小了分配差距；韩国在经济高速发展期（20 世纪 60 年代至 90 年代）则更加侧重效率，政策对财阀倾斜，对公平分配侧重较少，由此伴随经济高速增长，韩国的居民和企业之间、居民内部、企业内部存在较严重的分配失衡（见图 15–3）。

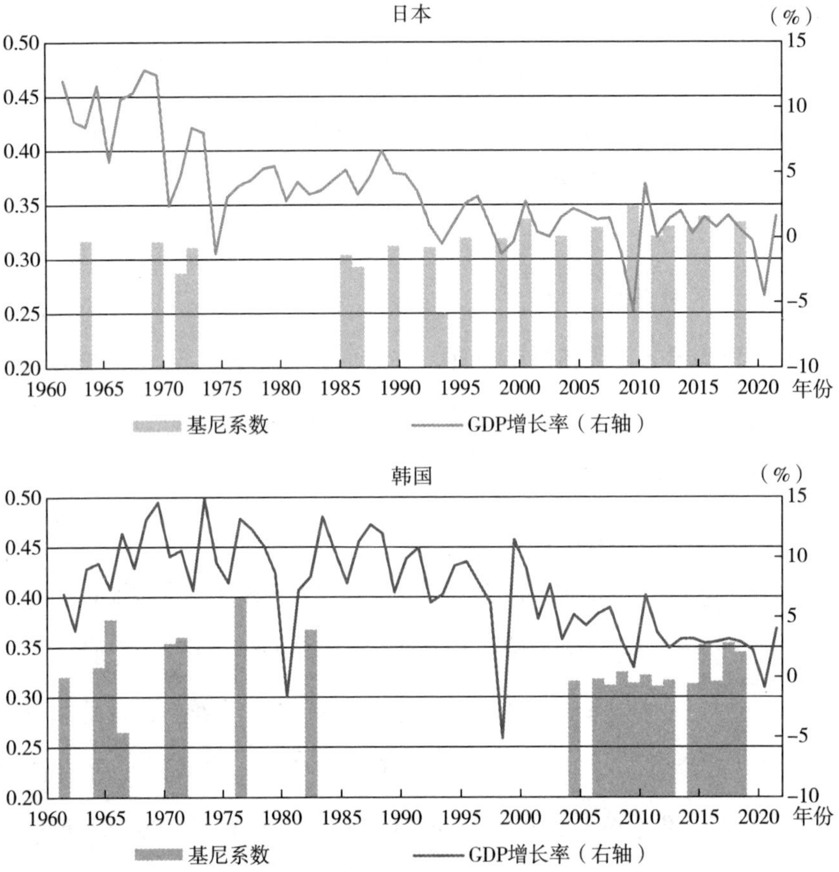


**图15-3  日韩收入基尼系数和GDP增长率随时间变化趋势**

资料来源：世界收入不平等数据库（World Income Inequality Database，2022年6月版），世界银行。

## 五、日韩现代化经验的启示

日韩现代化经验为我国现代化提供了有益启示。

### （一）积极推行有效的产业政策

日韩的经验共同表明，积极有效的产业政策能够促进新兴行业的创新和发展，更快地掌握先进技术，实现产业升级，增强产业国际竞争力。然而，日韩产业政策推行对象的差异和相应结果启示我们，产业政策应面向整个行业，为有潜力的行业营造优良发展环境，促使有竞争力的企业脱颖而出，而非通过优惠政策“制造”有竞争力的企业。同时，为维护自由竞争环境，政府需将反垄断作为产业政策的一部分，避免大企业利用自身有利地位干扰市场秩序，左右政策制定。

### （二）根据发展阶段的变化适时改革调整经济体制和发展政策

日韩在现代化发展的早期阶段都严重依赖政府干预，产业政策覆盖税收、资本、土地、外汇、技术和市场保证等各个方面，从而在经济发展尚不成熟时期为产业发展降低了要素成本，促进产业成长。后期，随着产业和市场日益成熟，日韩逐步放松政府管制，使市场机制更好地发挥作用。因此，我们需要建立与发展阶段相适应的经济体制和发展政策，为现代化创造最优路径。

### （三）合理统筹城乡协调发展，实现农村内生高质量发展

日韩经验均表明，在快速现代化历程中由于农业和工业的“剪刀差”，存在城乡差距扩大压力。过快的城镇化会带来农村空心化问题，而过慢的城镇化又会限制现代化发展速度和农业现代化实现。因此，我们需合理统筹城乡发展，从农业产业升级、农村基础设施、农民社会保障角度，综合提升农村内生发展动力，实现农村高质量发展。

### （四）全面完善收入分配制度，促进共同富裕

日韩经验均体现了完善收入分配制度对于减小收入差距、促进共同富裕的重要性，两国在收入分配制度较为完善的阶段较好地促进了分配公

平，而在分配制度不够完善的时期社会分配呈现失衡现象。因此，在现代化进程中，我们需不断完善收入分配制度，促进居民和企业之间、居民内部、企业内部的公平分配，从而实现共同富裕，经济发展成果由人民共享。

### （五）高度重视人力资本投入，形成国内培养和海外引进相结合的人才体系

人才是强化创新驱动、抢占未来发展制高点的根本支撑。日韩在现代化过程中，通过国内培养和海外引进的方式显著提升了人力资本水平，为其转变发展方式、优化经济结构、转换增长动力奠定了人才基础。因此，在现代化进程中，我们需将国内培养和海外引进相结合，进一步提升我国人力资本水平，为高质量发展注入强劲动力。

### （六）有效利用外部有利条件，在统筹发展和安全中推进高水平对外开放

日韩现代化均充分借助外部技术、资金、市场，拓展了自身的发展空间，但同时也造成了国内经济对外部环境的高度依赖。我国改革开放以来，在不断扩大对外开放的条件下，经济也得到了持续快速发展。当前世界正处于百年未有之大变局，我国发展面临前所未有的外部复杂环境。因此，我们需要更加有效地利用外部有利条件，增强自身竞争能力、开放监管能力、风险防控能力，在统筹发展和安全中推进高水平对外开放。

执笔人：朱妮